FAN BOQUN
FANGTANLU

东吴名家·人文学者系列

范伯群访谈录

陈霖 著

东吴名家·人文学者系列

主　编　田晓明

副主编　马中红　陈　霖

学术支持

苏州大学东吴智库

苏州科技大学城市发展智库

苏州大学新媒介与青年文化研究中心

总序

留点念想

田晓明

在以"科学主义"为主要特征且势不可挡的"现代性"推进下,人类灵魂的宁静家园渐渐被时尚、功利和浮躁无情地取代了,其固有的韧性和厚度正日益剥落而变得娇弱浅薄,人们的归属感与幸福感也正逐步消失。在当今中国以"改善社会风气、提高公民素质、实现民族复兴"为主旋律的伟大征程中,"文化研究""文化建设""提升软实力"等极其自然地成为全社会关注的热门话题。作为一名学者,自然不应囿于自己的书斋、沉湎于个人的学术兴趣,而应该为这一伟大的时代做点什么;作为一名现代大学管理者,则更应当拥有这样的使命意识与历史担当。

一

任何"以问题为导向"的研究总是不乏高度的历史价值、使命意识和时代意义,文化研究也不例外。应该说,我对文化问题的关注和兴趣缘起于自身经历的感悟和对本职工作的思考。近年来,我曾在日本、法国、德国、美国等发达国家进行学术交流或工作访问。尽管这些国家彼此之间存在着很大的文化差异,但其优良的国民总体素质给我留下了深刻的印象。2013年5月,我应邀赴台湾地区参加了"2013高等教育国际高阶论坛",这也是我首次台湾之行。尽管此行只有短短一周,但祖国宝岛给我留下了深刻印象:在日常交往中,我不仅深切感受到中华民族的优秀传统在台湾地区被近乎完整地"保留"下来,而且从错落有致甚至有些凌乱的古老街景中"看到"了隐含于其背后的一种持守和一份尊重……于是,我又想起了大陆在中华人民共和国成立之后,人们在剔除封建糟粕的同时,几乎"冷落"甚至放弃了很多优秀的文化传统;在全面汲取苏联"洋经"的同时,也一定程度上失去了我们的文化自主性。"文革"期间,许多优秀传统文化遭受的破坏自不必多言。改革开放以来，随着国门的"打开"，中华大地在演绎经济发展奇迹的同时，中华民族的一些优秀传统却没有得到同步保留或弘扬，极个别的优秀传统甚至还出现了一些沦丧的现象。这便是海外之行和台湾地区之行给我留下的文化反思与心灵震撼！

带着这份反思和震撼，平日里喜欢琢磨的我便开始关注起"文化"及"文化研究"等问题了。从概念看，"文化"似乎是一个人人自明却又难以精准定义的名词。在纷繁的相关阐述中，不乏高屋建瓴的宏观描述，也有细致入微的小处说法。可谓仁者见仁，智者见智。文化概念的复杂性也赋予了文化研究所具有的内容丰富性、方法多样性和评价复杂性等特征。黑格尔曾做过这样的比喻：文化好似洋葱头，皮就是肉，肉就是皮，如果将皮一层层剥掉，也就没有了肉。作为"人的生活样式"（梁漱溟语），文化总是有很多显形的"体"，每一种"体"的形式下都负载着隐形的"魂"。我们观察和理解文化，不仅要见其有形之体，更要识其无形之魂。体载魂、魂附体，"魂体统一"便构成了生机勃勃的文化体系。古往今来，世界上各地区、各民族乃至各行各业都形成了自己的文化体系，每一文化体系都是它自己的"魂体统一"。遗憾的是，尽管人们在思想观念上越来越意识到文化的重要性，但在日常生活和社会实践中，"文化"概念被泛化或滥用了，正如人们常说的那样：文化是个筐，什么都能装。

从文化研究现状来看，我认为存在两个方面的问题：一是文化研究面临着"科学主义""工具理性"的挑战和挤压；二是文化研究多是空洞乏力的理论分析、概念思辨，而缺少务实、可行的实践探索。一方面，在"科学主义"泛滥、"工具理性"盛行的当今时代，被称为"硬科学"的科学技术已独占人类文化之鳌头，越来越受到人们的顶礼膜拜。相比之下，人文社会科学在人类文化中应有的地位正逐步或已经被边缘化了，其固有的功能正日益被消解或弱化。曾经拥有崇高地位的人文社会科学已风光不再，在喧嚣和浮躁之中，不可避免地陷入了"软"科学的无奈与尴尬。即便是充满理性色彩、拥有批判精神的大学已经意识到并开始重视人文社会科学的教育功能与文化功能，但在严酷的现实语境中，也不得不"违心"地按照所谓客观的、理性的科学技术范式来实施人文社会科学教育管理和研究评价。另一方面，由于文化研究成果多以"概念思辨""理论分析"等形式表达，缺少与现实的联系和对实践的指导，难免给人以"声嘶力竭"或"无病呻吟"之感受。从一定意义上讲，这种苍白、乏力的研究现状加剧了人们视文化为"软"科学的看法。这无疑造成了文化研究和文化建设的困境与尴尬。

　　从未"离开"过校门的我,此时自然更加关注身陷这一"困境"和"尴尬"旋涡中的大学。大学,不仅是传授知识、探索新知的重要场所,也是人类文化传承与发展的主要阵地。她不仅运用包括人文艺术、社会科学、自然科学等在内的人类文化知识进行有目的、有计划、有步骤的高级人才培养,而且还直接担当着发展、创造与创新人类文化的历史责任。学界一般认为,大学具有人才培养、科学研究和社会服务三大功能。应该说,这样的概括基本涵盖了大学教育的主要任务。但从学理上看似乎还有值得商榷的地方。一方面,从逻辑上看,这三项功能似乎不是同一层次的、并列的要素。因为无论是培养高素质人才,还是产出高质量科研成果,都是大学服务社会的主要方式或手段。如果将社会服务作为单一的大学功能,那么是否隐含着人才培养和科学研究就没有服务社会的导向呢?另一方面,从内涵上看,这三项功能的概括本身就具有"工具化""表面化"的特征,并没有概括大学功能的深层的、本质的内涵。那么,有人会问,大学的本质到底是什么呢?我认为,在归根结底的意义上,大学的本质就在于"文化"——在于文化的传承、文化的启蒙、文化的自觉、文化的自信、文化的创新。因为脱离了文化传承、文化启蒙、文化创新等大学的本质性功能,人才培养、科学研究和社会服务都会成为无源之水、无本之木,而大学的运行就容易被视作简单传递知识和技能的工具化活动。从这一意义上说,大学文化建设在民族文化乃至人类文化传承、创新中拥有不可替代的重要地位甚至主要地位。换言之,传承、创新人类文化应该是大学的历史使命与责任担当。

　　如果说,大学的本质在于文化传承、文化启蒙、文化自觉、文化自信和文化创新,那么,大学管理者的主要职责之一便是对文化的"抢救""保护""挖掘"。这是现代大学校长应具有的文化忧患意识和责任感。言及大学文化,现实中的人们总是习惯地联想起"校园文化",显然这是对大学本质的误解甚至曲解。一直以来,我坚持主张加强"文化校园"建设。"校园文化"与"文化校园",不是简单的文字变换游戏,个中其实蕴含着本质的差异。面对"文化"这一容易接受却又难以理解的概念,人们总是无法清晰明快地表达"文化是什么",有人曾经做过比较详细的统计,有关文化的定义多达两百多种。既然人们很难定义"文化"的概念,或者说很难回答"文化是什么",我们不妨转换一下视角,抑或可以相对轻松地回答"什么是文化""什么是没有文化""什么是文化缺失"等问题。我所理解的大学文化,在于她的课上和课下,在于她的历史与现实,在于她的一楼一宇、一草一木、一砖一瓦、一人一事……她可能是大学制度文化的表达,可能是大学精神文化的彰显,也可能是大学物质文化的呈现。具体而言,校徽、校旗、校训等标识的设计与使用是文化校园建设的体现,而创建大学博物馆、书画院、名人雕塑等,则无疑是大学文化名片的塑造。我曾发起和主持大学博物馆(即苏州大学博物馆)的筹建工作,这一"痛并快乐"的工作,让我感慨万千。面对这一靓丽的大学文化名片,我似乎应该感到一种欣慰、自豪和骄傲。然而,在经历这一"痛并快乐"的过程之后,我却拥有了另一番感受:在大学博物馆所展示的一份份或一块块残缺不全的"历史碎片"面前,真正拥有高度文化自觉或自信的大学管理者,其内心深处所拥有的其实并不是浅薄的欣慰和自豪,而是一种深深的遗憾、苦苦的焦虑和淡淡的无奈!我无意责怪或埋怨我们的前人,我们似乎也没有太多的时间和精力去责怪、埋怨,因为还有很多很多事情需要我们去落实、来实现,从而给后人多留下一点点念想,少留下同样的遗憾。

这不是故作矫情,也不是无病呻吟,只有亲身经历者,方能拥有如此宝贵的紧迫感。这种深怀忧虑的紧迫感,实在是源于一种更深的文化理解!确实,文化的功能不仅在于"守望",更在于"引领",这种引领既是对传统精华的执着坚守、对现实不足的无情批判,也是对美好未来的理想而又不失理性的憧憬。换言之,文化的引领功能不仅意味着对精神家园的守望,也意味着对现实存在的超越。尽管本人并没有宏阔博大的思想境界、济世经国的理想抱负、腾天潜渊的百炼雄才,但在内心深处,我却始终拥有一种朴实而执着的想法:人生在世,"必须做点什么""必须做成点什么";如是,方能"仰俯无愧天地,环顾不负亲友"。然而,正所谓"前途是光明的,道路是曲折的",对于任何富有价值和意义的事情而言,"想法"变成"现实"的过程从来都不可能一帆风顺。在当下社会,"文化校园建设"则更是"自找苦吃"!

二

人生有趣的是,这一路走来,总有一些"臭味相投"的"自找苦吃"者与你同行!

2013年,我兼任艺术学院院长。在一次闲聊中,我不经意间流露出这一久埋心底的想法,随即获得了马中红、陈霖两位教授及其团队成员的积极响应。也许是闲聊场景的诱发,如此宏远计划的启动便从艺术学院"起步"了!其实,选定艺术学院作为起始，我内心深处还有两点考量：一是"万事开头难"。既然事情缘起于我的主张和倡议，"从我做起"似乎也就成了一种自然选择。事实上，我愿意也必须做一次"难人"。二是我强烈地感到时不我待，希望各个学院能够积极、主动地加入"抢救""保护""挖掘"文化的行列。尽管从本质上讲这是一种历史责任，但在纷繁的现实面前，这项工作似乎更接近于一种"义务"或"兴趣"，因此，作为分管文科院系的副校长，我不能对院长们有更多的硬性要求。于是，我想，作为艺术学院院长，我可以选择"从我做起"，其示范和引领作用可能比苍白的语言或"行政命令"更为有力、更富成效。

当然，选择艺术学院作为"东吴名家"系列开端的根本想法，还是来自我们团队对"艺术"发自内心的热爱！因为，在我们古老的汉字中，"藝"字包含了亲近土地、培育植物、腾云而出的意思。这也昭示了艺术的本性：艺术来源于生活，但必须超越生活。或许也正因为艺术这样的本性，人们对艺术的反应可能有两种偏离的情形：艺术距我们如此之近，以致习焉不察；艺术离我们如此之远，以致望尘莫及。此时，听一听艺术家们的故事，或许会对艺术本身能够拥有更多、更深的理解。

英国艺术史家贡布里希在其《艺术的故事》开篇中有云："实际上没有艺术这种东西，只有艺术家而已。"在各种艺术作品的背后，站立着她们的创造者，面对或欣赏这些艺术作品，实际上就是倾听创造她的艺术家，并与艺术家展开对话。这样的倾听与对话超越时空，激发想象，造就了艺术的不朽与神奇。也正是这种不朽与神奇，催生了"东吴名家"的艺术家系列。

最先"接近"的五位艺术家大家都不陌生：梁君午先生，早年在西班牙皇家马德里艺术学院学习深造，深得西方绘画艺术的精髓，融汇古老中国的艺术真谛，是享誉世界的油画大师；张朋川先生，怀抱画家的梦想，走出跨界之路，在美术考古工作和中国艺术史研究中开辟了新的天地，填补了多项空白；华人德先生，道法自然，守望传统，无论是书法艺术，还是书学研究，都臻于至境；杨明义先生，浸淫于江南传统，将透视和景别融进水墨尺幅，开创出水墨江南的新绘画空间；杭鸣时先生，被誉为"当今粉画巨子"，以不懈的努力提升了粉画的艺术价值。五位大师的成就举世瞩目，他们的艺术都有着将中国带入世界、将世界融入中国的恢宏气度和博大格局。

五位艺术家因缘际会先后来到已逾百年的东吴学府，各自不同的艺术道路在苏州大学有了交集和交融，这是我们莫大的荣幸。他们带来的是各自艺术创作的历练与理念，艺术人生的传奇与感悟，艺术教育的热情与经验，所有这些无疑是我们应该无比珍惜的宝藏，在这个意义上，"东吴名家·艺术家系列"的编写与制作也可谓一次艺术"收藏"行动。

三

"收藏"行动在继续进行！随着"东吴名家·艺术家系列"的编写与制作告一段落，我便将目光转向了"名医"。这一探寻目光的阶段性聚焦或定格，缘起于本人儿时的梦想和生活经历。我自小在外公与外婆身边生活，身为医生的舅舅和舅妈对我影响巨大。舅舅的敏感和精明、勤奋与敬业，舅妈的才情和灵巧、细腻与矜持，尤其是他们与病人之间交往、交流的互动场景以及医院的氛围，给我幼小的心灵烙上了深深印记。应该说，舅舅和舅妈身上所折射出来的医生职业操守和人格魅力，不仅是我人生启蒙的绝好养分——"随风潜入夜，润物细无声"地滋养、熏陶着我的成长，而且也渐渐成为我的生活习惯和样态，进而萌生出人生的愿望与梦想——我想成为一名让人尊敬的白衣天使或人民教师！

儿时的梦想，总是比较简洁和朴素，有时还十分直观和现实。在我的思维积淀中，总有一种抹不去的儿时记忆和认知：医生和教师是人世间最崇高、最善良、最阳光的职业！因为几乎没有哪位医生不想救死扶伤的，也几乎没有哪位教师不想教人成人的。世上可以没有其他职业，但绝不可无医生和教师。这两种职业甚至超越了国界、人种、民族和意识形态等差异，因为任何人都会遭遇到生老病死的拷问，任何人都有接受学校教育的过程，绝大多数人也会面临子女教育问题，等等。因此，渴望成为一名医生或教师，便成为我儿时的梦想！

清楚地记得，我在高考志愿书上清一色填写了"临床医学"专业，但因为班主任私底下递交的一份"定向表"，让我儿时的"医生梦"彻底破灭了。因为这种"阴差阳错"，而今中国大学里多了一名不太优秀的心理学教授，而医院却可能少了一名出色的外科医生。身为大学教授的我，虽然内心偶尔也会流露出"得陇望蜀"的遗憾，但我知道，这是真正的"白日梦想"。"医生"，对我而言，只能成为一种永久的儿时记忆了。也许正是为了弥补这份心理缺憾，我将探寻的目光聚焦或定格于"名医"，便乃是情理中事了。

如果说，"东吴名家·艺术家系列"的编写与制作缘起于本人的文化理解和兼任艺术学院院长的"便利"以及与马中红、陈霖两位教授的"臭味相投"，那么，"东吴名家·名医系列"编写与制作能够成为现实，则是因为我和我的团队又幸运地遇上了一位"同道",他就是侯建全先生!在一次偶然闲聊时,建全兄得知了我内心深处的愿望和设想,他不仅给予高度褒扬,而且主动要求加入并表示全力支持。这真是应验了两句老话:有心栽花花不开,无心插柳柳成荫;踏破铁鞋无觅处,得来全不费工夫。在日常交往中,建全兄给我留下的印象是干练、圆融、义气,而他对医院文化建设的深邃理解与执着精神,以及他能跳出自己的"本位",全方位思考吴地医学文化传承与保护的视野和气度,又使我对他平添一份深深的敬意和尊重。尤其是此间我的工作岗位发生了变动,他依然一如既往地关心、支持此项工作的开展和推进,更是彰显出"同道"的意蕴与价值、友谊的诚挚和珍贵。

拥有了建全兄这样的"同道","收藏"行动进展得异常顺利。我们的笔墨和镜头此次定格与聚焦的几位名医也是大家耳熟能详的:阮长耿院士,被尊为中国的"血小板之父",成功研制了以SZ(苏州)命名的系列单抗,应用于出血与血栓性疾病的基础与临床研究,始终坚持不懈地以学术引领中法交流,以科研点亮生命之光。杜子威先生,著名医学教育家、中国现代神经外科学奠基人之一,制定了首个中国人脑脊髓液蛋白电泳的标准值,培养出中国第一株人脑恶性胶质瘤体外细胞系SHG-44,建立了人脑胶质瘤基因文库,在中国脑外科研究和临床方面取得卓越成就。董天华先生,苏州骨科医学的开创者和奠基人,江苏省医学终身成就奖获得者,学医、行医、传医七十余载,德术并举、泽被后学,仁者情怀、大家风范。蒋文平先生在六十多年的行医生涯中,在我国心脏电生理领域里倾注汗水和心血,贡献智慧和才能,是一位不畏艰难险阻和不知疲倦的探索者、创新者、开拓者。唐天驷先生是我国著名的骨外科专家,两次获得国家科学技术进步二等奖;他主持的"脊柱后路经椎弓根内固定"研究,被誉为我国脊柱外科的一大"里程碑",铸就了脊柱内固定的"金标准";虽到望九之年,他仍然工作在第一线,用高超的医术,帮助无数病人"站稳了身板""挺直了腰杆"。陈易人先生,是苏州乃至江苏全省的知名外科专家,曾经是省内医学界外科医学的领头羊之一;半个多世纪以来,他无私奉献,不计名利,坚持奋战在手术台旁,为千万个患者解除病痛;他还通过努力,和同事们一起把苏州大学附属第一医院的外科诊疗提升到省内一流水平。华润龄先生从医半个多世纪,学养深厚,内外兼修;他上承吴门医派著名老中医奚凤霖和陈松龄两位先生医脉,秉循吴地优秀传统文化的传袭,理法方药,思路清晰,用药轻简,救人无数,在中医业界和患者当中树立了良好的口碑,是当代吴门医派的杰出传承人和代表医家之一。李英杰先生,国家级非物质文化遗产项目指定传承人，潜心于六神丸技艺，一颗匠心守护绝密国药，将手工微丸技术代代相承，被誉为当代"中医药八大家"之一。

四

在"收藏"行动平稳而有序的推进过程中，一个人的离开，使我们意识到这项行动格外紧迫而且时不我待，其意义与价值也更显突出和重大。2017年12月10日，范伯群先生不幸因病逝世，就在我们对他访谈、摄录工作全部完成之后不久。

尽管范先生的学术声望和学界影响我早有耳闻，但有幸与先生近距离、多频次接触始于2007年。记得那年的秋天，我怀揣着深深的忧虑和巨大的压力担任了苏州大学副校长。在"科学主义"泛滥、"工具理性"盛行的时代背景下，担当一所具有百年历史的综合性大学文科"主官"，其艰难程度可想而知。此外，对我而言，还有别样的职业焦虑和心理压力，一方面，我刚刚告别学校办公室主任的岗位；另一方面，我还不得不面对一系列质疑和议论：因为出身理工，不乏有人怀疑我不懂文科；因为出道行政，难免有人怀疑我不事学术……尽管这些带有浓厚主观色彩的怀疑与议论并不可能从根本上动摇自己内心那份珍贵的自信与执着，但对我而言，新的工作确实是一份严峻的挑战。承应着这份挑战，我虚心问道于学者、请教于领导、征询于同事、探讨于实践、求解于书本，并以开放的心态向国内外著名大学学习，不断探索总结，大胆开拓创新，潜心寻求规律，将散落于既往管理实践和治学经历中的思想碎片、感悟点滴加以系统性的整合提升并反馈于实践，逐步形成了具有一定特色的学术管理思路和风格。极其自然，范先生便是我在履新之后，最早拜访、求教的学者之一。

选择范先生，不仅因为先生卓越的学术声望和学界影响，也不仅因为先生之爱女紫江和女婿包敏是我的好友，我的选择主要基于两点考虑。

首先，范先生曾经执掌文学院多年，拥有对文科管理的深刻理解和丰富经验。在与范先生为代表的一批知名人文学者的频繁交流中，我学会了从存在论视角考察和分析两者在研究目的、研究路径（即"可重复性"与"不可重复性"）、研究价值实现形式、研究评价方法等方面的差异；从认识论视角审视和分析自然科学的实证性、实验性、统一性、一致性、简单性、必然性与人文社会科学的解释性、论证性、描述性、综合性、整体性、独特性、复杂性、创造性之间的差异；从发展论视角考察和分析两者在发展机制、实效性、可操作性、协作性以及与社会经济发展状况之间的关系和差异……而且，从更深层面认识到人文社会科学与自然科学共同分享着人类知识构成这一相互联系、相互补充的本质关系。此外，通过对范先生为代表的一批知名人文学者的考察和分析，我基本把握了人文学者的秉性。确实，与自然科学学者的"单纯"相比，人文学者则多了几分"复杂"。原因在于，人文学者因"治学的高度独立性"而衍生出的"被泛化的主体意识"、因人文学科"高度相关性"而导致的"学术话语普适性"以及"研究结论验证的复杂性"交互作用，如果没有理性的刻意驾御，原本纯粹的学术之争便容易演变成"地位之争"和"门派之争"，甚至是"态度对抗"。加之在现代消费社会中，"学术理性"不可避免地受到功利性侵蚀，利益的纷争又将使原本紧张的人际关系更加趋于复杂，甚至滋生出恩怨情仇，并波及整个学科，乃至整个院系、学校和学界。

其次，范先生是中国通俗文学研究的领军人物之一，对文科科研评价拥有非凡、独到的见解和能力。也正是在与范先生的交流过程中，我学会并掌握了人文社会科学研究评价的"历史性原则"。怀特海就曾指出，人文社会科学研究"一方面只有把研究对象置于具体时代背景中，我们才能理解人文社会科学某一理论的本质。另一方面，唯有沿着历史的时间维度，以历史发展的历程为参照，我们才能理解人类社会的真相"。在经典的自然科学视野中，时间只是一个不变的外部参数。与自然科学不同，人文社会科学研究具有历史性特征，与其时代背景及其发展过程息息相关。因而，"历史"这一因素无疑也是判断、评价人文社会科学研究及其成果的重要参数之一。仅以研究对象为例，无论是研究者，还是研究评判者，都必须尊重研究对象所处的历史背景，不能用跨越时代的要求作为评判的标准，更不能以研究对象的所谓"尊卑"来衡量和判断研究水平的高低。我曾在某评审会上遭遇到这样的情形，一位评委竟然以研究对象的社会影响力作为评价和比较研究成果水准的依据，这无疑是令学术界汗颜的遗憾事件。当人们试图探析人类社会某一阶段的历史之际，研究者既可以选择帝王将相作为自己的研究对象，了解和洞悉当时历史条件下执政者治国理政之思想；也可以将研究目光锁定某一特殊人群或个体，甚至可以研究处于社会最底层的人物，透过这些生活在社会底层人群的生活状况来考察、分析当时社会的本质。事实上，陈寅恪先生并没有因为研究柳如是而遭学界诟病，相反，其85万字皇皇巨著《柳如是别传》则更彰显出先生深厚的学术底蕴与功力。我们强调尊重研究对象的时代历史背景，就是指通过研究对象来剖析和洞察当时的社会状况，或以当时的社会历史条件来分析、审视研究对象。这是人文社会科学研究"历史性原则"的本义。范先生以通俗文学作为自己的研究对象,也是一个极好的例证。

言语至此,我想说的是,作为一所综合性大学的文科"主官",我所致力推动和精心策划的"东吴名家"系列理应从人文学者开始,事实上,这也是我的初衷。尽管因为世事纷扰和机缘巧合,我们率先启动了"艺术家系列"和"名医系列",但内心深处自始至终"惦记"着"人文学者系列"。极其自然的,范先生一直是我"关注"的主要对象。先生对鲁迅和冰心等中国现代作家的研究及其在开辟的中国通俗文学研究领域提出的多元共生的文学史观……都在海内外产生了巨大影响。当时我就对团队核心成员陈霖教授说,你与范先生很熟,可以先做起来。陈霖教授在2017年年初着手这项工作,与"名医系列"同步展开。范先生驾鹤西去,我们在悲痛之中唯可稍感欣慰的是,范先生对自己一生的讲述以及先生生命中最后的学术活动和日常生活,被我们用文字、图像、声音记录下来。

在"东吴名家"系列里,像范先生这一代人文学者,能在特殊的历史境遇中,于文学、历史、哲学等领域拓荒、开路而成为一代名家,皆因他们秉承了弘毅之士的道德理想,以志业为命,并为此呕心沥血,以命相搏。他们不仅以各自的学术贡献"究天人之际,通古今之变,成一家之言",而且以个体的生命历程书写出国家和民族的文化史、心灵史。他们的人格魅力高山仰止,而他们在学术上的非凡建树,一如古今中外的人文大家,都有着某种"未完成性"。因此,我们的"收藏"是对未来的开放,以期促成他们的学术使命被后学继承,他们的学术思想被后人弘扬。

1923年,张君劢在清华学校做题为"人生观"的演讲,力陈"科学无论如何发达,而人生观问题之解决,决非科学所能为力,惟赖诸人类之自身而已"。由此而引发的"科玄论战",在近百年后的今天,依然提示着我们在人文社会科学与自然科学之间应有的协作和平衡。"刚柔交错,天文也;文明以止,人文也。观乎天文以察时变,观乎人文以化成天下。"这样的体认凝结着的中国智慧古老而常新。在"工具理性"和"科学主义"成为当今主导思维范式与行为准则之际,"东吴名家·人文学者系列"开展的"收藏",不啻是提供了一种矫正和平衡的思想资源。

…………

"收藏"行动还将继续进行。随着"同行者"的不断加盟,"东吴名家"(百人系列)将在不远的将来"梦想成真"!为了这一美好梦想,为了我们的历史担当,也为了给后人多留点念想、少留点遗憾,让我们携起手来……

范伯群

　　1931年9月29日出生于浙江湖州，1945年随家迁居苏州。1951年考取复旦大学中文系。1955年被分配到南通中学任教。1957年，与大学同窗好友曾华鹏合著的《郁达夫论》在《人民文学》5、6期合刊发表，产生深远的影响。"文革"期间，身处"五七干校"，范伯群没有停止思考，坚持对鲁迅的研究。1978年，范伯群调入江苏师范学院（现苏州大学）。从1981年到1986年，他与曾华鹏先生合著的《王鲁彦论》《鲁迅小说新论》等多部专著相继出版，奠定了他在中国现代文学研究领域的地位。1983—1988年担任苏州大学中文系主任。1984年，获国家级有突出贡献中青年技术专家称号。1991年，获第一批国家级政府特殊津贴。2014年，在苏州市首届姑苏宣传文化人才评选中被授予"姑苏文化名家"称号。

　　范伯群于1986年主持国家首批哲学社会科学15个重点项目之一"中国近现代通俗文学史研究"。1990年成为苏州大学中国现当代文学博士点首位博士生导师。他开创的中国现代通俗文学研究，为中国现代文学学科做出了重大的贡献。他主编的《中国近现代通俗文学史》获得了教育部"第三届中国高校人文社会科学优秀成果奖"一等奖、中国现代文学学会"第二届王瑶学术优秀著作奖"一等奖、"第三届中国出版政府奖"最高图书奖等多种重要奖项。2001年4月，应邀赴美国进行学术访问，先后到哥伦比亚大学和哈佛大学参加国际学术会议与"上海小说"讲座，将其突破性学术成果带向了世界。2007年独立撰写的《中国现代通俗文学史（插图本）》出版，2008年入选中国新闻出版总署第二届"三个一百"原创图书出版工程，2013年获第二届思勉原创奖提名奖，2017年由俄罗斯东方出版社出版俄文版。2017年，范伯群主编140万字的《中国现代通俗文学与通俗文化互文研究》由江苏教育出版社出版，为中国现代通俗文学研究打开新的学术视野，并将其推向新的研究高峰。2017年12月10日因病医治无效，在苏州逝世，享年八十六岁。

9岁时的范伯群

年轻时的范伯群

1958年,范伯群与钱林仙在南通结婚

1994年,范伯群在苏州大学尊师轩前留影,这一年,他主编的《中国近现代通俗作家评传丛书》(12册)由南京出版社出版

与孙女范博闻合影

与外孙女包玲合影

目 录

特稿

003　保住智慧的元气

专访

033　文学研究的志愿
034　移居苏州
039　少年文学梦
041　考入复旦
047　贾植芳先生
051　"两个惊弓之鸟"

055　漫长的跋涉
056　来到南通中学
064　与作家们的交往
078　在干校的日子
083　从四十二中到文化馆

089　"双打选手"驰骋文坛
090　《郁达夫论》的发表

- 094 "地下操作"的智力游戏
- 098 扎实的资料功夫
- 107 "创作过程还原法"
- 113 广泛的合作

117 打开新的空间
- 118 把浪费的时间补回来
- 121 "忽然当了系主任"
- 129 抓好学科建设
- 134 接触鸳鸯蝴蝶派
- 142 两次香港行
- 151 通俗文学研究结硕果

157 寻找新的可能性
- 158 突然到来的退休
- 161 应邀到美国学术访问
- 168 与台湾等地的学术交流
- 175 《中国现代通俗文学史(插图本)》
- 183 编订《周瘦鹃文集》

他人看他

- 193 吴义勤：宽容开明的范先生
- 200 刘祥安：先生心中是有一盘棋的
- 209 张涛甫：一位纯粹的学者
- 214 季进：做会务是最好的学习
- 223 范紫江：有这样一个爸爸，我是蛮幸福的

附录

233　范伯群：志业为命（纪录片脚本）
240　范伯群年表

243　参考文献

245　后记

特稿

保住智慧的元气

范伯群先生神情安然地坐在图书满架的书橱前，眉宇间是长者的慈祥温和，但隐约可见傲气和坚毅，手执一把打开了的折扇，扇面上写着"百味人生"——这是范先生自己很喜欢的一张照片。八十六年的人生旅途，太多的风风雨雨、坎坎坷坷，多少次似乎被其攫住，甚或在其间仆倒，但最终范伯群还是作为强者挺了过来，于是可以淡定地回眸来路，品尝人生。20世纪初，波普尔在他的《开放的宇宙》一书中谈到两个矛盾的常识：一个是，每一事件总是由在先的某些事件所引起，因而每一事件可以解释或预言；另一个是，成熟而心智健全的人，总是具有在两种可能的行为之间自由选择的能力。这便是所谓"决定论的两难"：因果律的决定论是对自由选择的决定论的否定，反之亦然。范伯群先生在一生不断"被决定"的情境中作出的自由选择，便是对因果律的反拨，至少是一种平衡，生命的能量从其中勃发，精神的创造因此而昂扬。

"只要还有一点元气，就一定写"

杨枝新村，一个坐落在苏州老城区的小区，东边门出去是东环路，路的对面属于苏州工业园区。小区由东往西是大约300米长的主干道，一路是各种店铺，卖蔬菜的、卖早点的、卖保健品的、房产中介、健身按摩……西边门区域，是一家社区医院和杨枝小学，被甬道和院墙隔开。医院有人进进出出，都是因为些小毛病，来开点药、打个点滴什么的，有的老人就只是来量个血压。医院前的道路和边上的楼房之间形成了一块犄角般的空地，如果天不下雨，总是人声喧哗。幼儿喧闹的声音，与一墙之隔的杨枝小学里的读书声应和着；看孩子的妇女们大声地聊着家常；偶或有一堆人围着看下象棋，看的人不时为博弈者的一招棋争论起来；有汽车从不宽的道路上拐进来的时候，总是伴随着尖锐的喇叭声。

"这里充满着生活的热情"，范伯群先生说。十多年来，他的一篇又一篇的文章、一本又一本的专著就是在这样的市井之声中写出来，发出去，给现代文学研究领域带来一次又一次的惊喜。在这些文字里，我们一点也听不见这嘈杂的声音。然而，这些文字在某种意义上来说，与这些声音密切相关，因为它们关注、研讨、探究的，就是市民大众的文学。

当然，小区里的人们无意了解这些，只是知道这医院边上的楼里住着一个年纪很大学问也很大的老先生。天气好的话，下午4点多钟，人们会看见他慢慢地走出西边门，到两个小区之间的小公园里和林荫道上散散步。但他们并不清楚老先生确切的住址。一次，一个多年没有联系的学生远道而来，事先打听了地址，却跑了好几家也没找到，原来是打听来的信息有误。好在终于有一个聪明的阿姨，想到社区卫生站要求每一个前来看病的人留下自己的地址，就领着他到社区卫生站查阅门诊记录，于是找到了确切的地址。倒是上门服务的顺丰快递小哥们最清楚范老师的住址，并且知道老先生总是有很多的书信往来，有时候一包包的书从这里寄出去。

2001年范伯群退休，2003年他便将原来的大房子让给儿孙们，一个人来到杨枝小区的一居室，这样便可以不受干扰地做他的学问，饮食起居则由一位保姆全部包办。三十几平方米的房子，北边一个杂物间，一个厨房间，都很小。客厅一个大冰箱，一个简易的四方桌，三把椅子，空地仅可转身。我第一次带学生来拍摄的时候，两台摄影机只能支起一个，另一台只好手持。南边的房间是书房兼卧室，床上时常可见打开的书报杂志，床的对面一大排书架放满了书。后来我才知道那些书是常用的，更多的书专门租了一个车库安放。床的北边是一排衣柜，床的南边靠墙放着一个稍大的桌子，桌上一台20英寸的显示器，显示器左边是一个7英寸的相框，里面放着1993年病故的范师母钱林仙女士的黑白照片。再就是一些书、杂志、文稿无规则地占据着桌上的空间，一直延伸到靠着阳台窗户前的稍小的桌子上，和其他剪刀、胶水之类的日常小用品安然相处。

这仅可容膝的空间里，装载的却是一个阔大无边的精神世界。被复旦大学陈思和教授评价为"20世纪中国文学史研究中的一个里程碑式的著作"，范先生独立撰写的《中国现代通俗文学史（插图本）》就在这里完成；他率领第三代学人著述的120万字《中国现代通俗文学与通俗文化互文研究》,也是在这里一个字一个字地校订完毕……

十多年也就是弹指一挥间,但这斗室之中凝聚的精神能量,却让生命的密度改写了时间的长度,仿佛扼住了时间之矢的奔突。多年以前,我在范先生散步的时候与他相遇,谈起他的近况,他很开心地说:"我没读过研究生,现在退休了,在这里体验了读研究生的感觉。"今年采访他,他又对我说:"我退休以后又读完了四个大学。"以学制来度量生命的长度,蕴含着范先生的时间体验和时间观念,大概只有从未脱离过学术的人才有这样的幽默,只有将学术研究作为志业的人才有这般的洒脱。

1978年,范伯群调入了当时的江苏师范学院,也就是后来的苏州大学。他说当时他就立下一个志愿,就是要把"文革"以前各种运动浪费的时间补回来。"把浪费的时间补回来",可以说是那个时代的共同精神,每个人都在以自己的方式,填补历史的灾难造成的空白,整个社会的活力由此迸发出来。对范伯群个人来说,这一决定做出来以后,不仅意味着人有了干劲,身上的担子也重了,蓄积已久的能量也就爆发出来,出了书,有了成就感;而且更为重要的是,它超越了时代,内化为一种个人的习惯,一种身心俱往的自觉意识。他说:"我一直有这个补回来的思想,一直有的,就是说以后就形成一个习惯了。"

显然,一种习性的养成,内在的意志和秉性起着重要的作用。实际上,早在"五七干校"的时候,范伯群就与好友曾华鹏商量,不能就此过下去,一定要保持住智慧的元气。四十多年后,范伯群回忆起那个时候自己内心的感受:"我现在就算要断气了,还应该写,只要还有一点元气,就一定写。社会可能把你压到你只能开一个馒头店、馄饨店的地步,这是你的生活,但你的元气还在。所以,我们那时候就是把读书写作当作一种智力游戏来考虑的。"那时候,他和曾华鹏肯定没有想到,有一天这智力游戏会变成铅印的文字,公开出版的文章和著作。这在不自由的情境中做出的自由选择,才使他们身体和心灵保持着韧性,维系着一种抗力,而终于能战胜共同命运的摆布。

"一定要保持住智慧的元气!"每当我看到八十六岁高龄的范老师,在学术会议上条理分明逻辑严密地阐述自己新的发现、新的观点,看到他在范伯群文化工作室微信公众号开通之后,饶有兴味地浏览公众号文章,兴致勃勃地与我讨论下一期发什么文章,看到他在摄像机前既积极配合又不失时机地指点拍摄重点……范先生说那句话时的口气和神情，一次又一次地浮现在我的眼前。

"日月光华，旦复旦兮"

1945年，范伯群从湖州老家来到苏州父母身边。湖州与苏州隔太湖相望，相比之下，苏州有着更为发达的城市、更为浓郁的文化氛围、更好的教育条件。虽然14岁的范伯群那时还不知道，苏州在他的生命中将是如何的重要，但他很快喜欢上了这个人间天堂，并开始滋生少年文学梦。文学作品的阅读占据了他几乎所有的课外时光，眼睛近视了，数学成绩落下了，但他并没有求助于教数学的父亲，而是在偏科的路上一意孤行，徜徉于各种文学作品之中。先是读当时广为流行的徐訏的《风萧萧》之类，再是读比较好懂而且又是写年轻人的巴金的作品。青春的热情，对社会的不满与抗争，很容易征服少年的心，沧浪亭对面的图书馆里，巴金的作品都被少年范伯群找来读了。巴金又像桥梁，将他带到了鲁迅的世界。除了图书馆外，大石头巷还有一个图书室，《新观察》《文艺生活》等为他打开了更为宽广的阅读空间。当他作为学联成员、学生代表参加中华人民共和国成立后苏州市第一届人民代表会议时，周瘦鹃作为特邀代表来到他们学生代表团，与他们聊天，他第一次知道了周瘦鹃这个人物，那时候，他根本没想到几十年以后，他会以研究者的身份如此深入地进入周瘦鹃的世界。

带着当作家的梦想，范伯群于1951年考入了复旦大学中文系。但是这梦想很快受挫，因为老师告诉他们，读中文系要做作家是不可能的，主要是搞研究，做作家是要有生活的，你们这些都是"三门干部"，从家门到学校门再到机关门，不可能成为作家。那么，就至少成为一个文学研究的专家吧。从事文学研究的志愿便从此立起。要做一个专家，有那么多的书要读！但范伯群在"图书馆—教室—食堂"三点一线的生活中，因为心怀憧憬而感到无比充实。

在读书之余，范伯群唯一的娱乐似乎就是有时候在周末的下午，两个宿舍喜欢唱歌的同学聚到一个宿舍举办"演唱会"，他们分为不同声部，合唱属于那个年代的歌曲，自然也是其乐融融。回忆起这个场景的时候，范先生说，当时他们在楼上唱，下面总是有女生被吸引，在楼下徘徊不愿离去，但是，他略带调侃地说："那都是别的系的女生，我们系的女生是不懂得欣赏的。"说这话时脸上满是得意的调皮劲儿。如果说唱歌只能是偶尔的即兴的，那么，长跑却是范先生当年一直坚持的运动项目。每天早晨起来,从复旦跑到虹口公园(后来的鲁迅公园),再从虹口公园跑回复旦。这培养了他的耐力,使他受益匪浅,尤其是后来写大型作品的时候,能有这个耐力坚持迈过瓶颈期。

那时候的复旦大学中文系有着这个学科最为雄厚的师资力量,各个领域的一流学者汇聚于此。系主任是郭绍虞,文学研究会的发起人之一,给他们讲古代文论,朱东润教他们古典文学,刘大杰上文学史,吴文祺和张世禄教语言学。还有许多知名的作家像靳以、方令孺、许杰、汪静之等,也都是教授,在这里担任过教职。如此华丽的阵容,对培养新一代研究者来说,可谓具备得天独厚的条件。将近半个世纪以后,当苏州大学由师范学院转为综合性大学的时候,范伯群领命出任苏州大学中文系系主任,他的底气便是"我是见过综合性大学的"。他为苏州大学中文系勾画的科研和教学发展模式,想必来自当年他受业的复旦中文系。

范伯群进入复旦的第二年,1952年高校院系大调整开始了。中国当代高等教育史上的这一大动作,其深远影响自有专业领域的评价,而复旦大学获益良多是不争的事实,譬如苏步青、陈建功、谈家桢、吴敬琏、朱东润、贾植芳、方重等,纷纷调入复旦大学。对范伯群个人来说,这次大调整可谓影响了他一生,因为贾植芳教授从震旦大学调进了复旦大学。

一说起贾植芳,范伯群似乎总有说不尽的话语。贾植芳给他们上苏联文学、中国现代文学、世界文学和文艺写作等课程。范伯群回忆说,贾植芳先生上课,总是带一大堆资料来,有英文的,有日文的,有中文的。谈到一个作家,他就说了,英文资料里对这个作家是怎么评论的,日文资料里是怎么评论的,视野很开阔,"这些东西对我们都很有震撼,也很有启发"。范伯群一直记得贾老师对他们说的话:"你们要搞作家论,给我从第一篇作家的处女作看起,一直看到他最后一篇,或者他逝世前的最后一篇,你要想办法给我全部找全。"所以,当时就是跑图书馆跑得很厉害,为的是找全某个作家的作品。在写作教学中,贾植芳会将全班三十多位学生一一请到家中,分别当面指导。

在那一届学生中,最得贾植芳教授器重和欣赏的是范伯群、曾华鹏和施昌东,这三人构成了一个标准的品学兼优的阵容:施昌东是团支部书记,曾华鹏是班长,范伯群是系学生会主席。不只是贾植芳先生对他们寄予厚望,时任中文系主任的郭绍虞教授、文学史大家刘大杰教授,同样把他们视为后起之秀。三十年以后,当曾华鹏和范伯群合著的《郁达夫评传》要出版,年届八十的郭绍虞欣然为之题写书名,可见老先生对当年复旦才子的厚爱。大学三年级下半学年,贾植芳为他的三个爱徒出了毕业论文的题目,曾华鹏写《郁达夫论》,范伯群写《王鲁彦论》,施昌东写《朱自清论》,他们迅速地开始行动起来。王鲁彦的夫人覃英当时是上海市立女子第三中学的校长,为了搜集详尽的写作资料,范伯群就到她家中去拜访她,获得了鲜活的第一手资料。王鲁彦的《野火》三部曲出版后,曾在《广西日报》上连载过第二部《春草》的片段。那时的《广西日报》是用土草纸印的,寻找《春草》着实花费了不少的功夫。在这样的过程中,重视作品研读和资料搜集的学术规范得到了很好的执行和训练,范伯群日后的学术研究始终遵循着这样的基本原则。在进入大学四年级的时候,经贾先生推荐,范伯群、曾华鹏、施昌东毕业后将留校任教,曾华鹏还有可能到中国社科院文学所。能在大学或研究所工作,做一个文学研究专家的志愿便具有实现的可能,前途似乎一片光明。

然而,就在他们完成了毕业论文,即将毕业的时候,贾植芳被打成了"胡风反革命集团"骨干分子。他比胡风还早一天被捕。1955年5月15日的早上,贾植芳被时任复旦大学党委书记的杨西光带到上海市高教局。路上他还以为是谈复旦大学要搬到重庆的事。他在高教局的谈话,被认为不配合,当晚便被公安局抓去,锒铛入狱,直到1966年出狱。到1980年,范伯群才再次与贾先生见面,那是在黄山召开的现代文学研究会上了。这一年,被一再耽搁的《王鲁彦论》出版了。范伯群将它赠送给贾先生时,在书的扉页上写道:"先生,您布置的作业到今天才向您交卷……"其中多少辛酸难以尽言!当年他与曾华鹏将原来的论文扩充至十多万字的专著交给了上海文艺出版社,但因"文革"而未能出版。所幸的是,上海文艺出版社文艺理论组的编辑人员在那横扫一切的动乱年代,竟将这部书稿完好地保存着。粉碎"四人帮"以后,出版社表示愿意出版这本书。于是,在写出初稿二十多年以后,这部著作终于见了天日,成了范伯群与曾华鹏合作出版的第一部专著。《王鲁彦论》出版之后,上海《书林》杂志就发表评论说:"这本书对现代作家王鲁彦的生活和创作道路作了精当的介绍和透辟的分析。这是一部颇有特色的不可多得的作家论专著。"

从未见过胡风的范伯群、曾华鹏和施昌东,由于和贾先生关系密切,也成了"胡风分子"。他们呈交给贾植芳教授的毕业论文,再也得不到贾先生的批复。他们接下来面临的是开除团籍,三个月的审查,分配方案全改。眼睁睁看着一个个同学奔赴工作岗位,又看着一批新同学进来,他们也从原来的宿舍被撵了出来,搬进了专供"审干""肃反"中有问题的人住的草棚。直到国庆节前,他们才遇到"大赦":曾华鹏被分到扬州财经学校,范伯群被分到南通中学。做文学研究的志愿,看起来似乎已无法完成。

范伯群和曾华鹏、施昌东、章培恒,当年这些年轻的"胡风分子",显然是受老师的牵连而蒙冤的,但是,他们没有一个人为此而怨怪过贾植芳先生。相反,他们总是感念着老师的人格魅力。范伯群多次说起,贾先生对自己的影响首先就是他在为人方面为自己做出了榜样。他坚持信念,宁折不弯,各种牢都坐过,国民党时两次,日本人时一次。"所以我觉得这个人是了不起的,"范伯群说,"他让我真正明白,把'人'字写端正是最重要也最不容易的事情。"贾植芳于2008年去世后,范伯群在一次接受采访时说:"许多经历过苦难的人,在'解放'之后,都变成了祥林嫂或牢骚大王。贾先生没有将苦难化为牢骚,从不怨天尤人,从不怀疑自己的信仰,而是一如既往地笑对人生,仍然保持着知识分子的独立精神,坚守知识分子的批判立场。"① 对老师人格的如此体认,意味着它作为一种宝贵的精神资源,成为范伯群自己面对生活、命运和社会,面对困难和挫折时的力量,是他强调的"智慧的元气"的构成部分。

时隔多年以后,范先生对我说起毕业前的那段遭遇,言辞已是云淡风轻:"当时我们也苦恼,被审查搞得七荤八素的,就这样毕业了。"当时学校将他们内定为"胡风分子"但并没有向他们宣布。范伯群到了南通中学后,领导看档案时才向他说明,经过了一年的甄别,脱去了"胡风分子"的帽子。当时的党支部书记对他说:"范伯群呀,你虽然现在不是'胡风分子'了,但是你是'胡风影响分子',你还要小心。"对准备踏入社会一展宏图的年轻人来说,当年"胡风案"来势如此凶猛,灾难的旋涡根本猝不及防,霎时便将你卷入,不知冲刷到何方,内心该是如何的惶恐、悲凉和绝望,需要怎样的内力可以支撑和平衡!

友谊在这个时候是何其珍贵!离开上海前夕,他和曾华鹏设计了一个告别的仪式:到南京路去一趟,告别复旦的岁月,告别上海这座城市。这个仪式由四个部分组成:第一,到国际饭店体验、享受一下西餐;第二,到先施公司去看一看那里的雕塑;第三,看一场电影;第四,来合个影。这个仪式的核心内容是,两人当时相

---

① 李楠采访整理:《活出来的真正知识分子——章培恒、范伯群、曾华鹏、严绍璗等学者忆贾植芳》,《中国现代文学研究丛刊》2008年第5期。

约,以后一定要相互扶持,回到心爱的文艺岗位,不能就此埋没一生。他们拍的合影照片,后来曾华鹏说是"两只惊弓之鸟"。这张照片范伯群一直留在身边,纪念着两个人一生搀扶着前进的誓约。日后蜚声中国现代文学研究界的"双打选手",正是在这时候完成了最初的配对。

"不眠忧战伐"

离开的时候已是秋天了,城市的季节转换或许不那么明显,而当范伯群踏上列车前往南京报到的时候,随着上海渐渐淡出视野,沿途的景象将阵阵秋意送来。自古文人皆悲秋,尤其是在落魄失意的时候。但范先生从没有提及刚满24岁的他,当时内心是如何的伤感,他只是客观地叙述自己被未知的明天牵引着走向"被决定"的境地的过程——到江苏省教育厅报到,在招待所等了两天后,即被派到南通教育局报到,南通教育局立刻将他派到南通中学。他是返回到上海乘船去南通的,在说到南通的这一段时,时间似乎变慢了,范先生叙述得非常细致。五等舱,一个铺盖卷和一个箱子,坐在箱子上打瞌睡,天生港、发电厂、任港,绳子将行李吊到船上去,人也攀着绳子爬上船,靠岸、黄包车、文化宫、窄小的马路,分不清城里城外,低矮的房子伸手可触屋檐……只有被一种浓烈的情绪滋养过,记忆才会如此深刻,点点滴滴,如在目前。但是范先生语调平稳,波澜不惊,流畅而精确。听着他讲述着六十二年前的往事,我的眼前浮现的是一个郁郁寡欢的青年,茫然而凄惶地步入完全陌生的空间。

落难的书生有了安身之地,范伯群被安排带两个班语文,当一个班班主任。当时的南通中学是全专区的第一块牌子,教学质量挺高,考入大学的人数在省内经常排在第一,学生们觉得能够进南通中学,实际上一只脚就已经跨进大学了。一个复旦毕业的高才生的到来,对南通中学来说是意外之喜。个体与社会的关系就是如此乖谬,幸与不幸之间错综而无定。范伯群在这里结了婚,成了家,有了第一个孩子,似乎可以过稳定的日子;学生们也很喜欢他,几十年后他带过的学生依然感念老师,在毕业周年聚会上一定要把他请去。这些当然也是人生的幸事。但是,范伯群内心深处的另一种召唤,却让他在根本上不属于这里。他在多年以后写给南通中学校友的文章中坦陈:"不能说我不爱教师工作。但我也还有我的另一个梦,那就是回到文学岗位上去。我不能做一个搞创作的作家,但也许我能成为一个文艺理论家,或者成为一个文学评论家,这是我进大学时的志愿。因此,这种声音也时时在我的心中响起。"

1956年的3月,范伯群听说曾华鹏身体不大好,就连夜带了一瓶鱼肝油赶到扬州来看望他。真的是"东风逐君来,便吹散眉间一点春皱",身体不好,常常不过是心情的写照,贴心的朋友来了,漫步于瘦西湖畔,谈论文学的梦想,一点儿小病也就雾散云消。更重要的是,这次他们做出了一个重要的决定——合作修改自己的毕业论文,迈出相互扶持坚守理想的第一步。

那时正值文艺界思想界的空气相对宽松,难得而短暂的春天激活了许多文人骚客的梦想。呼吸着这样的精神空气,昔日的两个"惊弓之鸟"变成了在理想的天空里奋飞劳作的春燕,紧张的工作之余,按照拟订的方案修改各自的毕业论文。他们以通信的方式相互商量遇到的问题,探讨解决的方案,互相交换着提意见,交换着修改。两个月里两人围绕《郁达夫论》和《王鲁彦论》的通信,当是中国当代文学史上极富价值的文学书简。两篇论文的修改终于在暑假到来时完成,总共十二万字的书稿,承载着两个"被决定"的人对命运的不愿屈服。暑假里,曾华鹏因为长久没有回福建老家探望父母,加上从小就被送人的弟弟回家,就决定回家乡一趟。于是,范伯群主动担起了两篇论文的定稿与誊写任务,然后寄到《人民文学》编辑部。终于,他们等到了回音。《人民文学》编辑部给他们写来一封长达七页的信,告知决定先刊发《郁达夫论》,但文章较长,须压缩到四万字,并对这篇文章的进一步加工、修改提出了具体中肯的意见。信中还说《王鲁彦论》也会随后发表。

两人备受鼓舞,当年寒假,便来到苏州濂溪坊范伯群的家里,着手修改《郁达夫论》。两个年轻人在这里写作,可谓接通着千年文脉。濂溪坊相传为宋代的学者濂溪先生周敦颐居住处,周敦颐晚年辞官来到苏州,居住在宋前六十古坊之一的布德坊,讲学传道,门徒众多,声誉极高。后来人们为了纪念他,按照他的习惯,将他的故居改为"濂溪祠",而巷名"布德坊"也因此改名为了"濂溪坊"。对范伯群、曾华鹏来说,在濂溪坊度过的这个寒假,是一段倍加辛苦而又兴奋、快乐的时光,他们每天都工作十五六个小时,终于到寒假结束时,按照编辑部意见修改完毕。当他们写上最后的附记时,仿佛回到了复旦大学求学的时光:"郁达夫在南洋写的文章在国内并未公开印行,文中所引当时的材料是由赵景深教授供给的,在这里向他致谢意。"虽是短短几十个字,却承载着师生情谊,连接着今昔,预示他们仍在朝着做一个文学研究专家的方向而努力——他们没有迷失于波谲云诡的时代。

四万字的《郁达夫论》改定稿寄回了《人民文学》，几个月后，在1957年的《人民文学》5、6期合刊上发表。这是中华人民共和国成立后大陆文学研究界第一篇专业的现代文学作家论，它上接20世纪20年代茅盾的作家论写作，下启"文革"结束后的现当代文学研究，并得到发扬光大。

现在再读《郁达夫论》，我依然感佩于当时的两个年轻人所下的功夫，感受到作者在情绪、情感和心理上与论述对象的共振，对论述对象的体贴。郁达夫在人生歧路上的苦闷彷徨，在幽暗境遇中奋力抗争的光亮，其个人命运与社会、时代之间的丝丝缕缕的联系，都在作品风格和内涵的具体分析中揭示出来。我曾经揣测，这篇文章在冷静、理性的审视和分析中偶或冒出的抒情性议论，或许正是两个年轻人对自己人生境遇的强烈体验不由自主的投射。

当时的《人民文学》副主编秦兆阳在"编后记"中谈到《郁达夫论》时写道：

作家论是我们盼望很久的，郁达夫又是"五四"以后，有独创风格、有广大社会影响的重要作家。文中对于郁达夫的生活道路和创作道路是有独到见解的。我们愿以发表《郁达夫论》作为一个开始，望有志于此者，能够对我国现代以及当前的许多作家进行深入的研究。据所知，作者并非专门从事文学研究的，而是两位中学教师，可见繁荣文学的社会潜力，是广泛存在的，这是令人感觉可喜的事。

这篇作家论产生的影响可谓深远。多年以后，已故现代文学研究专家王富仁教授曾经在一个会议上说，这篇文章对他影响很大。他原来是搞俄文研究的，《郁达夫论》刚刚发表出来他就看了，看了这篇大文章以后，便决心要从事现代文学研究。当年考入华东师范大学，投身钱谷融先生门下的许子东，在决定将郁达夫作为研究生论文选题时，仔细读完这篇发表于1957年的《郁达夫论》后，曾经感到十分绝望，觉得自己的想法都被他们说完了，他还怎么写呢？后来，捷克汉学家安娜·多勃诺娃在她的《论郁达夫文艺作品之特征》一书中也指出，曾华鹏、范伯群的《郁达夫论》是同类论文中"最有分量"的一篇。

当然，对两位作者来说，影响更为直接。曾华鹏后来回忆说，那是命运的转折点。那以后不久，江苏省文联负责人从文学界前辈、时任《人民文学》副主编的秦兆阳那里得知，发表《郁达夫论》的就是两位江苏的小青年。他们几经周折，找到了曾华鹏和范伯群,并把他俩双双吸收为江苏省作家协会会员。其后,曾华鹏被调到扬州师范学院,范伯群则进了江苏省作协理论研究室。可以说,这篇文章让他们离开上海时的愿望得到实现——相互扶持,重新回到心爱的文艺岗位。更重要的是,它是一帖精神的良药。范先生告诉我,直到《郁达夫论》发表了,"胡风事件"造成的郁闷之气才散去,"慢慢整个情绪就恢复过来,调整过来"。

《郁达夫论》的发表也宣告了一对"双打选手"步入文坛。在那以后的二十多年里,他们共同撰写了几十篇文章,出版了五部专著,合作之默契之长久,无出其右者。范先生说,要不是后来各自所在的学校要搞集体项目,他们还会合作下去的。

我问范先生:你俩是如何合作的,为什么能够合作得这么久,合作得这么好?范先生说:首先是因为我们两个是患难之交,友谊很经得起考验;合作就是发挥各自的优长,将两个人的智慧倾注于一篇文章,考虑必然周全些,这样肯定胜过一个人的写作;两个人商定一篇东西应该怎么写之后,各自写各自的,有时候写到一半时扔给对方修改;署名上谁出的力多谁署前面,稿费每人一半。范先生举了他们写《论〈祝福〉》的例子。曾华鹏先开始,我看了他写的以后呢,发现自己和他的角度不同,我觉得《祝福》主要是逃、撞、捐、问,我说这四个关键词就决定了祥林嫂的一生。他说好,你去写,他写了一半就丢给我了。这样的合作真正是一个相互碰撞、相互激发、相互补充的过程,正因为如此,他们共同写出的东西,都被视为佳作。回忆起与老友合作的一些细节,范伯群的眼里充满了暖意。他告诉我:"曾华鹏很有意思的,他说你这个字啊,比较潦草。我这个字不一定好,但是编辑看起来一定舒服。所以呢,我抄前半部分,你呢抄后半部分;前半部分看得好,后半部分字潦草一点也没什么关系。"

最重要的当然是相互之间精神上的依傍和心灵上的沟通。1969年的一个星期天,在镇江六摆渡江苏省"五七干校"隔离审查的范伯群终于"安全过关",可以相对自由一点地活动了。他独自一人骑着自行车来到江边,面对滔滔江水,生出"逝者如斯夫"的感慨,想到生命在运动、检查、交心、过关之中毫无声息地消耗着,甚是无谓。如他后来在《过客:夕阳余晖下的彷徨》一文里说的,他痛感在各种"超度知识分子原罪"的仪式里浪掷的时间太多了,这样下去如何是好!他当即决定坐轮渡去找好友曾华鹏。范伯群的学生们都听他讲述过那天的情景,他当时有种想飞的感觉,那种急切间想要见到华鹏的心情,每次回想起来都是真切如在眼前。

"过眼年华，动人幽意，相逢几番春换。"从镇江六摆渡到扬州，不算在渡轮上的时间，骑自行车就要三四个小时，范伯群一口气赶到，差不多是午饭的时候。回顾十多年来两人共同写作的经历，他们不禁感慨唏嘘，除了有稍纵即逝的幸运之感外，更多的则是困惑与迷茫。《郁达夫论》发表之后，1962年和1964年他们先后在《文学评论》上发表了《蒋光慈论》《论冰心的创作》，这些文章都是在政治运动的缝隙中，在文艺领域相对宽松之际，才幸运地刊发出来的。本来也要发表的《王鲁彦论》就因为接着到来的反右运动而搁浅。1963年，他们将《王鲁彦论》再扩充成了一部十多万字的专著，就在它即将和读者见面时，一场空前的浩劫又使它失去了出版的机会。

从他们第一次合作发表《郁达夫论》以来，一晃十多年过去了，他们曾经期待的专心从事文学研究的局面其实并没有打开。在我采访他的时候，谈到那段时间的感受，范先生接连引用了鲁迅的话和杜甫的诗。他说，"他们有的高升了，有的堕落了，我依然在沙漠中走来走去"，真的是感同身受，就像在沙漠中走来走去，就像鲁迅他那个时候一样，也是"不眠忧战伐，无力正乾坤"。

两个好友在倾诉苦闷、彷徨之余，表示不能就此下去，即便不能发表，也应该写点东西，"要保住智慧的元气"。写什么呢？他们都想到了鲁迅。"文革"期间，所有的作家都被打倒了，一个个成了牛鬼蛇神，所有的书籍都有犯禁或者有犯禁的可能。《鲁迅全集》是当时可以公开阅读的两种书籍之一，另一种是《毛泽东选集》。他们还注意到，当时有关鲁迅的主流意见完全是出于政治需要，因此而不惜歪曲鲁迅的本意；而他俩决定放弃这些主流观念，回到鲁迅本身。如果说，他们上一次决定共同修改毕业论文是青春理想和誓愿的激励，那么这一次，已经在社会历练多年、经受了风吹雨打的他们，决定专攻鲁迅的小说，则是一种睿智的选择和寻求慰藉的移情。他们决定不再按照以前作家论的方式，而改用作品论，对鲁迅小说逐篇研读和分析。

这一决定，仿佛黑夜里燃起的一盏油灯，点亮了他们精神活动的空间。在其后的十多年里，从六摆渡干校到苏州四十二中，再到苏州文化局，直至来到江苏师范学院（后来的苏州大学），范伯群经历了各种人事变化，但对鲁迅的阅读和写作从没有停止过。

那时候，几乎没有什么可以参考的资料，他们采取"以鲁释鲁"的方式，探究鲁迅小说的艺术堂奥，走进鲁迅的精神世界。在范先生的书架上，我看到那套1963年版的《鲁迅全集》。书被他翻了又翻，外面的封套都翻烂掉了，里面密密地插着各种便于查找的书签，书上到处是划下的杠杠，墨水印记的深浅不一，表征着反复的阅读。范先生说他只划不批，因为鲁迅的东西很珍贵，不舍得在上面写字。范先生告诉我，在写作过程中，有时候要看一遍《鲁迅全集》才写一篇，看一遍写一篇，功夫下得深，下了全力，就把鲁迅的著作、思想、艺术和生活整个得贯通起来了。正因为如此，他和曾华鹏先生合写的鲁迅小说论，每一篇都极其耐读，都开掘出思想的深度。

1978年《文学评论》第4期发表了他们的《论〈药〉》。当时，对鲁迅这么重要的作家，这一年刚刚复刊的《文学评论》第1—3期上都没有任何文章，因为找不到一篇有些像学术论文的东西，直到他俩的这篇稿子投去了以后，编辑部为之一振——这才是他们要发的学术论文。文章发表后，南京大学的陈瘦竹先生看了，就对他的研究生们说，这篇文章你们要好好学习，论文就要这样写。今天，重读这些文章，人们依然会为那种文本细读的功夫、鞭辟入里的分析、言简意赅的概括而拍案叫绝。

1980年《王鲁彦论》出版之后，《现代四作家论》《郁达夫评传》《冰心评传》陆续出版，1986年，《鲁迅小说新论》出版，这对"双打选手"以骄人的成绩，在中国现代文学研究领域里形成巨大而深远的影响。曾经在曾华鹏门下攻读硕士学位，又在范伯群门下攻读博士学位，如今已在比较文学和海外汉学领域卓有建树的季进教授，回顾自己的学术道路时说，两位先生对他做学问的影响是巨大的，他在写博士论文《钱锺书与现代西学》时，就像导师"以鲁释鲁"那样，采取"以钱释钱"的方式，每写一部分都要将钱锺书的著作读一遍。

打开人生的书

1986年第4期《名作欣赏》杂志上，刊登了范伯群与曾华鹏合作的一篇文章，题目是《人生经验通感——从〈社戏〉和〈朝花夕拾〉谈起》，文章末尾写道："手中的书本放下了，心里的人生经历的书本却又翻开了。"在范伯群这里，文学阅读、分析和学术研究，与自身的人生经历密不可分，文学世界与生活世界相互映照、相互构成。心血和精力，情感和思想，生活和研究，与生命历程如影随形，维系着"智慧的元气",砥砺着思想的深度,激发着创造的热情。

从1955年被分配到南通中学,到1978年调入苏州大学,范伯群从立志文学研究的青年成为一名活力沛然的中年学者。这二十三年,抽象为一个数字的时候,是如此微不足道,但展开为具体的人生时,其间的风风雨雨、曲折坎坷、悲欢离合、便显出时间的重量、生命的质量。

1957年,得知《郁达夫论》的作者之一在南通中学后,当时的江苏省教育厅厅长吴天石来南通中学考察工作时,决定抽调范伯群到省里编写教学参考资料。当时范伯群得知吴天石喜欢郁达夫的旧体诗,就准备将自己写研究论文时弄到的一本香港版的郁达夫旧体诗送给他,但是他坚决不要,表示借回去看一遍抄一抄也就有了。范先生告诉我,吴天石当时被称为"三无厅长"(无手表,无皮鞋,无呢制服),在做教育厅厅长前,担任过江苏师范学院(即后来的苏州大学)的院长。这样一位朴素、爱才、懂教育的官员,却在1966年8月3日,与时任南京师范学院党委副书记、教务长的妻子李敬仪同一天被造反派的游街批斗与折磨身体,后不治身亡。回忆这段往事时,范先生语调沉重,不忍细述。在《章品镇其人其文》中,范先生在评论章品镇所著的《花木丛中人常在》的压卷之作《罡风来,石破天惊!——记吴天石》时,称"吴天老也是'宁为直折剑,犹胜屈金钩'的"。他忘不了这位正直儒雅的人对他的提携和帮助,而吴天石悲惨的遭遇及其所携带的一个年代的深重阴影,也难从他的心中祛除。

从1957年到1959年,范伯群每年都被抽调到省里编写教学参考资料,便有机会接触更多文学界的人事。有时候文联作协开会,他也去参加。因1957年"探求者"事件而解散了的省文联创作组,1960年得以恢复,陆文夫、艾煊成为主要成员。几经周折,1960年6月,范伯群调进了省文联创作组,主要进行理论研究,也到《雨花》杂志做编辑工作。

当时,南京总统府西花园里,居住着省文联各个门类的艺术家。范伯群也住在这里的招待所里,十八平方米的房间,很简单的一个棕绷床,两个脚凳,一条褥子,一床被子。这时候,他离文学艺术的实际是如此之近,随时都能看到林散之写字,傅抱石作画,听见作家们谈论文学写作。起初,一些作家听说他是搞理论的,就说你那些东西都是书本上来的,作家还能跟着你这些东西写作吗?这警醒了范伯群,他决定要向作家们学习,学习他们那一套活的文艺理论;而学习的机会可谓无处不在。陆文夫来了,就与他住一个房间。陆文夫几乎每天都要与叶至诚、姚澄、王兰英这些过去有渊源的人一起喝酒,晚上9点多钟回来,在酒气和烟味的氤氲之中与他神吹海聊,谈生活,谈创作。南京市创作组的方之,也经常过来串门谈创作,有时候谈到夜深,就在文联招待所里找个空位睡下。这段时间,范伯群也从艾煊的创作实践中,见证了从生活到艺术的过程。他每个月去拜访艾煊一次,跟他谈创作,谈从生活到艺术的经验,听他说写《碧螺春汛》、写《绣娘》的过程和体会,看着他的《碧螺春汛》一篇篇地发表问世。

这一段经历,范伯群与艾煊、陆文夫等作家结下了深厚的友情。二十多年后,这些作家纷纷复出,以"归来者"的文学书写名重文坛,范伯群对他们的评论也接连问世。在他的推进和组织下,1984年3月中旬,陆文夫作品研讨会在苏州召开;1985年11月,艾煊作品学术讨论会在苏州召开。这时候,范伯群显示出了作为评论家的才华和潜质,他对艾煊、陆文夫、高晓声的评论,秉持着知人论世的传统,在贴近文本的同时把握其与创作实际的多样而复杂的关系。更重要的是,范伯群的那些评论在当下发声,既是对作家作品的及时追踪和品评,又是一段评论家与作家共同命运的历史回响。在这些作家最年富力强的时候,他们的作品不能问世,或者问世了即遭批判。反右之后是"四清",再隔两年到"文革",没有一点时间可以让你做学问,无法真正铺开文学研究或评论的阵势。范伯群谈起这些的时候,对各种运动浪费的时间感到心疼不已。按他的说法,那时候他写出的一些东西,都是"抢"出来的。等到他进"五七干校"的时候,这种"抢"的可能性都没有了。

1966年5月7日,毛泽东在一封信中,要求全国各行业都要办成"一个大学校"。1966年8月1日,《人民日报》发表题为"全国都应该成为毛泽东思想的大学校——纪念中国人民解放军建军39周年"的社论。1969年3月30日,江苏省"五七干校"成立,校址在句容县桥头镇句容农校,并在江浦县老山林场等地设立分校。省级机关干部万余人集中在干校进行"斗、批、改",参加生产劳动。

实际上,"五七干校"开办之前,1967年1月,中共江苏省委、省政府及各地、市、县党政领导权相继被"造反派"所夺,全省绝大多数党政机关陷于瘫痪。在所谓"砸烂旧机关,下放旧人员"的口号下,大批机关干部被下放到农村落户或到工厂当工人。1968年10月17日,范伯群与省级机关万余干部被组成"一〇·四"兵团,集中到金坛县农村,一方面参加体力劳动,接受再教育,一方面集中搞"斗、批、改"。

在"干校"度过的四年,用范先生的话来说:"又是一个大学本科啊。"那些日子,范伯群很少能够回家,以至于在女儿幼小的记忆里,有一个特别深刻的印象,就是平时看到别人家有爸爸,心里困惑为什么自己没有爸爸,爸爸回来了便是天大的喜讯。1973年,从"干校"出来,他直接被分配到苏州四十二中学——那儿原来也是苏州地区的"五七干校"所在。

中国当代史上,"五七干校"是一个特别的现象,在虚构或非虚构的文学写作中,作为一个"母题"或者"中心动机",已经产生出大量的叙事,但或许远没有穷尽。每个当事者都有自己的故事,也都有难言的隐痛。范伯群在"五七干校"里耕地、养猪、放鹅、烧火、做饭……什么都干过。养猪的时候,他和另一个"同学"就住在猪圈旁边的一个小房子里。当猪倌的日子里,他不仅学会了饲养猪,还学会了给猪打针。后来他又被安排去放鹅。再后来,他到了食堂,先做徒弟,烧吸风灶,然后升级为做馒头、花卷,到最后就是炒菜。在食堂里,他还学会了腌制泡菜、咸菜。

在特定的情境中,事件的讲述往往比事件更为重要,更有意味。我领略过杨绛《干校六记》的哀而不伤,感受过陈白尘《云梦断忆》婉转而具讽刺性的笔触,震惊于张光年《向阳日记》里记录的苦读马列……但从未当面聆听过一个从"干校"走出来的老人讲述自己的故事。范先生讲述的语调是如此平和、安静,偶尔略带一点调侃,像是在讲述别人的故事,超然其上,不动声色,毫无苦痛之感,有时甚至很是快意于其中的细节,像给猪打针、放鹅、烧吸风灶之类,都讲得特别细腻,说者和听者都忍不住笑了起来。但在讲完这些物事之后,范先生说:"当时想:将来出去以后,是不是能开一个包子店什么之类的呢?"我在这里听到了一丝隐隐的苦涩和绝望——那曾经的研究文学艺术的梦想,似乎已经摔破为满地的碎瓷;我感受到那淡然冷然的讲述后面,是幽暗历史的巷道里吹来的一股冷冽的风。我问他那时是否感觉到未来的生活很迷茫,范先生回答说:"你想想啊,那时候人已经到了可以不动脑筋的地步,人根本没有什么主体性,就是那个样子。"

物质生活的满足抑或匮乏,身体的劳顿摧折抑或舒适安逸,与精神世界的关联从来就不是简单的对应关系;但是,如果生活的世界充满对人之存在的否定,对主体意识的无视和践踏,那么,"自我"就必然面临一种分裂的状态,承受茫然无适的压力。需要多大的内心力量自我加持,才能实现精神的救助,拒绝自我的放逐?范伯群寻找到的解决方案便是与曾华鹏合作开启"地下"写作——那场持续十多年的"智力游戏"。这智力的游戏即是自我的拯救、自我的实现。所以,提到与曾华鹏的友谊,范先生总是说:"我与华鹏是真正的患难之交。"

1973年,范伯群终于离开了六摆渡的"五七干校",不知道那时候他是否也有当年沈从文离开向阳湖"五七干校"时的感受:"浮沉半世纪,生存亦偶然",接下来的几年里,范伯群将继续承受生存的"偶然"。

苏州四十二中原来是苏州的"五七干校",地处荒郊野外,交通不便,遇到下雨天的时候,道路泥泞难以行走,学校里住的也都是草棚。在这里的近一年时间,范伯群尽自己的力量教班上的学生,也确有成效。后来曾担任苏州市教育局局长的鲍寅初、苏州市第十中学的全国特级语文教师徐思源,就是他教的学生中的佼佼者。徐思源对我说过,碰到范老师是我们的幸运啊,他课教得好,对学生也好。但是,范伯群依然有强烈的逃离的冲动,因为待在这里便意味着远离文学艺术,与做一个文学研究专家的初心隔绝。就在他感到这日子没个尽头的时候,苏州市委宣传部的一位副部长发现,范伯群过去是省文联的,而文化局正要用人,于是把他调过来,让他做创作理论研究。

范伯群觉得终于可以做点专业的事情了。但是,1974年中央1号文件发动"批林批孔",反对"黑线回潮",有人就说,范伯群调过来就是"黑线回潮"。于是,文化局不能待下去,范伯群又被调到文化馆,主要工作就是参与办一个报纸的橱窗。在这里,他认识了像马伯乐、刘懋善等画家。这样一批文化大家,聚集在小小的文化馆里,办一个报纸的橱窗。我忍不住想象,当年那个橱窗该是怎样的一个文化景观?范先生告诉我:"办得还是蛮好的,等于是文艺作品。"那可能是当时最有文化含量的橱窗之一,它展示的是什么也许并不重要,更重要的是它所掩藏的和埋没的东西。

没有多少人知道,那时候范伯群在阅读鲁迅,在写鲁迅小说的评论。幸运的是,他遇到了时任苏州文化局副局长的周良。范伯群与周良相识于1949年,当时范伯群作为中学生代表参加学联,周良则是学联的干部;二十多年过去了,他们都经历了这个时代的磨砺,颇有惺惺相惜之感。周良了解到这位沦落到文化馆的复旦才子在写鲁迅,就对他说,我知道文化馆不适合你,但也没办法安排你,你就不用来上班,回家写作吧。那时候,范伯群的家人已经从南京调回苏州,先是跟老一辈挤在一起,后来好不容易分到观前街附近社坛巷里的一间小房子,他隔出一个四平方米的"专属空间"——就一张床,一条过道,没有凳子,只有一个桌子。这便是多年以后人们在范伯群文章后面落款处看到的"苏州四平园"。这个名址或许严重误导他人,却是当时范伯群内心真切的写照,它不啻为精神的飞地和思想的乐园。

人生也许从来就没有什么纯粹之境,纯粹的只有那不可违逆、难以抗拒的初心。对范伯群来说,即便是后来进入大学执教,执掌中文系主任之职,率领团队冲上学术高峰,对通俗文学研究不断地拓宽领域、掘进深度、拔升高度……这一路走来,也依然有太多的"不纯粹":事务性缠绕,非学术干扰,妻子的病逝,突然的退休,情感的折磨,俗务的纠缠……于是,在范先生的生命中,充满杂音的生活与无比纯粹的学术仿佛双屏书写,相互穿插,彼此交织,对抗又互构,融汇而互文,形成时间的纹理。范先生的学术研究便是在如此富有张力的时间纹理中焕发出生命的光彩,成就他的"百味人生"——这四个字写在他的一柄扇子上,他拿着这把扇子在书橱前留了一张影。

"找回另一只翅膀"

1978年,范伯群从苏州市文化馆调入江苏师范学院,这是他人生的一个重大转折,一个新的空间从此打开。

这一年,整个国家从头到尾都有重要的事情发生。研究生招生,公派留学生,高校教师职称评定恢复,全国科学大会召开,错划的"右派分子"全部摘帽,《实践是检验真理的唯一标准》发表,"天安门事件"平反,中美两国宣布正式建交,十一届三中全会召开……多少人的命运在这一年改变!这一年,程千帆先生调入南京大学中文系,王水照先生和陈鸣树先生调入复旦大学,复旦大学印刷厂召开大会,宣布为贾植芳先生"摘帽",王智量先生调入华东师范大学,钱谷融先生的"历史问题"也得以解决……

所谓"改变命运",当然多为事后的总结,对当时的范伯群来说,最重要的是,终于可以放开身手做研究了。"一定要把以前因为各种运动而浪费的时间补回来",已经47岁的他像小伙子一样没日没夜地投入教学科研之中,蓄积已久的能量也就爆发出来。范紫江年少时的记忆中,从来不知道父亲房间里晚上的灯光何时熄灭。她印象深刻的是,父亲的书信以及邮寄书刊特别多,所以特制了一个特别大的邮箱。

从1978年进入江苏师范学院,到2001年退休,又是一个二十三年!

粗略统计一下,这二十三年里,包括和曾华鹏先生合作的在内,他发表了六十多篇论文,合作或主编九部专著,主编四十余种作品集、资料集和通俗作家评传。这当中的第一个十年里,他对郁达夫、冰心、鲁迅等现代作家的研究文章,对陆文夫、高晓声、艾煊等当代作家的评论文章,对张恨水、程小青、周瘦鹃等所谓"鸳鸯蝴蝶派"代表作家的研究文章,交替出现在各种具有影响力的学术期刊上,显示出不可羁縻的创造之力。现代作家的研究、当代作家的评论、通俗文学研究的开拓,仿佛三重奏,构成范伯群生命中前所未有的华彩乐章,它来自"地下"写作破冰而出的时分,历史的潜流涌汇到现实的地表,伴随着新领域的开拓并开始"重新评估一切"。

1983—1988年,范伯群担任苏州大学中文系主任,正值苏州大学从师范学院向综合性大学转型。于是,范伯群将个人的科研"主旋律"带入了更大的空间,促成了苏州大学中文系学术力量的积聚和学科地位的提升。在任职演说上,范伯群强调科研要和教学结合,转变师范教育沦为"高四、高五、高六、高七"的局面,要求老师们除了教学好之外,还要拿出白纸黑字来,证明自己做了什么研究,发了什么论文。当时,所谓反对"白专"的观念在一些人意识中依然存在,范伯群对此特别予以破解,他说:"'白专'很好!这个清清白白不是很好吗?白而又专不是很好吗?清白又专业。"又说:"反对'白专'了,就是'红专'吗?'红专'其实是对不上'白专'的。'白专'是对什么呢?是对'红空'。"

观念的转变并非易事,有人表现出抵触情绪,将范伯群的主张冠以"一本书主义"的诨名。这当然阻挡不了范伯群以科研立系的决心。古典文学方面,他让国学大师钱仲联先生负责的明清诗文研究室充分发挥积聚科研力量的作用,独立进行研究而不加干涉。后来,苏州大学的明清诗文点校和相关研究取得了引人注目的成就。现代文学方面,他作为学科带头人,做好表率,不因繁重的事务而停止自身的科研活动,同时鼓励年轻教师从事课题研究,带领大家进行"团队作战",出版一系列专著,形成优秀梯队,为申报中国现当代文学博士点,为中国现当代文学研究进入江苏省重点学科建设行列,准备了充分的条件。中文系从最初只有钱仲联先生一名正教授,到1986年的时候,有了6名正教授,成为全校正教授最多的系。1990年经国务院学位委员会审定,苏州大学建立中国现当代文学博士点,范伯群为该学位点首位博士生导师。在他的带领下,中国现当代文学研究在全国高校中进入了先进行列。这些都有力地证明,当年范伯群"科研立系"主张的正确。

"科研立系"并非如现在所想象的那么简单。正如后来严家炎、陈思和等人所评价的,范伯群在学科研究上的开拓创新,关键在于他宽阔的胸怀、高远的目光和巨大的勇气。

1979年,中国社会科学院文学研究所启动编写"中国现代文学运动·论争·社团资料丛书",江苏师范学院(今苏州大学)现代文学教研室领到的任务是编纂《鸳鸯蝴蝶派文学资料》。范伯群负责鸳鸯蝴蝶派作家的代表作与该流派的主要期刊,他泡在图书馆里整整三年,越读越觉得应该重新去思考和评价这批被视为"逆流"的作家和作品。因此,1984年集体编写的《鸳鸯蝴蝶派文学资料》出版之后,范伯群并没有视之为任务完成,而是开始从中开辟出更大的科研空间,那就是重新审视和评价以鸳鸯蝴蝶派为代表的通俗作家作品在整个近现代文学史上的地位。最初学界有人对此持不屑之态,指之为"垃圾",但是,在后来的十多年里,范伯群以其对海量资料的披阅和敏锐的学术洞察力,"变'废'为宝",打开了现代文学研究的一座富矿。

早在1981年,范伯群就执笔代表资料编写团队在《中国现代文学研究丛刊》发表了《试论鸳鸯蝴蝶派》。这以后,他开始在《文学评论》《文学遗产》等重要的学术期刊发表研究张恨水、《玉梨魂》《广陵潮》的论文,他的《鲁迅论鸳鸯蝴蝶派》被收入《纪念鲁迅诞生一百周年论文集》中。于是,由鸳鸯蝴蝶派研究而发端的中国近现代通俗文学研究引起学界的关注。《文学评论》1983年第1期刊发范伯群的《论张恨水的几部代表作》时,特别在"编后记"中提到:"这一期上还有范伯群的《论张恨水的几部代表作》,也许会引起一些同志的疑惑,张恨水也值得研究吗?我们想还是可以的。张恨水是个写过很多作品而且产生了很大影响的作家,又是与鸳鸯蝴蝶派有密切关系的作家,对于现代文学史的研究来说,是不能采取视而不见的态度的。"

说"视而不见",或许还是低估了当时的轻视,其实根本上就是"无视"。因此,范先生的研究首先是从资料入手,让这一文学遗产"可视",形成了一个研究领域。

这一新的领域被范伯群和他的团队不断地掘进、开采,结出丰硕的成果。1986年,范伯群教授主持的"中国近现代通俗文学史研究"被列为国家首批哲学社会科学15个重点项目之一;1989年,他关于通俗文学研究的第一部专著《礼拜六的蝴蝶梦》由人民文学出版社出版,从这年起正式招收中国近现代通俗文学专业的硕士生;1991年,又开始招收这一方向的博士研究生;1992—1993年,他与金名合作编辑的《中国近代文学大系·俗文学(集一、集二)》出版;1993年,他与朱栋霖合作编著的《中外文学比较史:1898—1949》出版;1994年,他主编的《中国近现代通俗作家评传丛书》出版;1996年,他与范紫江合作编选的《鸳鸯蝴蝶礼拜六派经典小说文库》(十卷)出版……范伯群的这十年,几乎每年一个"大动作",他过人的精力和学术创造力令人惊叹。他对我说过,年轻时的长跑运动对他的积极影响,就是培养了的耐力,使他后来在写大东西、处理大工作量的任务时能够坐得稳。

这耐力关联着明确的目标和笃守的内心。他曾分别于1992年和1996年到香港大学和香港中文大学访学,每次一个月的时间,但是香港最著名的游玩之地他一个也没有去过,他的全部时间都用在泡图书馆了。第二次到香港中文大学时,当时在那里任教的翻译家孔慧怡风趣地说,范先生一来以后,我们这个文人雅士的会都变成文人"俗"士啦;因为范伯群与学者们交流时,念念不忘的是他的通俗文学研究。时隔二十多年之后,讲起在香港收获的资料,范先生还是两眼放光,满心欢喜的样子让人看到孩子般的满足感。范紫江说父亲去香港回来,什么也没带,就是满满两箱子的书和资料。吴义勤也记得自己当时在做徐訏研究,范老师从香港回来,给他带来了在内地难以看到的资料。

在一心投入通俗文学研究的过程中,范伯群始终着眼于长远的目标,将教学与科研紧密结合起来,确保重大的学科方向上展开学术研究的可持续性。他要求学生努力攀登从作品论—作家论—社团流派论—文学史的"阶梯四层面",循序渐进,拾级而上,避免架空了的所谓宏观研究。他还提出"两条腿走路",即"纯文学"与通俗文学都应该纳入视界,重视中国文学与外国文学的横向交流与比较研究,强调理论建设和资料建设并重。他还针对过去的现代文学研究中普遍采用的断代方法的缺陷,提出近代、现代和当代应该建立"三点连一线"。在很大程度上,这些教育理念和方法,比当下已经获得的研究成果更为重要。当年作为研究生参与范伯群的研究,现在已经在通俗文学研究领域卓有建树的汤哲声教授说:"这样的治学方式不仅仅是集众人之力完成科研项目,这只是现实意义,更深远的意义在于学术队伍的训练和培养,项目完成了,学术队伍也形成了。"

《中国近现代通俗作家评传丛书》出版后,1995年,范伯群的恩师贾植芳先生先后在《人民日报》和《新民晚报》发表文章，称这套丛书是"一项开创性的学术工程"，开掘出了"通俗文学研究的宝库"。他指出："范伯群倾注全力投入近现代通俗文学研究与教学，最终要将这一领域整合进我国近现代文学史的范畴，以便使我们的近现代文学史的反映面更丰富、更完整、更符合历史的实际。"同是在1995年，作家艾煊用文学的语言表达了同样的意思，称范伯群的研究"为中国现代文学史找回了一只翅膀"。

范伯群没有就此停下前进的脚步，而是率领他的团队，乘胜追击，又用了五年时间，终于完成一百四十万字的巨著《中国近现代通俗文学史》，于2000年初由江苏教育出版社出版。这一年的7月底，"《中国近现代通俗文学史》国际学术研讨会"在苏州大学召开。贾植芳、钱谷融、严家炎、章培恒、杨义、吴福辉等中国现代文学研究界的著名学者来了，哈佛大学李欧梵教授、德国海德堡大学叶凯蒂教授、哥伦比亚大学的王德威教授、哈佛大学博士陈建华等近二十位国外专家学者也来了。他们共同见证了一项"不寻常的拓荒性学术工程"。严家炎指出这部著作"用大量实实在在、经过鉴别的史料，富有说服力地得出了许多令人耳目一新的结论"。王德威教授说："这代表一个被忽视近百年传统的重新发现与肯定，令我震撼不已！"时任中国社科院文学研究所所长的杨义也认为这部著作"无论是对近现代文学整体研究格局、学术领域的开拓，还是我们文学观念的宽容性和开放性上，都是非常重要的……它从一个独特的角度切入我们现代文学整体工程中去，做了我们过去没有做的东西"。

从编纂《鸳鸯蝴蝶派文学资料》算起，到《中国近现代通俗文学史》这部巨著问世，整整二十年的时间，范伯群在学术道路上永不停歇地奔跑的身影，留给人们深深的印象。在此过程中，爱妻的病逝对他的打击非常之大。当年在南通中学，范先生与钱林仙恋爱时，还有人代表组织，好心地找钱林仙谈话，因为他是"胡风影响分子"，有这样一根"历史问题"的"尾巴"，但钱林仙还是愿意嫁给他。患难之中的爱意和温暖始终支撑着他，现在另一半走了，他一度难过得几乎无法待在家里。还有学术团队突发的变故，《中国近现代通俗文学史》中原来定好的一章被作者撤稿，这给他带来了莫大的压力，但他硬是拼着一口气，以一己之力，将变故留下的空缺填补起来。

六年以后，《中国近现代通俗文学史》荣获第二届王瑶学术奖优秀著作奖一等奖，吴福辉研究员执笔的评委会评语中写道："范伯群教授领导的苏州大学文学研究群体,十几年如一日,打破成见,以非凡的热情来关注、钻研中国近现代通俗文学,显示出开拓文学史空间的学术勇气和科学精神……这部极大填补了学术空白的著作,实际已构成对所谓'残缺不全的文学史'的挑战,无论学界的意见是否一致,都势必引发人们对中国现代文学史的整体性结构性的重新思考。"①

"《中国近现代通俗文学史》国际学术研讨会"之后不久,范伯群迎来了他六十九岁的生日。按人之常情,范伯群取得这样的成就已经足以感到欣慰,可以安度晚年。但是,对范伯群自己来说却并非如此,这位长跑健将似乎刚刚迈过一个极限,力道十足地奔向下一个征程。

然而,2001年1月,他接到退休的通知。

织就灿烂的晚霞

2004年1月21日,农历癸未年的除夕夜,喧闹的爆竹声和浓烈的节日气氛中,范先生跟平常一样,到时间便坐在电脑跟前。但这次他写的东西有所不同,题目是《过客:夕阳余晖下的彷徨》,用了两个鲁迅作品中的意象,调子似乎有些抑郁。这是一篇学术自述,范先生开头便谈到自己近年参加学术会议总被排在"老一辈"学人行列,说这"使我惊悚",而他接到退休的通知时也是"十分讶异"——做学问的摊子刚刚铺开怎么就要收摊了,刚刚参加工作不久怎么就要退休了?

范先生不止一次地跟我谈起他在2001年1月接到退休通知后难以接受的心情,他说其实他还差8个月才到龄,他还有一个韩国的博士在读,他的身体还十分健康,他还有进一步推进中国现代通俗文学研究的计划,台湾大学向他发出了邀请,图书馆已经准备了一间供他专用的读书室……当然,他必须接受现实。

"退休确实让我怅然若失",范先生说。但在退休带来的不适之中,一次偶尔的看电视让他感到大有启迪,并迅速地进行了调整。他在电视上看到乐黛云女士在长沙岳麓书院讲学,谈及季羡林先生对她的一番"开导",大意便是不要为退休而有什么不快,他读的书、写的著作很多都是在七十岁以后完成的。范先生又以他喜欢的方法推算季羡林从七十岁到九十岁手不释卷、笔耕不辍的生活:"二十年就

---

①吴福辉执笔:《第2届王瑶学术奖获奖评语·〈中国近现代通俗文学史〉(条)》,《中国现代文学研究丛刊》2007年第3期。

是五倍于大学本科学习的时间",由此而感到"我好像还可以有所作为"。于是,范先生认真地开始了他的退休生活——忙碌而充实,勤奋而多产,查找资料,著书立说,参加学术活动,是他退休后最主要的生活内容。

2001年4月,范伯群教授应哥伦比亚大学王德威教授的邀请,赴美国进行学术访问,参加哥伦比亚大学召开的"揭开中国通俗文学的面纱:对鸳鸯蝴蝶派的重新思考"的国际学术讨论会。他作为主讲贵宾,在会议开幕后第一个宣读论文,论文的题目是《中国大陆通俗文学的复苏与重建》,而会议压轴的则是夏志清教授作《论啼笑姻缘》的讲演。两个苏州人在哥大以如此的方式相会,自是一段文坛佳话,想象一下他俩在席间用苏州话交谈的情景,该是何等的温馨动人。在这次会议上,他还认识了沈从文研究专家金介甫教授,金介甫赠送给范先生一部厚达五百页的书,是他的《中国正义与小说:现代中国的法律与文学》。他说范先生带领的团队对程小青与孙了红的一些研究文章,对他很有参考价值。自己所从事的研究正在跨出国门产生影响,这正是范先生所期望的。实际上,正是他带着团队所做的努力,为海外汉学研究提供了不可多得的资源。范伯群从纽约来到波士顿,应李欧梵教授的邀请至哈佛大学东亚文化系作学术讲座时,李欧梵教授介绍说,1996年,范先生赠送了一套《中国近现代通俗作家评传丛书》,回哈佛后,他选了若干作家及丛书中附录的代表作,作为教材给学生上课,引起了大家的兴趣。访美之行,让范先生感受到自己和美国的学者们"以文会友",对中国现代通俗文学有着同样的探索精神与求知欲望,也让他更为确信,自己在近二十年的时间里将研究重心转移到通俗文学上去,不失为是一条独特的研究路子。他说,"空白"总得有人去填补;人,不一定总是要踩着他人的路子前进。

范伯群回国后,在一篇记述这次访美之行的文章的最后写道:"我想,继这次'揭开面纱'的会议之后,中国现代通俗文学一定会迎来报以'真价大白'的新的学术盛会。"在某种意义上,范先生后来所做的一切,便是为这样的盛会进行的准备。

2003年,范伯群就应复旦大学教授章培恒先生的邀请,到复旦大学中国古代文学研究中心"古今演变"方向做专职研究员,没有工资,但在上海的住宿、买书、出书,中心都可以解决。在范先生看来,这样的条件已经为他解决了后顾之忧,而他最看重的是,他可以集中到上图去查找资料了。他去查资料的时候,就住在旁边的新华社招待所,离图书馆走路不到十分钟。范先生有时候若较长时间住在复旦，他依然每天到上海图书馆去查资料，复旦大学在东北角，上海图书馆在西南角，来去要倒好几次车。谈到坐图书馆，范先生说："坐在那里很稳的呀，用掉了六七个坐垫。"如是五年，他收集了大量的新的资料，"感觉到退休很好"。

随着资料的搜集和阅读而来的，是新的学术发现，新的观点，于是一篇篇论文开始从各种学术期刊发出来，令人难以相信，这些是年逾七十的老人从事"一个人的战斗"的累累硕果。

2002年，范先生在《文学评论》第3期上，发表了《论"都市乡土小说"》，指出新文学的乡土作家不一定能反映侨寓地的城市生活，而现代通俗文学作家却以描叙都市民间生活为其主要内容，擅写独特而浓郁的都市民风民俗，构成了一道"都市乡土小说"的风景线；这是现代通俗文学对"文学大家庭"的重大贡献。2005年《文学评论》第2期上发表了范先生的《黑幕征答·黑幕小说·揭黑运动》，《编后记》的点评是："作者史料搜集之勤、鉴识之精、辨别之细、视察之远，令人钦佩。"这是他在上海图书馆读了1916年至1918年的两年《时事新报》，也搜集了其他的资料后写成的。谈起这篇文章的资料搜集时，范先生说："在老式的阅读机上看胶卷的滋味我是尝够了，页面的翻动使我头晕目眩，有时还会引起呕吐。"但他硬是挺了下来。到了八十岁以后，范先生的腰已经不能长时间坐图书馆了，但对资料的重视依然没有丝毫放松。2013年，他与门下第三代的黄诚合作写的《报人杂感：引领平头百姓的舆论导向——以〈新闻报〉严独鹤和〈申报〉周瘦鹃的杂感为中心》，发表在《现代文学研究丛刊》上，为写这篇文章，让黄诚帮他找了两千多张报纸的照片。

对第一手资料的高度重视，强调凭资料说话，是范先生做研究始终坚持的原则，而在七八十岁的时候依然如此费心费力、亲力亲为地搜寻资料，也真称得上是"痴迷"了。与范先生一样被章培恒聘为专职研究员的钱理群先生，曾对范先生说，七十岁以后还在那里从原始资料出发，在国内也是少见，恐怕就你一个人了。更为令人叹服的是，范伯群先生在资料的搜寻中，总是有新的发现、新的主张、新的立意。

从2002年到2017年，在这十五年时间里，粗略统计一下，范伯群在各种学术期刊发表了六十余篇论文。这些文字不只是在他已经开创的领域重复劳作，而更是不断发掘、深耕和拓展。他将通俗文学的研究涉猎的资料范围，从书和杂志拓展到报纸，从小说延伸到电影及其他艺术，从通俗文学作家的文学写作追踪到他们的报人写作,从文学领域扩展到历史研究和文化研究的领域;在观念上,他逐渐不满足于通俗文学与新文学的"两个翅膀论",提出了"市民大众的文学"概念,构想了"多元共生的文学史新体系",开辟出通俗文学与通俗文化互文研究的新天地。

就这样,范先生攻克一个又一个山头,冲向学术的高峰。2006年,范先生完成了洋洋七十万字的独著《中国现代通俗文学史(插图本)》(2007年北京大学出版社出版)。他在谈到正式着手这本著作的写作时说,当时他很清楚:"这是要付出超支的体、脑、心力的劳动的,但我愿为此一搏!"他以常人难以企及的毅力,在退休后五年的时间里,拿出这部融汇了他三十余年通俗文学文学研究之洞见和智慧的学术巨著。

很多熟识范先生的人都感慨,年轻人也赶不上他的步子。在著书立说的同时,他还参与到文学活动之中。2003年9月21日,中国现代文学馆邀请范伯群、袁良骏在文学馆多功能厅就通俗文学的文学史评价问题进行公开论辩。两天后,北京大学中文系又邀请他到孑民学术讲坛作讲演,发表《我心目中的中国现代文学史框架》,阐述应该"建立生态平衡的中国现代文学史观"。2008年6月,复旦大学召开的"建构现代中国文学史多元共生新体系——《中国现代通俗文学史(插图本)》研讨会"上,一百多名中外文学史专家济济一堂。在某种意义上,这次会议正是范先生从美国回来时所期冀的"报以'真价大白'的新的学术盛会"。在主题发言中,范伯群称:"我写《中国现代通俗文学史(插图本)》就是为了'消灭'独立的通俗文学史。"他着眼于将来,主张多元共生的文学史。

很明显,范伯群没有歇下来的意思,但是,他的身体却因超出年龄的负荷而"造反"了——2011年夏天,他患肺炎住院治疗,所幸很快治愈。但就在身体还在康复的时候,一纸诉状来了。他花了两年时间整理编辑的《周瘦鹃文集(1—4卷)》于2011年1月出版,不料有王某认为这部文集中的《周瘦鹃年谱》抄袭了其所编《周瘦鹃研究资料》中的《周瘦鹃年谱》。范先生找到律师,带着黄诚,拖着满满两箱子原始资料去北京应诉。这事前后拖了五年,从一审到二审到最高法,都是原告败诉。官司自然是赢了,耗费的精力和时间让他心疼无比。多年以后,说起这个事情的时候,范先生笑曰:"我也算是进过法院、见识过法庭了。"

官司没有让他的学术研究停下来。2013年,他的学术论著自选集《填平雅俗鸿沟》出版;2014年,他的《中国市民大众文学百年回眸》汇集了他退休以后写作和发表的重要论文。2014年,范伯群以其奠基性里程碑领军人物的贡献当选了首届"姑苏文化名家"。在市委宣传部的资助下,他作为主编,率领范门第三代开始一项浩大的工程,即《中国现代通俗文学与通俗文化互文研究》的撰述,一百二十万字的皇皇巨著于2017年2月出版。他这个主编可不是挂挂名而已,除了自己亲自执笔写其中的一章外,范先生从最初的选题确立,到建立写作队伍,再到初稿修改,直至定稿,最后到书出来之后的研讨会,他无不事必躬亲。这部巨著不仅进一步拓展了通俗文学研究的学术空间,而且让范门第三代学人展现出学术的活力和能力。

第三代的起来,是让范先生特别欣慰的事情,年事已高的他从中看到自己一手开启的领域后继有人。2014年之后,因为腰的问题,他已经不能直立行走,必须挂着拐杖。面对这样一个八十六岁还在奋力爬坡的老人,令人感奋,也让人担心。每次我跟他聊了一两个小时之后,问他累不累,他总是说不累。范先生不会对人轻言自己的累;用通俗的话说就是他不服老。一次我跟他很随意地聊天,不经意间说"你老人家",他呵呵笑着重复我的话说:"你说你老人家……"我尴尬地意识到自己不小心让范先生不舒服了。"老"及其关联的一切,是范先生不愿轻易触碰的。暑假里,女儿紫江回来探望他,我带着摄像机想记录下一些他和女儿在苏州大学本部校园里的一些场景。范先生很不愿意拍他从林荫道上走过,觉得挂着拐杖走路太不好看了。我和范紫江都劝他说,他挂着拐杖走路的样子很有派头,很有风度。

2017年下半年,江苏省作家协会做出了为文学大家拍摄系列专访的决定。11月6日,按照事先的约定,范先生下午2点在文学院腾出的一间办公室接受专访。他前一天晚上约我12点半接他去学校,说是书虽然已经运过去了,但自己要提前去将书摆好,怕别人摆不好。估摸着摄制组快到时,范先生起身走出办公室,挂着拐杖站立着,仿佛一尊雕像,以谦和与谨严的身姿站在文学院办公室的通道上,迎候摄制组的到来。那天的采访持续了三个多小时。我送他回家的时候问他累不累,他说:"还好,因为早有准备嘛,提着一股气,也就过去了。"

其实,伴随着对自己年龄的担忧,时间的紧迫感与学术之路上的孤独感,一直困扰着范先生。2004年除夕夜里写下的《过客:夕阳余晖下的彷徨》,结尾可谓千回百转。

但我不免时时"彷徨"。我完成了这个"合同课题"之后,我还能为我那个"雅俗双翼展翅,中外双向交流"的格局与心愿做些什么呢?我虽然无法想定,"但要赶快做"这个想头是已经有了的。不过我有时也会冒出另一种念头:这一段文学史,恐怕要有一种新的力量来进行一次"大刀阔斧",大概不需要我做点什么"小修小补"了。但我还想在学术之路上"再爬一个小坡"。这个声音时时在我的耳边回响,并催促我去订出新的规划;但我的年龄问我自己:我能走完这"回归"之路之后再回归吗?在回归路上,我是独自一人,"独自远行",我还能走多远呢?今天我所庆幸的仅仅是不像《影的告别》中的"影"那样"彷徨于无地",但不能不说我是在"夕阳余晖下的彷徨"。

表示疑虑、不确定、转折的用语、标点、语气,是如此之集中,有违范先生一贯的清晰、明了、流畅的语言风格。但这却是范先生内心的真实写照,时间的焦虑、深深的孤独感、无力感与绝不轻言放弃、永远胸怀远大目标,是如此纠缠、错杂在一起,叩击着他的内心。读过这篇文字,回头看去,可以想见,范先生在一往无前地走向更高的境地时,花了多少心力一次次地战胜了自己,坚定着自己。

那次电视采访,我让一个学生将经过记下来,其中写着:"采访结束的时候,天已黑了下来。"稿子给范先生审阅时,他改成:"采访结束的时候,已晚霞灿烂了。"

范伯群先生把他织出的灿烂晚霞留给了我们,让我们凝望、遐想、沉思,而他自己走到世界的另一边,走向了永恒。

专访

文学研究的志愿

- 那时候我们看的报纸都是上海的报纸，就觉得眼界要开阔。
- 他（周谷城）有自己的一套，他这样的讲课，每一句都要记下来。
- 长跑锻炼我觉得有个好处，就是你写大型作品的时候，有这个耐力。
- "人"字是最简单的，就是一撇一捺，要写端正不容易，也是最难写的。
- 受到这样的训练，读了这些书，觉得将来出去做个批评家是没有问题的。

移居苏州

陈 范老师,您是十四岁从湖州到苏州的对吧?那时候是跟着家里过来的吗?

范 因为我母亲是苏州人,外婆家也在苏州,外婆、外公都在苏州,所以在十四岁就来了苏州。这是一个原因。我祖父在苏州当铺里工作,我父亲是1926年东吴大学毕业的,我母亲是景海女子师范毕业的。那个时候这两个学校的学生之间结婚的人很多,一个是女校,一个是东吴大学。那时要读私立大学是很贵的,祖父作为职员是供给不起的,我父亲得半工半读,自己解决大部分学费与住宿费。但是那个时候的大学,毕竟人很少,能上大学的都是精英。我们学校历史系教授张梦白[①]先生,曾担任过东吴大学校友总会会长,现在已经逝世了。有一次,他跟我说:"我认识你的父亲。"我说你怎么会认识我父亲呢,他说他跟我父亲是同一年毕业的。我说年龄不同啊,他说:"不,我们是高中生和大学生一起办的毕业典礼,我是高中毕业,你父亲是大学毕业,所以我们是认识的。"可见当时毕业的人很少啊。

陈 那当时高中也在这里面吗?

范 有附中的,东吴附中呀,那时候老的东吴大学这一块校区挺小的,就是大草坪旁边有几幢房子。

陈 您刚迁到苏州时住在哪儿还记得吗?

范 就住在现在十梓街博习医院那附近。那时候一条路从医院前面通到护城河边,有时候晚上有急救的病人从河里上岸,我在家中能听见奔跑的脚步声从河边一

---

① 张梦白(1910—2002):原籍江苏常州,苏州大学历史学教授,美国史专家。1930年本科毕业于东吴大学,1949年硕士毕业于美国哥伦比亚大学研究生院历史系。

年幼时的范伯群与姑母合影

直传来。

陈 当时你在苏州中学读的哪一个学校呢?

范 初中是读的乐群中学,在草桥小学那个位置,是一所私立的中学,它是教会学校。

陈 初中那套思想对你影响大吗?

范 当然是有影响的,它注重做礼拜啊和其他一些礼仪。过去宫巷那里有两个很高的房子,就是过去的基督堂,现在还在那里。乐群中学跟这个教堂是连通的。后来高中读的是伯乐中学,也是一个私立的学校。我那时候从湖州来,而湖州的教育程度要比苏州差,上公立学校不容易。

陈 要求高?

范 对,虽然公立学校学费比较便宜,但条件很多,要求很高。我只考取了一个备取生,结果没被录取。

陈 然后就转去私立的学校了吧。当时苏州除了苏州中学之外,公立的学校有哪些?

范 苏州中学,那时还有一个叫苏州县中吧,吴县的县中,公立学校不多。在私立学校中,更好一点的是东吴附中,那也不容易考进去。

陈 您读高中时,还有段时间处在国民党执政时期吧,当时您对那种社会的变化有一些什么印象呢?

范 苏州解放的时候我已经很懂事了呀。那个时候,我们就觉得国民党非败不可,整个的都不行了,你比如说钞票就已经很不值钱了。

陈 是法币吗?

范 不,金圆券。那个时候使用"袁大头"银圆,所以一发工资以后,你不是去买一点金子的话就是去买一点"袁大头"。"袁大头"是每一天都有价格变动的,所以整个一条观前街上,到处都有贩卖"袁大头"的,贩子手里拿了一叠"袁大头",嚓嚓嚓地响。贩卖"袁大头"的人很多,不止一个两个,大家各做各的生意。

陈 是不是有点像现在每天在银行边总有人问"有没有美元"一样?

范 如果你要换"袁大头",就去问:"你这个'袁大头'多少钱?"然后多问几个,在这些人中找一个比较便宜的,然后就买一个,吹一下放在耳朵旁边,如果发出"嗡"响的,那就是真的,因为也会有假的"袁大头"。这就是1948年、1949年的景象。

陈 当时解放军打过长江,解放苏州是在1949年?

范 1949年4月27号,苏州解放。然后过了一个月,5月27号是解放大上海。

陈 当时你父亲是在做什么呢?

范 当时我父亲是个中学老师,他是在工农速成中学工作的,就是在我们以前中文系的大屋顶里面,前面是景海师范。当时小礼堂还有红楼这些都是景海的,景海的规模也就是这样的。礼堂旁边的那个楼也是景海的。后边则是工农速成中学造的房子,过去我们中文系就是在那个地方办公的。因为工农速成中学都要找好的老师,他1926年毕业了以后当数学教师,教数学比较有经验,所以后来调到工农速成中学教书。后来有很多苏大的工农干部,当时留在江苏师院工作的,他们都是我父亲的学生。工农速成中学撤销了以后,我父亲就到十中教书,他是在十中退休的。那时候,我父亲工资比较高。因为他的资历和水平高,评级评得高。当时苏州只有一个一级教师,就是后来我们中文系的芮和师,他当时是在苏州中学。

陈 您父亲是多少级?

范 应该也蛮高,是少数二级教师之一。那时候我父亲告诉我,他的工资是一百十八块八角,应该是很不错的,那时一个工人工资才二三十块钱。

陈 那您当时属于家境比较好的学生吧?

范 过去在中华人民共和国成立以前生活也比较艰难,因为工资拿了以后就不值钱,那个时候还是比较苦的。中华人民共和国成立以后,我们上大学国家全部免除学杂费的,不够还可以申请一点零用钱。从大二开始还供食堂,吃饭也不要钱

范伯群与母亲赵粹筠和儿子范宵刚的合影

了。我读书时的零用钱是从家里拿的，但除此以外也就没有从父亲那里享什么福了。我弟弟倒是享到了，因为他在高中没毕业的时候查出了肺病，就修学在家养病。养病的过程中对生活的要求也就变高了，养成了讲究口味的生活习惯，比较会享受。他后来病好了，去支援盐城，回来吃东西的时候，他总是说这东西不好，那东西不好，因为跟过去的苏州味道不一样了。

陈 您母亲呢？她以前也是有工作单位的吧？

范 我妈妈是乐群中学附属幼儿园主任，她是景海师范毕业的嘛，说是主任吧其实也就是一个工作人员，下边有几个帮手而已。(从事)照顾小孩(的工作)。祖上就是知识分子家庭。

陈 您母亲对你的学业和生活有很大影响吧。

范 她血压比较高，所以平时我只看到她紧张，可能是工作压力大，因为你要教这批幼儿，不能出毛病啊。我觉得她每天就是在担惊受怕中过的，在紧张当中过的，后来得了一种强迫症，甚至也进过精神病院。所以，她顾不上我们，对我的影响不是很大。我记忆中总是每天看到她紧张得不得了的样子，就觉得她这个主任做得真是辛苦。

陈 您母亲那时候受到的教育还是良好的，应该也是出身在受过教育的家庭吧。

范 家境本来可能是不错的。但我外公一生也不干什么事的，就是游乐人生，也不是去嫖啊，赌啊，这个不搞的，就是一个公子哥，破落弟子，每天上上茶馆什么的，到了中华人民共和国成立前，正好把家里所有的田都卖光，所以后来划成分，也不高，搞运动也就不批他什么，因为他家业都败光了，怎么批他呢？我的外婆也识点字，能够看小说。我小时候，她就给我讲那个《二十年目睹之怪现状》啦，让我知道了那里面有很多有趣的事情，等等。

陈 那也是一种文学上的启蒙了。

少年文学梦

陈 您读中学,尤其是读高中时,是不是就偏爱文学了。

范 那时候,我就是喜欢看一些小说。我心里想我将来要做个作家。哪知道跑到学校,学校里说,我们不是培养作家的。中文系不是培养作家的,因为你没有生活,没有革命的生活……

陈 那在高中的时候读一些什么书,有印象比较深的吗?

范 那个时候就是读一些新的小说吧,像徐訏的那个《风萧萧》,当时看的差不多都是这种作品。当时还看巴金,巴金看懂了以后,慢慢就是看鲁迅的东西了。巴金等于是个桥梁呀,巴金这个小说也好懂,对社会也不满,但是要说与我们有多接近吧,也不见得,当时也不懂什么无政府主义,但是他写年轻人。巴金看了以后呢,就是其他的文学能够看了。更小的时候,只知道读《七侠五义》这样的。所以到了高中那个时候,就开始去图书馆里坐坐了。图书馆就在那个沧浪亭的对面,到图书馆就是看巴金。后来在大石头巷那里成立了一个图书室,也经常去这个图书室里去借书看。还在那里看《新观察》《文艺生活》什么的,还读一些诗歌。

陈 那时候你除了读书,是不是也还关心社会呢?

范 我还是蛮关心的,属于比较活跃的吧,各类活动都积极参与。那时候不叫人民代表大会,叫人民代表会议,这个会议只有建议权没有表决权,我那时也是人民代表会议的代表,第一届各界人民代表会议的代表。因为那时候苏州只有两个大学,一个东吴大学,还有一个工专,在三元坊,就是苏高中的对面,是专科学校。只有这两个大学,那么要组织个学生代表团,还是要到中学里找学生的,我就被推荐进去了。记得那时候周瘦鹃是特邀代表。我认识周瘦鹃就是在那个时候,他跑到我们学生代表团来聊天,我才晓得有这样一个叫周瘦鹃的人。

在乐群中学读书时的范伯群

陈 那你那个时候有没有想到,多少年以后你会研究周瘦鹃,编他的书,写他的评论呢?

范 根本想不到啊。后来在文联系统工作与周瘦鹃也有接触,因为他们到作协来开会嘛,但还轮不到我们这些人太接近。我们不过是接待啊什么的,但陪他们的都是章品镇①这样的人,所以谈不上很熟悉。但那时候我知道他有个习惯,每一次开会,他要记录到场的人,每一个参加的人都要签名。一般地像我们工作人员就不签名了,他依然会站起来对我们说"签名签名"。所以他积累了很多小本子。我读大学的时候,知道赵景深也有这个习惯。赵景深手上总有这么大的一本单页的纸,比如什么时候开个同乐会,哪个发言的啊,名字怎么写啊,他也就记下来,回去放在一个专门资料盒子里面,一个个排下来。他说这事情很难说,将来哪一天某个人成功了,我就可以将他调出来,说当年我们曾经如何交往过。

陈 这个细节非常有意思。

---

①章品镇(1921—2013),江苏南通人,曾任《雨花》主编、江苏省文联副秘书长、中国作协江苏分会秘书长、江苏人民出版社副总编等职,著有《花木丛中人常在》等。

考入复旦

陈 回到你的中学时代，那时你偏爱文学，有没有担心将来考大学分数的事情呢？

范 那时候考中文系，就是要你的文章好，也是不拘一格降人才的，你数学差一点没关系。不像现在这样，一定要什么分数，死杠子。

陈 也就是说你顺利地考取了复旦大学。

范 读完高中以后就考了复旦。那个时候高中毕业就已经很好了，就能找到工作，读大学的人很少，参加考试的人就很少。我对去参加考试印象还是很深的。当时我是个学生干部，我记得那一年整个苏州市要考大学的一共有四百个高中生，苏州是没有考场的，要到上海去考。当时学联就跟我讲："范伯群，这个事情你负责。"其实，负责也很简单。我先到了火车站去找站长，那时候站长也好见，我见了他就说："我们有四百个人要到上海去考试，那一天你是不是能给我加调两节车厢？"他说可以。我就让大家买票了。这趟车到上海以后，同一群考友就解散了，就各走各的路了。我当时在上海没有亲戚也没有朋友，或者说比较远，我也不去找他们了，我就到同济大学住下来。

陈 考点在那里？

范 不，是分类，你是什么组就到什么地方登记。然后就发床席子，接个单被，让我们睡到体育馆。所以条件也是蛮艰苦的。

陈 哪像现在考生，要参加高考了，家长就在考场边上给他订下宾馆房间。

范 是的，当时上海蚊子多，我就把单被盖在身上只露出鼻子，天气热得不得了。第二天4点钟就要起来了，考场上午是在华东师大，但那时还叫大夏大学，也就是要穿过一个上海城去考试。

陈 那怎么去呢?

范 坐公共汽车。但是下午却是在财经学院考试,所以又要跑回同济大学附近。那时候我感觉很奇怪,上午在这里考,下午在那里考。那时候发榜的方式也很特别,就是写成一个报道,刊登在报纸上让你自己去看,哪有现在什么特快专递这些东西,现在太幸福了。当时就是刊登在《解放日报》上,我是买了《解放日报》看的。

陈 当时有影响的主要就是《解放日报》,还有《文汇报》。

范 可能《文汇报》也登了,我买的是《解放日报》,所以大家到那个发榜的时候,是自己去买报纸。

陈 当时那个报纸你还有留着吗?

范 早就没有了。

陈 我觉得我们现在到图书馆应该可以找得到。1951年,它发榜应该在八九月份。

范 是在8月份。

陈 您十四岁来到苏州,苏州的这种读书氛围、苏州本身的文化啊,以及后来整个在苏州的生活,对你个人发展、你的学术研究有很大的影响吧。

范 十四岁来,那时候什么都不懂。读初中,对吧。后来嘛,就是读书一直读上去。苏州的眼界肯定要比湖州宽得多,那时候湖州人认为到苏州就是到比较大的城市去了,是吧,上升了一阶,这个感觉是有的。因为湖州当时比较闭塞一点,苏州到底它又靠近上海,受上海影响很大。我们看的报纸都是上海的报纸,就觉得眼界要开阔。到了复旦的时候,搞现代文学对苏州不会有太大的关注,因为现代文学当中,苏州作家不多,比较有名的就是一个叶圣陶。一直到后来,就是到"文革"以后,开始要叫我们搞鸳鸯蝴蝶派的时候,或者是跟苏州作家像陆文夫相互之间关系密切了以后,晓得了苏州文化底蕴是多么深厚。

陈 当时你们那个班多少同学呀?

范 我们这一届在当时招生已经算是招得最多的了,十八个。

陈 复旦中文系在全国招这么多?

范 是,在全国招的。我们一个中文系学生总共不满五十个人。

陈 你是哪一年去的?

范 1951年,读了四年,1955年毕业。

陈 毕业刚好赶上胡风案是吧?

范 我们是四年制的,刚好赶上了。

陈 你们当时是春季入学吧?

范 不,也是秋季,9月份入学,但是好像过了一年之后,1952年院系调整。院系调整以后外面来了一些人,譬如说震旦大学、沪江大学,原来的一些私立学校并入进来。并进来的学校其中有一个大学叫上海学院,从那个学校也来了一批人,来的那批人就叫他们留一级,比如说过来读二年级的(学生)还是从一年级读起,对他们就是采取这个政策。所以我们的学号和他们的学号是不同的,因为我们进来的时候,每一届都是这样ABCDEF(安排学号),按成绩排名的,考进去的时候我大概是第4名,学号是F4。

陈 这样排学号是什么时候开始的?

范 F已经是第5个字母了,可能是从复旦迁回上海开始就变成规律了。我们一起考进来的同学学号就是从1到18。十八个人里面,五个女同学,其他十三个是男同学。但是院系调整后,从别的学校并进来了学生,他们的学号就跟我们的不一样了,用另一个系统了。所以,我们有些同学口里说"我们是F头",可以听出有点排斥的味道。

陈 那曾老师也是跟你是同一年录取的?

范 是的,也是同一年录取的。

陈 您觉得复旦对你影响最深的东西有哪些?

范 当然还是读书方面的影响很大,眼界开阔了嘛。你想有这么一批教授给你上课,都是某个领域一流的教授,一下子境界就大不一样了。当时我们系主任是郭绍虞,苏州人,文学研究会的发起人之一,讲古代文论,朱东润教我们古典文学,刘大杰上文学史。还有赵景深,他学问虽然杂,但是名教授,北新书店每一本书后面都有赵景深的名字,他是总编嘛。贾植芳老师当然比他们年轻一点,还是从震旦过去的。还有像蒋孔阳,刚刚来的时候就给他一个讲师,那时在复旦做一个讲师已经很了不起了啊。刘大杰讲课讲得很好的,讲文学史,也讲过作品分析。朱东润讲课也蛮好的。还有讲语言学的教授叫吴文祺,也是个名教授。张世禄也是讲语言学的,都是第一流的。吴文祺当时讲斯大林的语言学问题,把他的语言学发挥得很有说服力。贾植芳教写作的,那时候叫写作实习,也教俄罗斯文学,讲到世界文学的时候他被抓起来了。

陈　真是大家云集啊。除了中文系的课外，也还有其他课程吧。

范　是。还有大课，也是大家，像周谷城，他不是经常讲学，但凡有他的大课，历史课，我们都要去听的。因为他是毛主席的老朋友嘛，他总是讲润之先生怎么样，他不叫毛泽东的，他叫润之先生。我们复旦最早的校徽是毛泽东的题词"复旦大学"，是从他的信封——毛泽东给他写的信封上——截下来的。就是毛泽东给周谷城写信，讨论中国有没有奴隶社会。后来，毛主席看到了以后说，这个写得不好，我在信封上写的，我再给他们写一个，那就是正式的。所以我们到了学校不久就换了校徽。

陈　也就是说，你们进去的时候用的还是第一次集字的那种校徽。

范　是。周谷城写过四本世界通史，给我们讲世界通史，首先要讲一句话：世界史不是各国史之相加，我们记下来。第二句话：世界史不是欧洲史之扩大，我们记下来。那两句话我们听了以后就很震惊。所以他有自己的一套，他这样的讲课，每一句都要记下来。那时候每一句话他都是这种话，你真的都要记下来的。周谷城在上课时都是讲一句话，大家记下来了，他再讲第二句的，像听写一样的。他讲的话是每一句都差不多有点分量。搞运动啊什么的时候，周谷城他不管的，后来不是贴大字报吗，他把大字报揭下来，放到党委书记门前：你看，这就是我教的学生，竟然给我写大字报！所以我们那时候的确是听了一些好教授讲课的，一课上下来以后，大家都很高兴的样子。

陈　听这样的大家讲课，自己的内心肯定也就被激励了吧。

范　是啊，对我们影响都很深的。还有也是教历史的周予同，他跟周谷城是齐名的。他老兄讲课的时候，总是一个大皮包拎进来，一气不歇地讲讲讲。我记得他一开始就讲：我今天不是给你们讲历史，我们是给你们讲关于历史的历史，史学史。我们一年级的学生听见史学史，眼睛都睁大了……说到某个问题的时候他又说，同学们，这个问题在世界上还没有解决，如果你们解决了，你们就是大家了。所以这样一些东西一灌进脑子里去，知道有很多东西就是要创新，要解决这些问题。这些教授的讲课，那种眼界就是不一样。一个教俄文的教授，上来跟我们就讲，各位，我给你们讲俄文，苏联十六个加盟共和国我都到过。苏联每一个加盟共和国他都到过，这是什么样的人啊！

陈　你们那时候在中文系，有没有外面的作家进入来跟你们讲学或者交流啊？

范　没有什么外面的作家来，有些作家本身就是我们的教授。像章靳以、方令孺、许杰、汪静之，这些都是教授嘛。就是说我们不会专门请作家来。当时的作家都很年轻，都是延安来的，没有请他们来讲课。汪静之写诗的，就是写"我冒犯了人们的指摘，一步一回头地瞟我意中人"的那个诗人，当时也是复旦的教授。所以当时作家兼教授的是很多的。章靳以后来就调到作协去了。许杰在华东师大成立以后过去做系主任了。

陈 您在复旦读书时还担任过学生会主席，这个经历还是很锻炼人的吧。

范 那当然了。这个系学生会主席，也就是个学生干部嘛。其实这个本来也轮不到我，凑巧我们入学的时候，二、三、四年级都去搞土改了，到安徽乡村去搞土改，教师也去了很多。一年级因为刚刚进学校，就不让去。只有我们这一个班，一个班也还是一个系啊，那么就是选了系学生会主席。等他们回来了以后，也就没有变动。

陈 像课余的生活主要是做什么的，在复旦的时候？

范 那时候就是认真读书。每一天晚上都要进图书馆的。我们的图书馆都是满的。图书馆对面那时候是大礼堂，叫登辉堂，现在叫相辉堂，相辉堂对面的图书馆，后来是中文系的办公室。那时候就是真正的读书。都知道要好好读书，将来才有出息。只有读书可以使自己成名成家，那种思想还是比较突出的。

陈 范老师，我听说您在复旦读书时是长跑健将啊，那个时候您有专门训练吗？

范 没有专门训练，就每天在学校早晨起来跑就是了。从复旦跑到那个鲁迅公园（那时候还叫虹口公园），从虹口公园再跑回来，还是比较远的。我们有几个人做伴的。长跑锻炼我觉得有个好处，就是你写大型作品的时候，有这个耐力。有的人没有这个耐力，好像就坐不下来。跑步有一个过程，先开始跑得很轻松，但到有一个阶段是最困难的时候，就是那个极限的坎。这个坎过去就又轻松了。所以我在写比较大的著作的时候，感觉碰到坎的时候，就能扛得住，能够再翻过去。练长跑和意志力是有些关系的。

陈 那您在工作以后，还跑步吗？

范 到南通中学教书时还跑，到后来在省文联（作协）的时候不跑了。1968年左右到"干校"的，将近四十岁了。那个时候，单肩挑一百多斤没问题，肩膀就锻炼出来了。在那边也算是强劳力了。到后来回到工作岗位上，我觉得身体慢慢不好的，是在粉碎"四人帮"以后，有一个很顽固的思想就是把在各类运动中浪费的几十年补回来。所以那时候就很拼命，每天晚上要到两三点钟。后来又有行政职务，就更要抓紧时间了。

陈 我听说,您年轻的时候唱歌唱得也很好啊。

范 年轻时是蛮喜欢唱歌的。在复旦读书的时候,我们隔壁两个宿舍的男生,到星期六的时候,喜欢唱歌的就聚到一个宿舍,一起唱歌,分几个声部。据说当时有女生听到我们的歌声,便在我们的楼下徘徊,但不是我们班上的女生,我们班上的女生不懂得欣赏的,哈哈。

贾植芳先生

陈 在复旦的四年里,对您影响最大的应该还是贾植芳先生吧。

范 那是。贾植芳上课也是很有特色的。他对我来说,可以说是真正的启蒙。在文艺理论上、在文学研究上的启蒙。他这个老师对大家有吸引力。他上课带一大堆资料来,拿着书然后放在桌子上,有英文的,有日文的,有我们中文的。谈到一个作家,他就说了,英文的这个资料里对这个作家怎么评论的,日文的资料里是怎么评论的,视野很开阔,这些东西对我们都很有震动,也很有启发。我觉得他这样教,就是重视资料的搜集和研究。他说:"你们要搞作家论,给我从作家的处女作

范伯群与贾植芳先生合影

看起,一直看到他最后一篇,或者他逝世前的最后一篇,你要想办法给我全部,给我找全。"所以,当时就是跑图书馆跑得很厉害,就是要找全某个作家的作品。贾老师这个人呢,就是很愿意跟学生交流,他白天几乎都是接待,学生去了他就跟你谈。所以我们经常去拜访他,他也给我们讲了很多。他真正的工作是晚上,一直到深夜,当然他起来得也很迟——晚睡晚起。

陈 也就是说,贾老师对你们除了课堂外,还有在他家里的言传身教。你觉得贾植芳先生让你受教最多的,是什么呢?

范 首先就是他在为人、为文方面,都为我做了榜样。为人,他坚持信念,宁折不弯,四次坐牢,国民党时两次,日本人时一次,因胡风事件坐牢坐得最长,判了十二年,提前一年释放。所以我觉得这个人是了不起的,他自己也讲:"我是社会人,我作品不多,但是我就是一生要把'人'字写端正。""人"字是最简单的,就一撇一捺,要写端正不容易,也是最难写的。所以他在为人方面,我觉得我们很敬佩。这个是没有话说的。贾先生对我们的感情是很深的。他当时在监狱里也就说过,我跟胡风是朋友,你们随便怎么说我都好,但是我最不忍心的就是几十个青年都受我的影响,其实他们是无辜的。他一直有这个思想。我们五五届受影响最大,是重

前排为贾植芳及夫人任敏,后排左起:李辉、范伯群、曾华鹏、陈思和

灾区,以后我们五五届请他办什么事情,他肯定办! 这个贾老师很讲义气。

陈 您和曾老师受"胡风事件"的牵连很大,受到审查,是因为与贾老师关系密切,是吧。

贾 受牵连的还有施昌东。贾老师对我们三个是特别欣赏的。我们为什么会被审查得很厉害呢?因为他提议我们三个人应该留校,做助教。他提议的就不行了,是吧。曾华鹏如果不受影响,还可能到社科院文研所去。

陈 "胡风事件"对你们后来的人生,在心理上、思想上的这种影响,是不是很深远?

范 胡风本人实际上对我们直接的影响不大。主要我们跟贾先生就是师生关系,很单纯的师生关系。把我们内定为"胡风分子",学校也并没有向我们宣布,但以后南通中学的领导看我的档案都知道我是"胡风分子"。一开始我们自己都不大知道。

陈 就是没有把你们划为"胡风反革命集团分子"?

范 也划了啊。这个还是经过了一年的甄别啊。我后来在南通中学教书的时候,当时的党支部书记跟我讲:"范伯群呀,你虽然现在不是'胡风分子',但是你是'胡风影响分子',你还是要小心。"所以我当时也很郁闷。但是到发表了《郁达夫论》以后,慢慢整个情绪就恢复过来,调整过来。

范伯群与恩师贾植芳自1955年分别之后,直到1980年才相逢于黄山"现代作家作品研究资料丛书会议",第二排自右向左第四位是贾植芳,末排自右向左第二位是范伯群

"两个惊弓之鸟"

陈 除了曾华鹏先生,当时同学中给您印象深刻的有哪些?

范 施昌东,他是我的同班同学,美学家。他与我、曾华鹏跟贾植芳先生私人关系很好,贾先生重点培养我们三个人。他很有才华,读大三时就在《文史哲》上发表文章。他后来受到胡风集团事件的影响很大,命运坎坷。1976年他查出得了胃癌,做了手术,在那以后七年里写出了七本书,1983年去世了。

陈 施昌东是英年早逝,也是命运多舛,那时候他读书很用功,是吧。

范 他是温州人,我们已经报到了一两天之后,他才来的。当时有个人在窗口问:"这里是不是中文系宿舍呀?"我说:"是的。"然后他进来,挑了一个扁担,一头是一个铺盖,另一边一个板箱,赤着脚,鞋子插在铺盖上面,是新的。我就问他为什么赤脚,他回答:"上海这么光的地,赤脚有什么问题呀?我这个鞋子穿破了就没有了。"所以那个鞋子要保护。施昌东是从火车站挑到学校的,那个时候的复旦是在郊区,走了好几个钟点。那时我们这些年轻人都是自己独立得早。

陈 当时考上复旦的同届同学里,知识分子家庭出身的应该不多吧。

范 比较复杂。那时候同学家里从事商业的不少,十八个人里,有的是从农村来的。我给你一个录像片,是最近(2016年)纪念贾植芳诞生一百周年拍的。贾先生1915年出生,他自己有一个名字叫洪宪生人,表示自己是1915年洪宪称帝的那一年出生的。2015年贾植芳一百周年诞辰,导演彭小莲拍了一个片子叫《红日风暴》,在国外影响很大,得了很多奖。彭小莲的父亲是彭柏山[①],曾经是上海市委的

[①] 彭柏山(1910—1968),湖南茶陵人,1931年加入"左联"领导下的文艺研究会。中华人民共和国成立后,曾担任华东军政委员会文化部副部长、上海市委宣传部长,受"胡风案"株连,"文革"中被迫害致死。1980年恢复党籍和名誉。

宣传部部长，也是"胡风分子"，被抓起来了。彭小莲为拍这部片子，曾经访问过所有被定为"胡风分子"的伯伯叔叔们。这个片子在网上可以看到。

陈 好像施昌东受到"胡风事件"的影响比较大一些。

范 施昌东有一个故事，他进学校来的时候功课很好，他是我们团支部书记嘛。但他是做了一个假文凭进来的，我估计他高中可能没有毕业。施昌东他家里是打铁的，比较穷，没读完高中就去考大学，所以搞了个假文凭。那时候假文凭不稀奇，比较流行，伪造起来容易，查起来困难。当时的上海学院，后来并到复旦来了，它有许多学生进来后要留一级，复旦架子大的，认为他们质量差。因为上海学院百分之九十的学生都是假文凭。施昌东虽然是假文凭进来的，但他有真本领。他的不幸在于他的名字。他是温州人，温州是"托派"的一个据点，他的这个名字正好跟温州的托派头头是一样的，后来党支部书记口头告诉我的，调查的人很惊讶，施昌东在这里啊，施昌东不是个"托派"头子吗？就抓去了，抓进去以后发现，不对啊，抓老施昌东，怎么来了个小施昌东呢。就晓得搞错了，年龄不符，是吧。但是在翻口供的时候又查出，这个人跟贾植芳很接近的，那就交代跟贾植芳的关系吧。这样，他搞了一年以后回来的，回来以后就在中文系资料室打杂，我和曾华鹏那时候都到了苏北。再后来，他去鸣放了，他说起自己的遭遇，说这个东西就跟父母打小孩子一样，打我打得重了一点。这下又不妙了。好，凭这个，你就是"右派"。这是1957年反右时候的事了。

范伯群与曾华鹏毕业前留影

陈 在"胡风事件"还没出来的时候,你、曾华鹏、施昌东都已经做好了将来走学术道路的准备吧。

范 我们大学生要做毕业论文的,布置毕业论文的时候,胡风的事情还没有出来呢,贾先生还是教授,还没有抓进去。"胡风事件"是1955年,应该在1954年他就出题目了。贾先生就跟我、华鹏和施昌东三个人讲:"施昌东你写朱自清论,曾华鹏你写郁达夫论,范伯群你写王鲁彦论。"那时候王鲁彦的作品影响还是很大的,贾先生对我说:"王鲁彦的夫人在上海三中做校长,你去采访一下她。"等到我们差不多都写好了,"胡风事件"出来了。

陈 这些文章后来被你们真正做起来,并且做大了,这也就是说,你们后来的学术起点还是在贾老师这里找到源头。只是毕业时本应该是一个开始,却中断了。

范 是啊。当时我们也苦恼,被审查搞得七荤八素的,就这样毕业了,分配工作了。我和曾华鹏两个人就说,要到南京路去一趟,告别上海。第一,我们要到国际饭店

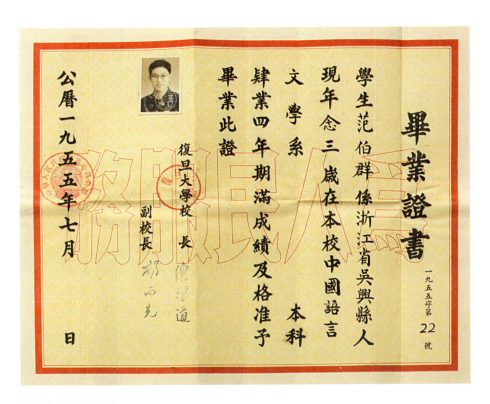

范伯群大学毕业证书

体验、享受一下西餐;第二,我们要到先施公司去看一看雕塑,那里的雕塑是有名的;第三,我们要去看一场电影。完全是小资情调,是吧。然后我们在路上说,我们来合个影。也没有穿什么好的衣服,就这样合个影。那时候,我们就相约,我们两个人以后一定要相互扶持,回到心爱的文艺岗位。就去拍了张照,曾华鹏说这张照片是"两只惊弓之鸟"。这张照片我一直留着,我们两个人也一生搀扶着前进。

漫长的跋涉

- 那时候站到讲台上,觉得自己还是一个有用的人。
- 写作家论一方面是让读者了解作家,但是有的时候也是让作家了解他自己。
- 南京南京难进,南通南通难通。南通不肯放人,南京不肯进人。
- 我们那时候就是把读书写作这个东西作为一种智力游戏来考虑的。
- 从『五七干校』出来以后,竟然会做菜了。

来到南通中学

陈 大学毕业后,您和曾老师最初分配到哪儿呢?

范 曾华鹏分配到扬州,我分配到南通。我是从教育厅分配下去的,曾华鹏是直接分配过去的,因为他去的是一个中专,属于财政部的,叫扬州财经学校。我呢,到江苏教育厅去报到,住在招待所一两天后,他们说:"这样吧,你到南通去吧。"我当时也糊里糊涂的,就问在苏南还是苏北?"苏北,从上海坐船就到南通了",他们告诉我。我就去南通了,那时候南通还是很落后呢。我买了大概五等舱票,行李也没有打开来,就一个铺盖,一个箱子,坐在上面就打瞌睡。有人告诉我说天生港有码头的,有发电厂嘛,但是离得很远,你要下就在任港下。任港没有码头,就是一个小船划过来,先丢下一根绳子把我的行李吊下去,然后让你沿着绳子爬下去。我靠到岸上,就叫黄包车到学校。先到文化宫,就像一个公园一样,有一个

范伯群(二排右四)在南通中学与1959届高三(四)班毕业合影

三层楼高的大的建筑。我问那车夫说"这是城里还是城外",他说"这是城外"。然后,路越走越小,两辆黄包车交汇的时候都很困难。我说"这有没有进城啊",车夫说"这是城里啦"。南通这样子,房子也很低矮,我站在那儿,手都能够着屋檐。然后到了教育局报到,出来一个教育局的副局长,问你那个黄包车夫有没有回掉了,我说:"马上就要去招待所,我还没有回掉。"他说那你不要回掉,你马上还是坐它到南通中学去。南通还是很重视人才的。他们晓得我这么个经历,档案上都有的嘛,对不对?南通中学平时哪能来一个复旦的毕业生啊!我就到南通中学去报到了。学校领导说,你来了,这样吧,教两个班的语文,做一个班的班主任。我就这样来到了南通中学。我不久就发现南通中学的老师和学生都很自豪。当老师的觉得,能在南通中学教书很了不起,南通中学是全专区的第一块牌子。学生觉得,能够进南通中学,实际上一只脚就已经跨进大学了。那时南通中学教学质量确实挺高的,比我们苏高中的教学质量还要高。我在那里五年吧,五年之中,南通中学的学生考入高校的总数加起来,三年排名是全省第一。

陈 你那时在南通中学教书,是不是心里很不甘,想着赶快离开呢?

范 也不能那么说。对南通中学我还是很有感情的,那时候站到讲台上,觉得自己还是一个有用的人,学生们对我也很好,后来也保持着联系。我的恋爱就是在南通中学期间,当时还有人代表组织找钱林仙谈话,提醒她我政治上有"问题",有"胡风事件"的"尾巴",但钱林仙愿意嫁给我。我有第一个小孩也是在南通中学期间。当然,那时我也还是梦想着回到文学研究的岗位上去。

陈 从1955年到1960年,你在南通中学教了五年的书?

范 其实我真正在那里只教了两年。1957年下半年的时候,江苏省教育厅厅长吴天石[1]来到南通中学。他跟我说,教育厅要临时借调一个老师去编教材,你来吧!编教材参考资料,还有编一个地方史料,那时候就编这些东西。所以1957、1958、1959三年,我其实不在南通中学教书,基本上就是开学一个月就叫我去,那时候教师教学是统一的,时代背景啊、主题思想啊、写作特色啊,每一年就是编这个东西。这个东西编好了,也就马上要快放假了,这些材料也非要进厂印刷不可了,稿子一进厂我们就算完成任务了,就回学校去,准备学期结束工作。所以,我当

---

[1] 吴天石(1910—1966),江苏南通人,1932年毕业于无锡国学专修馆。中华人民共和国成立后,历任江苏师范学院(今苏州大学)院长、江苏省教育厅厅长、中共江苏省委宣传部副部长。1966年8月5日,遭造反派批斗与折磨后在医院不治身亡。

范伯群与他教过的南通的学生们很有感情，图为2009年范伯群（第二排右六）回南通中学参加1959届学生毕业五十周年聚会

曾华鹏与范伯群合著的《郁达夫论》在《人民文学》发表,改变了他们的人生轨迹

班主任,也不认识班上的同学,评语就是让班干部写好,我签个字,没办法,只好那样。

陈 吴天石怎么想到找你的呢?

范 大概是因为秦兆阳到了南京,他对文联的人说,你们江苏还是很不错的,我们发的《郁达夫论》就是你们这里的两个中学教师写的。他当时是《人民文学》的主编。曾华鹏和我合作的《郁达夫论》发在1957年《人民文学》第5、6期合刊上。大家感到很惊讶:哪里冒出这样两个人来的? 秦兆阳说,反正是中学,有一个可能在南通。可能是因为投稿是由我寄出的,信也就是从南通发出去的。秦兆阳这么说了后,他们就开始找了。首先到南通,打听有没有范伯群这个人,说有的,在南通中学。吴天石大概是从省作协这里了解到一些情况,他又是南通人,就先找到了我,要我去编教学参考资料和地方史料。

陈 吴天石还是很爱才的。

范 是的,他到南通中学来视察工作,因为南通中学是重点中学嘛。他知道了我写《郁达夫论》,来了以后就对学校的书记说,你们这里有个范伯群,我想认识一下。

我们书记就把我叫过去了，就我们三个人一起吃饭，一张八仙桌，吃饭没有什么招待，就在食堂里弄点菜。吃饭的时候说起了郁达夫，他说，我对他的旧体诗很感兴趣，我说正好我有一本他的诗集，香港出版的，送给你。那是我们为了写郁达夫弄到的资料。他拿了以后很高兴，说书我不要的，我记一记就行了，回去抄一抄我不就也有了嘛。就这样认识了，认识了以后他就叫我到南京去编教材。

陈　吴天石在当教育厅厅长之前，还当过江苏师范学院院长，也就是我们苏州大学的校长。

范　是的。这个人很不错的，身为教育厅厅长，上班不坐汽车，无皮鞋，无手表，无呢制服，"三无"厅长，很朴素，也很懂教育。很可惜的是，"文革"开始后不久，1966年的8月初，他就被整死了。

陈　太惨烈了! 吴天石把你调到省里编教材，虽然是临时的，但对你的人生改变依然起很大作用，是吧。

范　那是，在省里编教材接触的人和事与在中学里肯定有所不一样。

陈　照理说，在《人民文学》上发文章，文联方面应该更关注你，结果被教育厅捷足先登了。

范　可能吧。文联这边也是很重视的。当时在《人民文学》发表文章，对江苏讲起来是，等于新生力量啊。后来有人说两个作者中大概有个人在南通中学。章品镇就来找我了，他当时是作协的秘书长。他是南通人，吕四的，他对南通太熟悉了，所以他很快就到南通中学来找我了。那么还有一个在哪里? 我说还有一个在扬州财经学校。这样他就晓得我们两个人是哪里的，所以他后来就发展我们进江苏省作协了。他找到我之后，我在教育厅教材编辑室编教材的时候，有时候文联作协开什么会，我就去参加，这样我与文联这块就更熟悉了。1960年，文联要第二次成立创作组，第一次是因为"探求者事件"解散了嘛，认为像陆文夫、艾煊这两个人表现蛮好，就调回来以他们两个为主成立创作组。

陈　当时是章品镇主事?

范　他是作协秘书长嘛。他说最好调一个搞理论的，然后就是把我排在名单里面了。章品镇这个人后来还做了《雨花》的主编，虽然他做编辑，但是他的文章真的是写得不错。像章品镇，现在大家可能已经都不知道了，连作家协会的人都不知道了。过去文学口要进个人，只要他点个头就行了，他是省作协真正的大管家。

陈　章品镇好像不只是做行政管理，他自己也从事写作的。

范伯群与章品镇合影

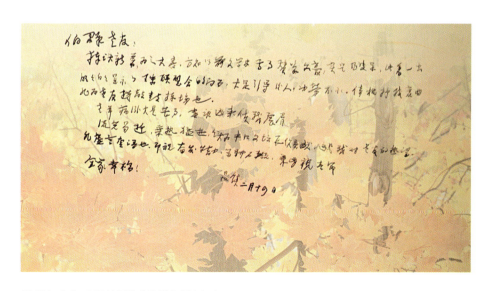

2008年春节,章品镇写给范伯群的新春贺卡

范伯群与妻子钱林仙在南通

范 是的,他写得还是蛮多的。他写过一本书叫作《花木丛中人常在》,是得过第一届紫金山文学奖散文奖的。其中书题的这篇是写周瘦鹃的。这本书里他写了十五个人,其中十二个人我是熟悉的,都是我的好朋友。他写这些人是为了一种纪念,写他们在各种运动中的遭遇,受到的迫害,不同的结局。我觉得我比较理解他这个人以及他写的人和事,所以我就写过一篇评论文章,叫《章品镇其人其文其艺》。结果被《钟山》杂志用的时候,那个"其艺"被拿掉了,也就是谈他的艺术性的东西拿掉了。对这事章品镇很不满意:怎么把我的"其艺"拿掉了呢?我一点艺术性都没有啊?我这篇原稿自己丢了,他保存着,所以后来他在南通的一个杂志上登了一个完整版的,把"其艺"补上去了。

陈 章品镇那时候把您纳入搞理论的名单,您就被调到作协来了。

范 作协要我去,但南通不肯放,那时候南通中学已经让我做教研室主任了,都是他们帮我想办法的。调工作那个时候也很难的,省委组织部和宣传部拟了商调函,打了图章以后,送到南通中学。南通中学说:"这个人是我们的教学骨干,请求免调。"那时候,我们南通中学的支部书记很喜欢写诗,也是个文艺爱好者,有时候也会跟我聊聊文艺创作之类的东西。省里要调我的时候,他也还是不肯放。后来,省文联想再试一次,就跟组织部说要调我,组织部说:"不行,我们不能盖这个图章了。"宣传部说:"那就我们来盖个印吧!"宣传部盖个印发个文,文联帮我找人的,找到我们支部书记的一个老上级,说:"这个人你们就放放吧,何必呢?"这次终于放了,在1960年9月份我就到了南京,调到省作协。陆文夫也刚刚调过去,比我稍微早一点去。我虽然是做些理论研究,但总是被安排去看《雨花》的稿子,那时候都要看的,陆文夫也去看过稿子。大家轮流去看稿子。我去《雨花》看稿子,就帮南通中学支部书记发了很多的诗,他也很高兴。我老婆在南通嘛,所以总要回南通的,每一次回南通,书记也都要跟我聊一聊,关系很融洽。

与作家们的交往

陈 您到了文联以后,与文艺界有了很密切的接触,印象深的有哪些人和事呢?

范 我当时编教学参考资料就在文化局的招待所里,那时候就在总统府,跟一些作家住在一个宾馆里面,在一个食堂吃饭。这样的话,就与省文联的人有些接触。我调到文联后,就住在总统府的西花园,当时许多文艺家都住那里,像傅抱石啊、林散之啊、亚明啊。傅抱石作画,画那雪花的方式很独特,电风扇在那里,把笔蘸饱了墨,电风扇一吹,墨飘到纸上就成了雪花状了。有时候也看林散之早上练字,他随手写下的字也送过我好几幅,我那时也没当回事,后来也不知道哪去了,现在要是在会值不少钱了吧,哈哈。

陈 你接触最多的还是作家,是吧。

范 那当然。这次江苏省作协和评论家协会打算出的一套批评家文集,我也在其中。这本文集我本来想多选一些谈新文学的稿子,尽量不谈通俗文学了。但是呢,他们说你如果不放通俗文学方面的评论就不能完整地体现你整个评论的特色,毕竟通俗文学的评论占据了你整个评论的一个相当突出的部分。所以后来就变成现在这样的上下编,上编是新文学的评论,下编是通俗文学的评论。

陈 这当中评论的当代作家的部分,都是你密切接触的作家,是吧。

范 对,这部分我写的都是我接触过的作家。

陈 但关于章品镇的没有收进去。

范 是啊,我本来是想放进去的,但是他们觉得我那篇《章品镇其人其事》主要是对一本书的评介,而不是对一部(篇)作品的集中分析评论,也不是对一个作家的完整的评论,就建议不放进去。像陆文夫、高晓声、艾煊等作家我都有过评论,我就想把这些选进去。前面他们已经出了一套作家的文集,但是没有艾煊。对艾

《范伯群文学评论选》2017年出版

煊没选入我是有些看法的。艾煊没选入,是因为很多人都不熟悉他了,他们认为艾煊主要是散文比较好,其实他还有其他好的东西。他写过好几个长篇,有一个长篇小说叫《乡关何处》就很有特色,写南京大屠杀的,在20世纪80年代初写成,当时是一片中日友好的背景。

陈 您的意思是,这个小说在这样的背景下出现,特别有意义。

范 是的。友好归友好,历史事实还是要讲清楚,历史教训不能忘记。我觉得以小说的形式处理这样的题材还是很少的,当年出版后反应却不热烈。他看了大量关于南京大屠杀的材料,包括采访啊,外国人回忆的一些文字啊,当时收尸的善堂的记录啊,他都看了。他有扎实的写实纪录的功夫,同时虚构人物也写得很生动,很有文学价值。

陈 所以您就写了评论《"无边落木"与"不尽长江"》,发表在《当代作家评论》上。

范 对。艾煊在这之前还有电影作品《风雨下钟山》,而且《风雨下钟山》这个名字是胡耀邦起的,本来叫《钟山风雨》,胡耀邦说不好。

陈 "钟山风雨"大概是取自毛泽东的"钟山风雨起苍黄"吧。

范 胡耀邦说,我们是风雨下钟山,我们像风雨一样摧枯拉朽,打到了南京。《风雨下钟山》的题目就这样改过来了。我跟你讲,现在省作协那里,能够真正称为"老文联"的人只有我一个。我是1960年到文联的嘛,对"探求者"这类事情很了解。

陈 当时艾煊也卷到"探求者事件"里了。

范 是啊。关于艾煊,我写过一篇文章,叫《死抱着文学不放的人》。艾煊这个人很有意思,他大概读到初二,他自己的家乡就被日本人烧了一半,几个小青年就开始商量"我们要救国",他就参加部队了。他在那个时候的部队里,已经算是大知识分子了。他担任新知文化教员,后来成为新华社的名记者。解放战争的时候,新华

范伯群与作家们游太湖,左起:范伯群、梅汝恺、张弦、陆文夫

社给他一部收发报机，他每天写好以后就直接发出，第二天就可以见报啦，而且他每次基本上是处在前线的。渡江战役，他虽然不是第一个报道，但是前线记者中重要的一站，他的报道不是问战士怎么样，而是直接参与其中的报道。我怎么晓得这个呢，是因为我跟他比较接近。有一次徐迟来南京找艾煊，他要写万里长江的长诗，其中要有渡江战役这一段，知道当时艾煊是前线记者，就要找他了解情况。他们约了在福昌饭店聚会，在新街口附近，那时候算是一个很好的饭店。艾煊对我说："徐迟是你的同乡，你就一起来吧。"席间徐迟说："艾煊，请您讲一讲渡江吧。"然后，我就听他讲了当时渡江的许多事情。

陈 艾煊就是一个战地记者啊。

范 是啊，他还很有传奇色彩。在反映解放上海的电影《战上海》中，有一个细节就跟艾煊的经历有关。一个国民党军官乘着吉普车跑到看起来比他大的军官这边"报告"前线情况，他不知道这其实是解放军的一小股先头部队伪装成的国军。解放上海是5月27号，但有两个连在5月24号就突进去了，艾煊跟着这两个连队一起进去的，四周都是敌军啊。电影里的那个细节，就是艾煊当时经历的，后来写进文章里了，电影用的这个细节就来自这里。这个人可以说是出生入死。

陈 啊，《战上海》我们小时候看过，原来这细节还与艾煊有关！那他怎么跟"探求者事件"发生关系的呢？

范 中华人民共和国成立以后，领导上想让他做干部，他想到北京去做特派记者，《新华日报》的特派记者，但省里一定要他做江苏省委宣传部文艺处的处长，他就留下了。我曾经问他："艾煊，你已经做文艺处长了，十二级高干啊，你怎么跟'探求者'们搞在一起了呢？"他说："我想做作家啊，我从小就想做作家。"他还说："他们谈创作谈得很有意思。"1957年10月9日，《新华日报》在头版头条发表社论《"探求者"探求什么？》，认为他们是反党反社会主义。那天报纸的编者按语中提到"最后拉到了艾煊"。但是后来批判他的时候就变了，说艾煊是他们的精神领袖，因为你文艺处长参加嘛，大家胆子也就大了咧。江苏省委宣布他是"右派"的情形也是很有意思的，那个决定是："艾煊同志犯了严重的错误，戴上帽子，脱掉帽子，到生活中去自己好好改造自己。"也就是说，他戴了一秒钟的"右派"的帽子。

陈 这个可能在反右运动中是唯一的案例吧，做这个决定现在听起来还挺有幽默感的。那这个决定是怎么做的呢？

范 省委做的啊，根据什么我就不知道了。艾煊身上就有一种死抱住文学不放的

1985年1月范伯群参加中国作家协会第四次会员代表大会,在西郊宾馆与艾煊合影。陆文夫摄

劲儿,实在不想做官。"文革"之后,砸烂的文联也恢复了,作协也恢复了,领导想想谁出来做主席呢,又想到艾煊,让他出来做作协主席。1978年的时候,在文联招待所的走廊上他碰到我就说:"老范,我想通了,这个官我要做,我要把打散的兄弟们聚拢起来,我做。"他当时就跟我讲:"老范你回来吧,现在我做了主席了,你回来吧。"当时江苏师范学院也想要我,也联系上我了,我就告诉他了。他后来就对我说:"南京就不要来了吧,刚刚搬好家,老婆调来也不容易。"那时候工作调动确实很困难的。他说,我们反正是老朋友,我考虑了一下,觉得你还是去教书吧。你的水平我是知道的,但不是党员,我能让你当个中层干部都很难了。现在书也能教了,我赞成你去教书。后来,我就去江苏师院了。

陈 也就是说,您后来到江苏师院也就是现在的苏州大学,与艾煊还是有一定关系的。

范 对啊,我觉得是,我是这样到师院来的。

陈 除了艾煊,你当时跟哪些作家接触比较多?

范 我接触最多、最熟的就是陆文夫了。1960年的时候,他们就说要成立一个创作组。这个新成立的创作组里面，有两个人被认为是"探求者"中改造得比较好的。一个是陆文夫，一个是艾煊。他们一个是在苏州的西山劳动的，一个是在苏州的一个机械厂里面劳动的。创作组恢复的时候，就把两个人调回来了。当时提出要调一个搞理论的，这个搞理论的任务就是对这些作家的作品提出意见，研究他们的生活和创作道路。调谁呢？章品镇就说了："调范伯群吧！"

陈 你到了作协，做理论研究，是不是就开始系统地从文学史入手呢？

范 那时候，我根本不搞文学史的，我是专门搞"从生活到艺术"这样一个课题，我的总课题就是这个。我去了以后，我讲的东西，那些作家听了就说，小范啊，你那些东西都是书本上来的，我们作家还能跟着你这些东西写作吗？这下子可糟糕啦，我就想，我要向作家们学习，学习他们那一套活的文艺理论。那么，每次我会坐下来和陆文夫聊天。我为什么跟艾煊那么熟呢？因为当时全省只有一个人写长篇的，就是艾煊。我对他自然就特别关注。因为他是老干部，写长篇待在家里写，其他人都在下面各人的生活基地。他一年来开两次会，有时候开十天，有时候开半个月，汇报最近一段时间在生活当中碰到哪些事情，哪些题材是可以写的，我们现在写了什么东西。他们就是谈这些个东西。那时候也会请一些其他的人来讲，比如说请康仲华讲三国，讲他在说书中是怎么塑造张飞的。评弹也有人来讲的。反正就是怎么塑造的，怎么表达的。我平时可以看书、写东西，他们来开会我都是要去听的，因为我就是来研究他们这些人和他们的创作嘛！

陈 也就是说，那时候你与作家们的生活和工作非常地贴近。

范 是的。当时我们工作是在过去的总统府里嘛，机关在总统府。总统府里面有食堂，作家来了就把我们这里的空房间收拾一下，在这里吃饭，也省了钱了。我当时家属也没调来，陆文夫就在我房间搭了一张床。十八平方米的一个房间，很简单的，一个棕绷床，两个脚凳，一条褥子，一床被子。陆文夫来了，每天都要去找一些过去与他有渊源的人喝酒。像"探求者"里的叶至诚、锡剧演员姚澄、宋词和锡剧第二号人物王兰英啊，陆文夫和他们的关系都比较好。他每天都喝得醉醺醺的，到9点多钟回来，我们两个人就开始海吹神聊了，谈创作，陆文夫就有很多自己的见解，告诉我他和师傅怎么样，他有哪些灵感。一次我们谈到文学的"虚构"。他说："虚构嘛就是'推'和'串'。"我回味他的话觉得有道理。鲁迅的《药》是写人血馒头当治痨病的秘方。但鲁迅"推"了一下：假如这是辛亥革命烈士的鲜血，甚至是秋瑾的呢？于是写出了这个"夏瑜悲剧"。凡是虚构的小说也皆少不了"张冠李戴""赵靴钱穿"地把几件几乎不相干的事"串"在一起。于是我写了一篇《论虚构》,大大发挥"推"和"串"的见解。

陈 就是发表在《长江文艺》上的那篇文章吧。

范 是的,在《长江文艺》发的,记得编辑来信说,我是将"虚构"写得最不虚的作者。其实我是从陆文夫处贩来的。

陈 您跟作家这么熟,所以读您写艾煊、陆文夫、高晓声等人的评论就觉得很亲切。

范 我跟作家就是同事啊,对不对?同事之间谈起来就很随意很放松。你想,陆文夫跟我就在一个房间,中间铺一张床,很自然地有许多交流。艾煊呢,我每个月去拜访他一次,他在南京。我也不多去,多去了会干扰人家。他不是写长篇嘛!我个把月我就去一次,就是跟他谈创作,跟他谈从生活到艺术的经验,听他说写《碧螺春汛》、写《绣娘》的过程和体会。

范伯群与高晓声合影

陈 高晓声呢?

范 高晓声住在常州的武进县,我父母在苏州,所以,那时候到苏州的出差任务一般都是我去。我在苏州买个火车票回南京,中间就在常州停下来,那个时候,反正就是你可以中间下车的嘛。我就去看高晓声,在他那里吃饭。吃完饭再谈一谈,差不多了,快要到晚上就再乘车回南京。"文革"结束以后,我在江苏师院开始招研究生了,高晓声跟我讲:"范伯群,你帮我个忙。"我说:"什么忙?""你找个学生来帮我整理信,我有不少信。国外的国内的都有。找个人帮我写回信。"我就找了栾梅健。他正好是武进人,跟高晓声是同乡。

陈 栾梅健也因此获得了不少关于高晓声的一手资料,写过关于高晓声的评论。

范 是的。当时我跟这三个人交情比较深。所以我写了《高晓声论》《陆文夫论》《艾煊论》。写了艾煊这个"死抱住文学不放的人",哈哈。当时比较熟悉的还有方之。"文革"结束后,方之拿出的《内奸》,写得多好啊。那时候,方之是南京创作组的,但是我们开会他也经常来参加,喜欢串门谈创作。有时候谈到夜深,他就睡在我们这边的宿舍里,哪里有空位就睡哪儿。

陈 与作家们的交往,对你来说也是很重要的经历。

范 跟他们的交往,我觉得是很愉快的。在这方面,本来我还是有发展前途的,能够追踪当代作家,有这个条件。后来我不满足于就在江苏省,一个省说明不了问题。雷达那个时候来组稿:"怎么样,范伯群,你要不要来《文艺报》?你到《文艺报》,我去推荐。"他当时在《文艺报》。但有一个问题是,家里人没办法一起去,进不了。我说,那我就不去了吧,年纪也将近四十岁了,好不容易家人在一起。

陈 后来您到了苏大,与这些作家还保持联系吗?

范 到了江苏师范学院,也就是后来的苏大,慢慢就改成搞文学史了。但是,我还是重视对作家的关注。要搞文学创作方面的科研,要研究作家,要开好这些作家作品的课,就需要熟悉作家嘛。所以,我还是跟他们有些联系,在江苏师院这里,开过陆文夫的研讨会、艾煊的研讨会,都是全国性的会议。

陈 比较起来,恐怕您对陆文夫的评论最为集中,数量也最多。

范 是的。对陆文夫的评论最早是1981年的时候,发表在《文学评论丛刊》第十辑上,但最有意思的是1983年发在《文学评论》第6期上的那篇。

陈 为什么这篇最有意思呢?

范 是这样的,我在《文学评论》1983年第一期上发了一篇《论张恨水的几部代的户儿心情激荡:"在写这篇小说之前,我已在'四人帮'粉碎后写过几篇了。但写出了《"漏斗户"主》之后,我才对自己有了信心,认为这篇小说,只有象我这样在农村几十年,和农民同甘苦的人才写得出。我看到了那种生活在作品里放出的光彩了。那真是我自己特有的东西哪!"这组系列小说并非事先有一个通盘的考虑,是丰富的生活引领高晓声去发掘他自己特有的库存。

现在陈奂生有了一个学做主人翁的答观环境了,但究竟能不能使自己具有真正当主人翁的思想和本领?这是读者普通关心的问题。看来陈奂生这位掰一大分的让员的前程还未可限量。但高晓声却让陈奂生提前退休了。他说:"之后就写了《出外春秋》,到了这步,我觉得再不能麻烦陈奂生他老人家了,让他休息吧!"陈奂生可以提前退休,但高晓声对上述的课题是应该努力去回答的。今后他或许会让陈奂生"退休留用",或者会塑造出赵奂生、李奂生等典型形象。他会用毕生的精力专注成象陈奂生这样的农民不再做挂名的主人,而是成为名符其实的主人。他会用他笔下的典型形象来显示我们"整个社会的希望所在"。

1983年8月8日于苏州五棣园

范伯群《陈奂生论》手稿

范伯群访谈录

表作——兼论张恨水是否归属鸳鸯蝴蝶派问题》，很长的一篇，一万多字，近两万字。《文学评论》还做了个按语，大意是说，这次有范伯群论张恨水的代表作，张恨水也可以研究的吗？我们认为还是可以研究的。为什么呢？因为从社团流派的角度来看，他写了很多的东西，而且有很多的读者，对于这样的作家，还是有研究的价值的。我们以后在社团流派方面，还要发表这些文章。这个对我而言，是一个肯定和鼓励。后来，中国作家协会从各地调人到北京去，集中起来讨论当前的文学创作，写评论。江苏调的就是我和陈辽。陈辽写陆文夫，我写高晓声。香山有个"香山别墅"，不是那个香山饭店。它本来是个高干的疗养所，我们就在那里写。一个人一个房间，规定了什么时候交稿。那个时候有一帮人在那里写。有一次开座谈会，好像是冯牧主持的。他们说你对陆文夫比较熟，你谈谈老陆呢。我说老陆最近《美食家》发表了，反响很热烈，我跟他就此交谈过。我问老陆你怎么想到去写美食家呢，陆文夫就讲了，首先，我想到像高小庭这样的人很多的，就是好心办坏事。他心里想我应该走大众化的道路啊，结果却把松鹤楼菜馆搞得一塌糊涂，人民群众都不满意。从宏观层面来看，这是个很普遍的问题，这个人是有典型性的。当时他说到"宏观着眼"这四个字以后，又忽然停下来了。半天以后，我觉得他眼睛忽然亮起来了。"宏观着眼以后，就要微观落笔！"他说你最后要落到一个生活啊！你没有一个活的生活不行，你不能主题先行啊！微观落笔，就落那个美食家朱自冶与高小庭之间的矛盾上。我这么一讲，冯牧感兴趣了，他赶紧说："哎呀，这个好！宏观着眼，微观落笔，这八个字，这不就是创作规律吗，创作就是要这样写嘛！"当时《文学评论》的陈骏涛也在，他就说："老范，你写一篇吧，给我们。"我说："我在第一期已经有一篇啦！这个是兄弟们大家的舞台，我不能一个人一年发两期，明年1月份我再来给你写。"他连说别别别，你看冯牧都肯定了，你就赶紧写了给我。我说："既然你一定要我写，那我要用笔名，我从来没用过笔名。"

陈 哦，唯一用笔名发表的文章，就是关于《美食家》的？

范 是。我要用一个笔名，不想给人感觉一个人在一年中在同一个刊物上发两篇文章，也没有这个先例的，对吧？我是浙江人，然而我吃的是苏州的饭，我就用个"吴越"的名字，既是江苏又是浙江。后来我发现很多人用"吴越"这个笔名，我就不用了。以后也不用笔名了，当时也是应对那个情况的权宜之计。我至今都记得，陆文夫讲了"宏观着眼"后停下来半天，想到后面"微观落笔"四个字的时候眼睛发亮的情形。我对他说："老陆，你这八个字有分量了啊！"然后，他自己也回味了好在什么地方。

陈 谈到《美食家》，也有人说其实陆老师对美食也不一定是真正的那么在行。

范 是这样的，陆文夫在美食上的老师实际上是周瘦鹃。他们在苏州这里有个小组，就是范烟桥、程小青、周瘦鹃、滕凤章、陆文夫。陆文夫当然最小，他就是管钱的，每个人出一块钱或者五毛钱，到处吃过来的。每一次吃的时候，据陆文夫讲，范烟桥总是说："我没带钱！"饭店要是听说这周老要来吃饭了，那么前几天就让厨师开始准备了。厨师把菜打出来后，跑上来问："周老、程老，你们看这个菜怎么样？"程小青就说："蛮好，蛮好，好极了！"周瘦鹃只是说："可以吃，可以吃。"那种什么鹅里面套一只鸭，鸭里面套一只鸡，鸡里面套一个鸽子，就是吹牛的呗，听得来的。听来的，周瘦鹃写不出来，陆文夫能写出来，他的本事就在这里。但是，你真正说他懂吃呢，我是这样写的："他写《美食家》以后，就开始有得吃了，对吃关注了。越有口福越能写，越能写越有口福。"

陈 形成良性循环了，哈哈，不过逐渐也就对食物有感觉了吧。

范 有一次台湾那边一家出版社让我选一个陆文夫的散文集，那么我就选了，问老陆叫什么名字，他说就叫《梦中天地》，他有一篇散文叫《梦中的天地》嘛。选完编好了以后，我就写了个前言，叫《小巷文学中的大千世界》。陆文夫不是写小巷文学的嘛，他写了《小巷人物志》的。我虽然对散文不太熟悉，但是既然答应了出版社，我一定不会放空炮的。我就说了，陆文夫他这个人涉猎很广。你捧起茶壶来，他能跟你谈壶经；你喝起茶来吧，他能谈茶经。盆景他也能谈，书画也能谈一谈。就像他自己说的，兴趣广泛。我说他写了《美食家》以后就有口福了嘛。有一次法国美食节请他去了，有一个中国代表团，他带队。他去的时候，他就带了几袋萝卜干。其他人都笑他："陆文夫这个家伙太可笑啊，他竟然带几袋萝卜干！到法国去有那么多好吃的，还要带萝卜干啊？！"到那边以后，大家吃了几天以后，吃不消啦，都到陆文夫房间里来，说："老陆，把萝卜干拿点出来吃吧。"老陆就把萝卜干如何消食、如何解油腻的作用说了一通。你看，他不仅能写，还口头发表了很多的散文。这就是篇很好的散文啊！对不对？我的文章就是这样开始的，我说这个陆文夫会写散文，还会口头上发表一些散文，他的生活经验就是充满散文的味道。他很得意地跟我讲，我带这萝卜干，大家都笑我，他们也不想想，成天吃西餐肯定受不了，这个可以解油腻，可以消食，可以通气，这个多好啊！到这个时候，他们一个个地来我这里啃萝卜干了，服帖了吧。他说这件事的时候，那个得意的样子啊。

陆文夫论

范伯群

亲爱的读者们，请容许我向你们介绍一位曾经经历过"三起两落"的曲折艰辛的创作道路的作家——陆文夫。他是才华横溢的小说家，在他的创作生命渐臻成熟时，茅盾曾称誉他是一位"力求每一短篇不踩着人家的脚印走，也不踩着自己上一篇的脚印走①"的小说家。他不仅有创作的才华，还有一段不称太短的写作经历。他现在五十挂零②，如果粗略一估，他有了三十八年的创作史。但是，提起他的创作成果，却与他的"才华"与"创龄"不大相称，可是这却又决不是他主观上的疏懒怠惰。先因就在于"三起两落"。他说："我在文化大革命前大约发表了三十多个短篇，印有《荣誉》、《二遇周泰》两个短篇小说集。作品不多，质量不高，道路有点曲折。写作的时间很短，只有五、六年。下放劳动的时间很长，计有十五、六年，虽然失掉了一些时间，少写了一点作品，但却有幸能长期深入生活，经受了一些锻炼，事物都有它的两面。"③他的自述是既谦虚又真实，十分得体。纵观陆文夫的创作道路，大致可分三段：一、自一九五三年习作到一九五六年（他

范伯群《陆文夫论》手稿

1985年在西郊宾馆范伯群与陆文夫合影

当时他跟我口头上讲，我一听就觉得是个很好的散文，所以他散文一定写得很好。我说了这段故事后，再分析他的散文。所以你看，我和老陆这样的作家在一起真正结成朋友以后，无话不谈，很愉快。

陈 你这篇文章里还提到陆文夫开"老苏州茶酒楼"，简直是为他做了一把广告，而且做到台湾去了。

范 是啊，我还在台湾的报纸上写过一篇《一本能吃的杂志》，专门介绍"老苏州茶酒楼"，那时候还真有许多来苏州的台湾人，拿着报纸找上门来品尝的。

陈 还真是广告效应呢。你这样写他的评论，对大家理解他的作品也是非常有帮助的，"知人论世"还是有很多道理的。

范 所以我也干得很有兴趣。后来，我进了大学，到了文学研究这个领域，光评论陆文夫、高晓声是不能过日子的。他们让我搞这个"鸳鸯蝴蝶派"，我只好搞了，坐图书馆开始翻资料了。搞了以后我发现这一块我也还是很有兴趣的，通俗文学这个东西不能完全否定，还是非常重要的。这样就搞到文学史上去了。这时候，对当代这些作家的追踪也就谈不上了。到一些人搞先锋文学的时候，我就完全不知道他们在说什么了。

陈 我个人的体会是，写当下的作家，实际上你和作家有着一种深入的互动的关系，包括对作家作品的阅读，包括对作家的了解，包括你对他创作的把握，他对你写作的影响,甚至包括关系的亲疏远近、趣味的投合或相悖,都会影响批评。在某种意义上,评当下的作家呢,是一种评论也是一种创作,就是我对他作品的某种理解可能完全出乎他的意料。

范 所以呢,我说一句大话,写作家论一方面是让读者了解作家,但是有的时候也是让作家了解他自己。当然了,你得写得好才能让他了解自己。

陈 那么在您的经验中,您对作家朋友的评论,有没有这种情况,就是您的看法和被评论的看法不太一样,不被他认可,或者是他的某一些东西你不认可?

范 作家一般不会当面讲你这个东西我不同意。我们开会的时候有的,争辩说不对不对,不是这样子。我当时向他们学习就是碰了几个钉子。有的时候你在旁边就可以听到,譬如说,高晓声曾经跟别人说,范伯群评论我的句式之短,说我是写短句的,其实呢,人家是写文章,我是写农民的语言,所以用短句,他始终没发现。还有的说,范伯群的艺术分析还是不够有说服力啊,他大概的方向是对的,但是细节上的一些特点他还是没找到。这是我从别的人那里听来的。我听到的时候,可惜没机会跟他进一步交流了,因为那个时候他已经病重了。有的作家,你比如说方之,我当时对他这个人和作品很有印象。《内奸》写得多好啊,他当时跟我讲,范伯群我已经有十个题材在心里了,我都要一个个写出来,就是像《内奸》这类题材。很可惜的是,他也去世得太早。

在干校的日子

陈 那时候你在省文联的时候，家一直在南通？

范 后来我老婆调到南京来了。我跟钱林仙是在南通中学结婚的，那是1958年。她当时在学校里面教物理。她是江苏师院的物理专修科毕业的。我调到南京后，家属调动还要晚。因为那时候家属调动很难。我当时就讲：南京南京难进，南通南通难通。南通不肯放人，南京不肯进人。

陈 哈哈，两个地名正好用上了，南通不肯通融，南京难得进人。那么后来呢？

范 后来呢，单位里比较重视。我们文联的秘书长吕博然，他是老干部，虽然不是搞文艺出身的，但是行政上很懂。那时候他也开始想搞业务，说范伯群你来做我秘书。工作了大概半年，他觉得我还蛮称职，说范伯群还不错，这样吧，你要调爱人，我来给你想办法。他首先把我老婆的档案从南通借调到文联。然后叫我们文联管人事的那个秘书，每一个礼拜跑到教育局去：这个人，你们要把她调过来。这样一段时间后，教育局那边觉得已经来了好几次了嘛，就说：好好好，要要要。正好一批教育局长都在南京开会，南通教育局长也在，我就跑到江苏饭店，找南通教育局的朱局长。朱局长过去是南通中学校长，我们熟悉的。我就跟他讲，我们这里已经成了，你那里阿能办？他说，行，你两个好像已经两地分居三四年了，我马上跟南通通电话。这个要解决的时候说快也很快。他对我说，晚上你打个长途电话，叫你爱人明天早晨到教育局去，这事我来给你安排。那时候打长途电话要排队的，我就排队打电话通知我老婆。我老婆后来告诉我，等第二天一早她到了教育局的时候，这个调令已经写好了，办事的人对她说，这个你拿去吧……南通难通，那时候忽然就通了。这个朱局长过去到底是自己的校长，我们在南通时候也勤勤恳恳搞教学的，所以他心里想，这人也帮他解决算了。当然，南京得要这个人很关键，所以

这是作家艾煊在总统府西花园为范伯群拍的全家福

那个文联秘书长呢，很懂这一套，有办法。

陈 那师母后来到南京，是在中学里面？

范 她在一个烹饪学校做教师。隔壁是南京评弹团，她上课，评弹演员都来听的。为什么呢？她说苏州普通话，（普通话）讲不来，就是说吃虾，要说吃"花"。所以评弹团的学员们觉得，这是学苏州人说话的好机会，就都来旁听她的课，学正宗的苏州话。

陈 师母调到了南京，这就意味着你在南京安家了。但是，后来你又到干校去了。我查到《江苏省志·大事记》的记载说，1969年3月20日，江苏省革命委员会发出关于组建江苏省"五七干校"的通知。3月30日，江苏省"五七干校"成立，校址在句容县桥头镇句容农校，并在江浦县老山林场等地设立分校。省级机关干部万余人集中在干校进行"斗、批、改"，参加生产劳动。您那时也进了"五七干校"，这段时间您是怎么过的呢？

范 1968年10月份，我跟许多省直机关的干部一起，集中下放到金坛县的农村里，参加体力劳动，接受再教育，搞"斗、批、改"。1969年，就进了"五七干校"。在干校先是要挨批斗，人人过关嘛。后来，我在干校就是白天干活，晚上看书、写作。那时候写点东西，反正也不发表，就是激励我自己的一种游戏，否则的话人就是太无聊了。我就是在那时候跟曾华鹏商量，研读鲁迅的小说，写这些小说的评论。

陈 省"五七干校"当时是在哪儿？

范 所有干部都赶下去了，从南京下来到镇江，从镇江开始，几乎每一个小站是一个连队，所以校区很分散，校本部在一个叫桥头镇的地方。开会的时候就要排队跑很多路到校本部去，所以我坐过很多小站的火车。每一次开会的时候每一个人都会拿一个小凳子，排着队要走若干里路，到桥头镇走个二十里路。那个时候编到一个连队也会很糟糕，有时你的连队又要调到别的什么地方去。这样搞了四年，一个本科大学的时间。

陈 连队还要不断地变动的呀，它不是固定在哪个地方？

范 不是的，慢慢有的人"三结合"①了，渐渐的人就少了，人少了以后两个连队就合并。

---

① "三结合"当时是指领导机构由革命领导干部代表、革命造反派代表和人民解放军当地驻军代表这三个方面的代表构成。

陈 那您那时候白天在干校里都干过些什么活呢?

范 耕地、养猪、放鹅,什么都干过。养猪的时候,我就住猪圈旁边的一个小的房子,两个人住在里面,就是猪倌。我还会给猪打针。给猪打针其实也不难,两个人嘛,一个人要把它的尾巴攥住,拿在手里以后一拎,猪的两条后腿就离地了嘛,那好,它两条前蹄没办法动。猪皮特别厚,扎进针管以后要使一把劲往里扎。这慢慢对养猪就在行了。养猪也省心,饲料人家是有供应的,我们只管养,不用再去搞饲料了。后来让我放鹅。放鹅也挺有意思,每天把一把破扇子,用一个长长的竹竿吊在那里。这个鹅很有趣,你把扇子往左边一放,它们就都会向右,反之亦然。等收获麦子的时候到了,就把鹅放进去吃麦穗,随后就肥了,肥了就杀了供应我们干校的食堂。再后来,我就到了食堂去了。我那个时候会烧菜。有两个大师傅,我是先做徒弟,烧吸风灶。就是一块玻璃,把它放下来的时候,它就吸风了,拉开以后这个火就小了。然后你拿一个长杆在里面钩,钩了以后再把玻璃放下来,它就吸风了,吸风以后就起火了。后来我慢慢学会了做馒头、花卷,就是不会做油条,因为当时哪里有那么多的油啊。现在这些手艺都已经退化了,不行了。在厨房到最后我掌勺炒菜了,炒菜就是用一个大铁铲,站在锅灶上,像翻地一样,很有趣的。我还学会了腌制泡菜、咸菜。当时想:将来出去以后,是不是能开一个包子店什么之类的呢? 章培恒[①]曾经跟我说过,那时候想了想: 自己以后做什么好呢? 有一个好的职业,就是到公园看门。公园看门,你漏掉一两张票,没关系,领导也不会知道。所以他说,我想来想去,只有在公园看门这个是我可以干的职业。

陈 那时候您也感受到这种生活的迷茫吧?

范 你想想啊,那时候人已经到了可以不动脑筋的地步,人根本没有什么主体性,就是那个样子。所以,我后来跑去找曾华鹏,跟他说:这样下去的话,我们智慧的元气都没有了,一定要保持智慧的元气。这个元气就是说,将来大家对你要有一点儿公认,认为你这个东西写得还是可以的。我现在就算要断气了,还应该写,只要还有一点元气,就一定写。社会可能把你压到你只能开一个馒头店、馄饨店,这是你的生活,但你的元气应该还在。所以,我们那时候就是把读书写作这个东西作为

---

① 章培恒(1934—2011),浙江绍兴人。1954年1月毕业于上海复旦大学中文系。1996年先后获得复旦大学首席教授、杰出教授称号。曾任中国古代文学研究中心主任兼古籍整理研究所所长,兼任教育部人文社会科学专家咨询委员会副主任委员、全国高等院校古籍整理研究工作委员会副主任委员等。

一种智力游戏来考虑的。没有想到的是，搞这个智力游戏搞了一些年以后，最后也出书了。

陈 那时候是不是可以这样解释：在这种智力游戏当中，精神上也得到一种满足，对那种物质的生活反而是一种平衡或超越。

范 对啊，那时候思想也很矛盾。未来的路到底怎样走？像现在的人，他们压力大是生活的压力。有没有房子，有没有车子，找女朋友，等等。我们那时候是政治上的压力。我们也不用愁这个物质生活，会有分配。当然，统一分配你不服从又不行，人那时候是植物不是动物。你到这个地方以后就扎根了，你就不想动了。所以，我从中学教师到作家协会那个"动"是很麻烦的，花了很大的力气。

陈 您刚才讲的，让我也想到您和曾老师评鲁迅的小说，我觉得在你们身上，对鲁迅的体悟，很大程度上是一种移情。虽然具体的情形不一样，但是那种感受的形式，那种彷徨和迷茫、矛盾，在鲁迅的小说里面表现特别突出，像《在酒楼上》《孤独者》等作品里透露的那样。

范 是的，"他们有的高升了，有的堕落了，我依然在沙漠中走来走去"。真的是感同身受，就像在沙漠中走来走去，就像鲁迅他那个时候，也是"不眠忧战伐，无力正乾坤"。

陈 不过，干校的日子经历过以后也不是白过的，是吧。

范 经过了就没有白过，而且你回忆起来，不觉得养猪是一件很痛苦的事情。回忆的时候甚至很欢乐，对不对？它因为产生了距离感了。回忆的时候，听起来，我们"五七干校"基本蛮好的啊，养个猪大家杀了吃。

陈 那时候能吃上猪肉也是幸福的事。

范 我们那时候就是，猪养了，明天杀猪，然后请杀猪的人来，赶一头猪出来，这个是要我去选的，挑养得肥的，然后就是把它杀了。因为饲料也好，大家有人搞饲料的嘛。譬如说这个鹅放了以后，大家都吃，这个搞得很好的，我们自力更生。但是，这个精神上的苦闷呢，就不能细想了。

从四十二中到文化馆

陈 1973年，您从"五七干校"出来后回到省作协了吗？

范 没有。当时组织上说，我是苏州的，那就回苏州吧。回苏州后，说是要到中学去，我想嘛，中学应该都在城里，最远也不过就是虎丘中学吧。但领导说你到四十二中去吧。我当时根本不知道这四十二中在哪里，后来才晓得四十二中在吴县的尹山湖那边，原来是苏州的"五七干校"，干校撤了，就给编了一个"四十二中"。那里当时就是苏州的一块飞地，很远，远郊，都在吴县里面了。这四十二中去也不容易，因为到那里要过一个大桥，汽车是过不去的，老式的大桥，得一步一步走过去，要走一个钟点才能走到。下雨天就更不容易，它就是农村的田埂吧，有时候宁可穿着长筒靴子，可以在水沟里走，田埂上太滑了，我们知识分子没办法。学校里的条件很差，住的都是草棚。

陈 在四十二中教书没教多久吧？

范 大概一年吧。这个一年倒培养了一些学生的。后来有几个学生是很出名的。一个是苏州市教育局长鲍寅初，他就是四十二中我班上的学生。现在，他的女婿艾立中和女儿鲍开恺也参与了我们这个《中国现代通俗文学与通俗文化互文研究》的写作。还有曾经是苏州市教育局管全市语文教育的，也是这个班上的，叫傅嘉德。还有一个呢，是在十中的全国优秀语文教师，叫徐思源，还是我这个班上的。所以有一次他们搞一个语文公开课，徐思源担任教学，语言教研室主任傅嘉德来做点评，鲍寅初主持。他们叫我去参加。我跟他们说我不参加，我一参加，人家就晓得你们三个人是同班同学的关系，会降低你们这个公开课的权威性。我说我还是不来了，来了以后，大家会问，这个范老师跟你们什么关系啊。所以，这个班上倒是培养了一些人。他们是初中毕业，准备做教师，因此叫师训班。鲍寅初做教育局长的时候讲,我是十七岁做教师的,有人都不相信。当时,因为师资紧缺,师训班就是专门选一些成分比较好的,培养他们以后做教师的。

陈 那他们文化程度都还不错的,是吧。

范 怎么说呢,他们总体上的程度是非常差的。徐思源是我的课代表。我每一次叫她在早晨就抄很多词,写一黑板,就是说这些词大家要懂。当然,他们进步还是可以的。所以我对这个班的印象很好。

陈 也就是说,这里你的本领还是得到了一定的发挥,很有成效的啊。后来怎么又离开了呢?

范 在四十二中待了大半年以后,有一个宣传部副部长说,这个范伯群他来这里干什么,好像他过去是省文联的吧。人家回答说是的。他就说,那这个人何必在四十二中这里呢,我们这里文化局不是也要人嘛,这样吧,把他调过来吧,就调过来了。调过来以后正好是1974年中央一号文件发动"批林批孔",反对"黑线回潮"。有人就说范伯群他过来就是"黑线回潮"。是"黑线回潮"嘛就不能在文化局里面办公了。本来文化局就成立了一个创作组,我就是参加搞理论的嘛,就跟过去一样,跟作家在一起,研究他们的创作。把我当"黑线回潮"的结果,就不能搞理论了,叫我到文化馆,就在观前街松鹤楼的对面。那时苏州没有什么文艺杂志,文化馆搞了一个报纸的橱窗。那个橱窗办得还是蛮好的,等于是文艺作品。那时候文化馆集中了一大批文化人,很有名的画家像马伯乐、刘懋善啊,都在那里,我们就是在那里熟悉起来,变成朋友的。后来才一个一个调出去的,我是从文化馆到江苏师院的。

陈 您是怎么从文化馆调到当时的江苏师范学院的呢?

范 我在文化馆时,当时搞"三结合"解放了一个干部,搞评弹研究的,叫周良[1]。周良我们老早就认识。我们是1949年就认识的。怎么一回事呢,中华人民共和国成立初期,我是参加学联的,我是学生代表参加学联的,他是学联的干部。我是高中生,他是青年工作队的。

陈 您跟周良还有这样的渊源啊。

---

[1] 周良(1926—),江苏海门人,原名濮良汉。早年就读于上海大夏大学(今华东师范大学),后赴苏北解放区参加革命。曾担任苏州市文化局局长、苏州市文联主席、江苏省曲艺家协会主席等职,致力于评弹理论研究工作,著有《评弹史话》《苏州评弹艺术初探》等,2006年获第四届中国曲艺牡丹奖"终身成就奖"。

1975年与同事登虎丘眺望姑苏台合影留念，右一为范伯群

范 是的。"文革"中,他曾经也是被批斗对象,"三结合"后他做文化局副局长了。他知道我进了复旦,去了省文联,就问我现在在干什么,我说我在写文章。他说写什么文章呢,我说在写鲁迅。他说我知道你在文化馆也不合适的,但是我又没办法安排你,最多到文化局里。现在这样吧,你自己去找工作,找到工作我就放你。当时他还说,你今后不要来上班啦,你在家里写吧。所以,他对我也是很贴心的。

陈 1973年您从干校出来以后,回到苏州,又把师母从南京调到苏州来。调来调去的,也真是辛苦啊。

范 跟着跑。但她很高兴啊,回家乡了!她本来是苏州人。这样的话家就一直在苏州了,在一起了。

陈 这次调动是不是顺利一些?

范 很巧的就是,我在"五七干校"的时候有个"难友",我们是一起受审查的。这个人是个女的,她男人是军代表。他当军代表正好是我老婆工作的这个区,那个

1976年8月在南京参加《鲁迅——中国文化革命的主将》定稿学习班合影,后排左三为范伯群

时候叫"要武区军代表",他有权力。我就跟我的难友讲,怎么样,让你的男人讲一讲,把我的老婆调苏州来吧!那就调到苏州来了。

陈 那个时候,家庭里面事你管不管?师母管还是您管?

范 我也管,两个人一起管,她管得多一点,我管得少一点。菜都是我烧的呀,我在厨房里干了几年以后,我菜烧得好吃啊!所以我老婆对我是很有感情的啊!从"五七干校"出来以后,竟然会做菜了。有时候我去买菜,有时候她去买菜。买了菜都是我烧的。所以家里的事情,我还是干的。我主要是到晚上那会儿是需要安静的,那就是我的时间了。

陈 那最初回到苏州来的时候住在哪个地方?住得很紧张吧。

范 住得很紧张,就住在我丈母娘家里。还有一个房间,给我住。住了以后,苏州也不解决房子,因为你是省里调过来的。正好有个副市长,他也是我"五七干校"时一个连队的。他过去在省里的时候大概是个厅长,后来"三结合"以后,就下放到苏州来做副市长。我就去找他,说你看能不能给我想办法,我连房子都没有。然后他就给组织部打电话:你们把人调来,房子总要给人解决吧,对不对?这样,我才自己有了个房子,虽然很小,我用的书房只有四平方米。

陈 就是您在有的文章后面落款处写的"四平园"啦。

范 就是那个"四平园"。一条过道,直接一张床,前面没有一个凳子,只有个桌子。所以我有的文章当初说"苏州四平园",没有"园"的,只是四平方米的一个房间。一些过去的"五七干校"的一些难友,也发挥了很大的作用。

范伯群(后排左二)带妻子儿女与岳父岳母合影

"双打选手"驰骋文坛

- 两个人的智慧拼起来的话，比一个人独干要好得多。
- 我们在每一篇上面都是下了一番功夫的，有时候要看一遍《鲁迅全集》才写一篇，看一遍写一篇。
- 当我们把书合起来的时候，我们人生的书打开来了。
- 如果意气用事，就没法一起做事，最主要的就是大家按原则办事。

《郁达夫论》的发表

陈 您与曾华鹏老师的合作,一直是文坛佳话,被称为文坛"双打选手""双子星座"。

范 我和曾华鹏是真正的患难之交。我们当时在学校里关系就很好,大学的最后出了这个"胡风事件"。"胡风事件"一出来以后,毕业分配就重新再定方案。那时复旦的学生根本不会考虑到自己去做中学老师,但是我们两个人就分配到苏北。当然,也还不错,因为扬州和南通,两个也还是苏北比较大的城市,还是可以的。但是呢,当时对我们的打击还是很大。好像这么一来,我们就从此就离开文学研究了。后来我们两个人临走的时候,就说跟上海去告别吧,到南京路拍了个被曾华鹏称为"两个惊弓之鸟"的合影。当时我们就说,一定要相互扶持前进,再回到我们两个人热爱的文学岗位上。所以我们两个是患难之交,在这种情况之下,友谊很经得起考验。后来,两个人假期当中能聚会、能相见,就一定相见,一起讨论文学。也就因此,我们有了《郁达夫论》和《王鲁彦论》。我们当时写出来每一篇六万字,两个东西是一起寄给《人民文学》的,《人民文学》说,好,都要用,但是请你们改成四万字。我们就在一个寒假里面共同改这个东西。所以这样的话,慢慢大家合作感到很愉快。两个人的智慧拼起来的话,比一个人独干要好得多。

陈 你们共同完成的论文,署名先后怎么考虑的呢?

范 这个我们两个人讲好的,哪一个人出力比较多,谁的名字放在前面。

陈 这是君子协定。那还有稿费怎么分呢?

范 当时有一句话,钱是身外之物。稿费就是每人一半,这样的话以后我们不会因为署名稿费之类的有什么冲突,你在前面他在后面,都定好了规则。每次人家感觉我们写出的东西还不错,那就是因为我们两个人写,比一个人想的总要周到些。几

范伯群与曾华鹏年轻时的合影

次成功以后,那就是像兄弟一样,对吧?所以我觉得这个,一直到他逝世,我们两个人的情谊从未中断和消淡。

陈 您最初与他合作发表的是《郁达夫论》,你们是怎么开始的呢?

范 是的,《郁达夫论》是我们合作的第一篇文章。那时曾华鹏提议,我们先把《郁达夫论》和《王鲁彦论》一起改出来。我说:"好啊。"1956年的暑假,我们将两个东西改了出来,并投给《人民文学》。当时他跟我说:"今年暑假我一点工作时间都没有。我有一个弟弟,从小送给人家的。今年回来。我要陪着弟弟,所以,这个就交给你了。王鲁彦的,你也一起改。改了以后,我们一起寄出去。"所以,我们寄出去的两本是《王鲁彦论》跟《郁达夫论》,是同时寄的。一下子,人家哪能想到,编辑部也觉得很吃惊,决定两篇都用,但要我们进一步修改,并且将六万字压缩到四万字。我们就在寒假里没日没夜地赶着改出来,当时是住在我家改的,我家那时候在濂溪坊。1957年《人民文学》5、6月合刊发表了《郁达夫论》。发表的时候反右运动也开始了,因此《王鲁彦论》就没有办法按照编辑部本来的计划发表了。当时《王鲁彦论》编辑部已经让我们改了,但是改得不好,原因就在于,编辑部说要与反人道主义联系起来。《王鲁彦论》最后到1980年才出版,是我和华鹏合作的第一个专著。这个里边,《郁达夫论》主要是曾华鹏写的,《王鲁彦论》呢,主要是我写的。但两人对两篇东西都做了加工、修改的工作,这就是合作。那时候稿子都是誊抄了寄出去。曾华鹏很有意思的,他说你这个字啊,比较潦草。我这个字看不一定好,但是编辑看起来一定舒服,所以我抄前半部分,你呢抄后半部分;前半部分看得好,后半部分字潦草一点也没什么关系。你看,这也是我们的一种分工。

陈 《郁达夫论》这篇文章影响很深啊,我看到许子东在他的一本书中说,他当时在仔细读完你们的《郁达夫论》以后,十分绝望,觉得自己的想法都被你们说完了。

1981年范伯群与曾华鹏于辛亥革命武昌起义纪念馆前留影

可见你们研究得多么透辟。

范 有一次,王富仁在公开场合说,《郁达夫论》刚刚在《人民文学》发表出来,他看了这篇大文章以后,决心要搞文学,他说:"这个对我影响很大。"

陈 当时秦兆阳就给过很好的评价,对你们的努力是一种认可,也是鼓励。你自己前面也说过,这篇文章发表后,整个郁闷的情绪也慢慢地恢复过来。您和曾老师合作研究,主要是作家论,一共写了多少作家啊?

范 做了四五个人吧。郁达夫、蒋光赤、冰心、叶绍钧、王鲁彦。前面四个人的,就收入在1981年人民文学出版社出的《现代四作家论》里了。在这之前我们出版了专著《王鲁彦论》,在这之后又出版了专著《郁达夫评传》《冰心评传》。所以说呢,这个《王鲁彦论》是我们两个人第一本的专著。当时出专著很不容易的,都是要手抄啊什么的。我们当时想,《王鲁彦论》反应还可以的话,那就搞《冰心评传》跟《郁达夫评传》。

陈 《郁达夫评传》,我上大学时也看的。

范 因为那时候书少,书很少,所以出来以后差不多大学生啊研究生啊都读。这个封面的字,都是我们在复旦时的系主任郭绍虞给题的。郭绍虞先生,也是苏州人。我觉得《郁达夫评传》跟《冰心评传》两本书出来,是比较能够奠定我们这个学术地位的,也就是说,在现代文学的研究上大家开始对你有点印象了,人家承认这两个人是在搞作家论、作家评传的。当时像温儒敏啊,他们还是研究生,读过后都在报纸上写过评论。

"地下操作"的智力游戏

陈　除了作家论和作家评传,你们还合作研究了鲁迅的小说。

范　是的。那时我在省"五七干校"的时候,有一次是搬到六摆渡,六摆渡是靠近镇江的第一个站,我们住在一个蚕种场,因为那个地方有大片的桑田。这个房子好到什么程度呢?地上全是地板,两边是走廊,走廊外面是纱窗,房间门跟窗都有纱窗,为什么呢?蚕种要被保护的。江苏省的蚕种几乎都要在这个里面出来,所以房子住起来就比较好。在那里一开始要接受批判,要人人过关,后来也慢慢松了,我也不是一个批判对象了,这样礼拜天就可以自由活动。我就骑一部自行车到镇江,到镇江以后,我买上一张过江的船票,过了江以后,继续骑自行车。那个很远,在路上差不多需要三四个钟点了,骑到扬州师范学院找曾华鹏。那时候我一早去,去了差不多就吃饭。我们两个就商量啦,觉得像现在这样下去这个事情就糟糕了。我们觉得应该写点东西,哪怕作为资料积累,作为精神活动,我们也应该写点东西。我们就商量说,这样吧,我们准备写鲁迅吧。那时候,除了看"毛选"以外,《鲁迅全集》可以带到干校去看的。我们就决定对鲁迅的《呐喊》《彷徨》里的小说一篇篇地写评论。

陈　写鲁迅的这些文章,直到"文化大革命"结束后才发表,你们当时写的时候,也没想着有一天会发表吧。

范　是啊,智力游戏嘛,我们当时只能"地下操作",悄悄地写了大概二十几篇。

陈　那你们具体怎么合作呢?

范　我们两个人谈好了,比如这篇东西应该怎么安排,然后他写他的,我写我的,有时候他写到一半丢给我,我写到一半丢给他。我不是写过一篇文章讲到1+1>2嘛,就是讲的这种情况。比如一个人呢实际上就是五六篇最多了,但是两个人一加起来呢就多了。比如说写《论〈祝福〉》，就是他先开始，他说按"四大绳索"什么神权、夫权、政权、族权来解释这个《祝福》是讲不通的，为什么呢？你不能说鲁四老爷就能代表政权。他问我是不是同意他的看法，我说我同意；他说是不是应该讲这个，我说对。我看了以后呢，我发现和他两个人的角度是不同的。我觉得《祝福》主要是逃、撞、捐、问，我说这四个关键词就决定了祥林嫂的一生。他说好，你去写。他写了一半就丢给我了。我觉得这就能够说明我们的合作是真正的合作。而像《论〈药〉》，就主要是他写的，最后论药究竟是什么意思，他联系到鲁迅对安德烈夫的谈论，花了大功夫来研究安德烈夫。

陈 这些谈论在当时突破了一般的文学评论的条条框框，处处都是真知灼见，所以后来时隔多年拿出来发表，依然让人耳目一新。

范 我们在每一篇上面都是下了一番功夫的，有时候要看一遍《鲁迅全集》才写一篇，看一遍写一篇。《论〈药〉》是在1978年《文学评论》第4期发表的。1978年《文学评论》复刊，对鲁迅这么重要的作家，它第1、第2、第3期都没有任何文章，为什么呢？因为找不到一篇有些像学术论文的东西，那种大批判式的东西居多。后来，到我们这篇稿子投去了以后，他们说这个不是大批判了，这个有点学术论文的样子了。于是，第4期就刊登了我俩合作的、以曾华鹏为主写的《论〈药〉》。当时，南大的陈瘦竹先生看过，就对他的学生，也就是朱栋霖他们这届研究生们说，这篇文章你们要好好学学，论文就要这样写。

陈 这些研究文章今天依然值得我们好好学习。您和曾老师对鲁迅小说的研究，后来也结集出版了，是吧。

范 对，就是《鲁迅小说新论》，1986年出版的，这本影响也很大。我骑车从镇江到扬州，跟他决定我们两个人要搞鲁迅的小说，文章在1978年以后陆续出来，书到1986年才正式出版的，近二十年啦。

陈 当时中学语文参考书里面许多关于鲁迅小说的，就用了你们这本书的观点。

范 因为我们这些是作家论，作品论，一篇一篇论，很有参考价值，很好用。很多现在中学老师教课都是在用这个。有人告诉我们，当时他们在大学里的时候，就是人手一册，也便宜。我和曾华鹏两个人合作的五本专著，就是上面谈到的这些。这五本书使我们两个人被称为"双打选手"，是我跟曾华鹏两个人合作的结晶。要不是后来我们各自的学校要搞集体项目，我们还会合作下去的。当时他们学校承担的是鲁迅的《野草》注释，我们承担的是鸳鸯蝴蝶派研究。这样就没法合作下去了。

陈 您跟曾老师的这种学术合作,这种兄弟般的友情,真的是非常难得,这样的合作者,真的是找不到第二对了。

范 就因为我们是真正的患难之交。虽然不合作,但还是很好的朋友。曾华鹏后来不大写东西了。他那时也给我说起:过去我们一篇文章就影响很大,现在写十本书,人家也不一定会关注你,书多啦!我也想不出很好的题目,像你这样搞鸳鸯蝴蝶派,再去开拓一个新领域,这还有点价值,其他的就觉得没有什么好写了吧。还有嘛,我觉得他有这个天伦之乐,含饴弄孙,退休以后就不大写东西了,这个也是很可惜的。

陈 您谈到过,那时候每写一篇鲁迅的小说评论,都要读鲁迅的全集,等于说是《鲁迅全集》化到了你们的这种评论当中去。那么《鲁迅全集》当中,还有其他一些杂论啦,文论啦,你们好像没有专门写文章评论。

范 这个没有,但用得很多。因为我觉得这个,搞小说也是搞了那么多年了,我们的主要精力也就在这上面了,对吧。但是呢,鲁迅其他文字中的精神也确实都被我们放到小说分析当中了的,这个倒是真的。

陈 在五部专著之外,您和曾老师还与贾植芳先生一起编了《中国现代文学社团流派》一书,上下册,1989年出版的。

范 是这样的,这本书是由贾先生做主编,我和曾华鹏两个人合作编的。当时江苏教育出版社要我们搞一个作家评传,但是作家评传当时已经出得很多了。我就说,我们搞个社团流派吧。他们说好的。那就搞个社团流派。这个书是动员了很多人的。因为当时各个大学都分工,比如我们搞鸳鸯蝴蝶派,复旦搞文学研究会。我们跟贾先生商量,把这些人都请过来,他们每个人都有自己一本书的,现在让他们把自己的一本书缩成一篇文章,形成浓缩的精华。我说我们这部书可以这么做。这个书出来以后呢,影响也蛮大的。贾先生说:"我们留个纪念。你们两个人受我的连累,我今天又上文坛了,我们就留个纪念吧。"所以这本书呢,也很有纪念意义。我们拍了一张合影,一共四个人,贾先生、师母、曾华鹏和我,就是在这本书出来后留下的一个纪念。

陈 社团流派的研究,应该也是建立在对作家作品研究的基础上的吧。

范 我觉得文学研究可以分四个层次。一个呢是作品论,作品看得怎么样,是不是充分,能不能分析。一个大学生吧,你丢给他一篇文章,不看其他资料,自己能够做

《中国现代文学社团流派》出版后合影纪念,从右至左为曾华鹏、贾植芳、任敏、范伯群

出分析,有独到的见解,我觉得这是最基础的。所以作品论是最基础的。然后开始搞作家论。作家论搞好了以后,就搞流派论。作品论、作家论、社团流派论都搞好了,然后接下去就可以慢慢探索整个文学史了。我觉得应该有这么四个层次。你如果叫一个年轻人,马上去搞一个什么文学史,这是不可能的。我认为年轻人还是应该一步一步努力走下去。这就是我讲的四个阶梯。

扎实的资料功夫

陈 范老师,您和曾老师的《郁达夫论》在1957年发表后,再次合作发表作品时,已经是您到了文联以后了。先是《蒋光赤论》,发在《文学评论》1962年第5期上,接着是《论冰心的创作》发在《文学评论》1964年第1期上。这时候,已经不是老师布置的作业,而是你们自己的选题了。当时确定写这些作家论时,有些什么考虑?

范 我和曾华鹏从中学岗位上回到文学岗位上,也不容易的。那时我们就商量,要不要研究左翼作家,因为当时左翼的作家是很吃香的。当时也不懂,看来看去,就觉得蒋光赤可以做一下,他当年参加左联的(当然后来也被开除了)。但是呢,就是觉得手边的材料不够全,没有资料想做也做不起来。做了以后,人家有反映说,你们这个对蒋光赤的评价没有做什么艺术分析。那时候比较幼稚,我们就是从政治上看这个人比较不错。我们这一篇呢,确实做得不怎么好。

陈 所以,没再做下去,是吧。但是,有一个问题我想请教一下,我读您和曾老师的《蒋光赤论》,发现文章里面提到《丽莎的哀怨》中"动机与效果相悖的问题",这个作品受到了批判,但"他自己很满意",您是怎么看待这一问题的呢?

范 蒋光赤他这个写作,集中写白俄贵族的堕落,后人对他的批评也是蛮厉害的,就是针对这一点。主要觉得他写的这些内容不健康。

陈 虽然是从积极的正面的立场出发,但是不一定要写积极的正面的题材啊。

范 问题就是在这里。你比如说他后来的东西也是这样的,写一些女性,男性玩弄了她,她就玩弄男性。所以他后来的作品就有一些"报复主义",很简单的"报复主义"。

陈 他的作品里也有自然主义的那种东西。那个时期左翼里面,像茅盾的《蚀》,那个时候自然主义的色彩还是蛮浓的。单从写什么的角度来说,茅盾那个时候自然主义的色彩很突出。

范 后来有一次开会,坐在我身边的蓝棣之就说,茅盾不就是学的鸳鸯蝴蝶派嘛,否则他的小说会这样好看?

陈 蒋光赤之后,你们就去写冰心了。

范 《蒋光赤论》我们做得不大成功,这个时候就想看看,哪一个艺术性比较高的,我们来研究他,就想到冰心了。那时冰心是健在的现代作家,我们觉得,一是冰心作品艺术性比较高,二是冰心的作品影响了几代人,我们年轻的时候,五六十岁的老人,一谈起冰心,也是肃然起敬,从小读她的《寄小读者》嘛。在这种情况下,两个人商量起来,好的,就研究冰心吧。

陈 你们对冰心的研究跨越二十年之久,说明找到了一个值得深耕的领域。第一篇《论冰心的创作》1964年《文学评论》第一期就发了,这个开端还是就很顺利的吧。

范 这文章一开始叫《冰心论》,我们是1963年写好,年底寄到《文学评论》的。我有一个同学叫蔡恒茂,他那时在《文学评论》编辑部。后来他才告诉我,你这个稿子来了之后到了三审,是何其芳审的。何其芳看到这篇稿子就说:"啊,现在还

1983年《冰心评传》出版后,范伯群(右)与曾华鹏(左)探望冰心(中)时合影

冰心与范伯群的通信

在那里论冰心啊？！"当时，何其芳大概是觉得文艺整风要来了，"左"的气氛已经很强烈。冰心的"自然""童心""母爱"这些都是被批得很厉害的。何其芳就说现在还在写这个，赶快把它发掉，1964年第一期，赶紧发吧，以后恐怕没机会再发了。对"冰心论"这个题目，何其芳说这样子不能叫"冰心论"，冰心是一个有多方面成就的作家，她是翻译家，是一个社会活动家，参政议政，当时还与巴金等一起出国访问，而我们的文章只是谈她的创作，所以何其芳说，就叫"论冰心的创作"。我们原来想的是，《郁达夫论》《蒋光赤论》《冰心论》……这样一个一个地"论"下去的。

陈 你们后来也确实是这样做下去的啊。这第一篇文章发表后，冰心看到了吗？

范 看到的，冰心很客气，说："啊呀，你们这个评论把我写得太好了。"其实，我们都是知道的，我们对她的"母爱""自然""童心"当时虽没有大批评，但还是讲了一句话，说这个东西是逆时代潮流而动的。这个文章发表后，我有机会拜见了冰心本人。那是1965年，也是我第一次去北京。那时候去一趟北京像出国一样难。那年开全国青年业余创作积极分子大会，我是去做工作人员的，在那里住了一个多月，就有时间有机会去看冰心。我们去看她，她很高兴。她告诉我们说作协开会，刘白羽跟她说，冰心啊，这次在《文学评论》上有写你的一篇大文章，她回家的时候，就在书摊上买了本《文学评论》，回去看了以后就觉得：他们把我写得太好了！那时候《文学评论》书摊上面也能买得到，现在不可能吧，对不对？

陈　那也是"文化大革命"前夕，再后来你们对冰心的研究已经是"文革"结束以后了。

范　对，"文革"结束后，我来到江苏师院，那时候要做科研了，我和曾华鹏就商量，要写一本《冰心评传》，一章一章地写起来。那个时候年轻人，要搞二十几万字，是挺不容易的。

陈　那时候思想观念已经发生变化，对冰心的评价与之前写第一篇时有很大不同了吧。

范　是的。我写过一篇《我爱我的祖国，我爱我的母亲》，这篇文章就是为了写全书的第三章，因为那个时候就是要重视"母爱""自然""童心""人性"了，我觉得应该为她们受到的贬损翻案了，母爱、自然、童心有什么不好呢？我们就开始按照这样的意思去写，否则第三章就写不下去。但你要为她辩论的话，大家当时也还心有余悸啊，如果还像过去那么弄吃不消的。我就想放个气球，试探试探，特意找了小一点的刊物，边远一点的刊物，山西的《语文教学通讯》先尝试发表一下，看看有没有什么反应。我记得是1980年9月刊出的这篇文章，我想听反应，但是一直没有反应。倒是在一次会上，跟刘再复说起，他听了非常赞成，他说：对呀，人对其他东西一点爱心没有，对母亲一点爱心没有，这个人还像人吗？当然他这只是会上随便这么一说，我还是在等进一步的反应，一直等，等到1981年的2月份，《新华文摘》全文转载了。按道理来说，如果《新华文摘》赞成你的文章，9月份发表的文章11月份就该转载了，为什么要等到2月份呢？我当时也很奇怪。《新华文摘》转载之后，我觉得气候变化了，说明没有问题了，否则的话它是不会转载的。那么这样就可以写了。否则的话第三章就没有办法继续写下去了。《我爱我的祖国，我爱我的母亲》这篇文章引用了很多东西，可以说是引经据典啊，引用鲁迅的"无情未必真豪杰，怜子如何不丈夫"啊，还有闻一多、茅盾、殷夫等人的，当时人们心里还是有一些阴影的。所以说呢，这篇文章有些特别，我就选在了我的自选集《填平雅俗鸿沟》当中了。

陈　我看您写冰心的有一篇文章，叫《为探索人生而烦闷的爱的哲理》，发在1980年《现代文学研究丛刊》第4期上面的。这篇文章提到了她的《超人》，我看到你和曾老师的评价，认为冰心笔下的"超人"不同于尼采的"超人"。对尼采哲学的接

范伯群阅读冰心作品的笔记

触,你们是不是在写作关于冰心的作品之前已经做好了准备?

范 是这样的,我呢,专门在《齐鲁学刊》上发表过一篇《论冰心的〈超人〉》。也没看什么参考书,那时候就考虑,这种"超人观"和尼采的不同。当然,那时写一个作家,容易为一个作家辩护,我觉得这个也可以说得通。

陈 您和曾老师在成书之前按计划一篇篇写出来,那时候冰心知道吗?

范 1981年,我第二次看冰心。她的房子门口贴了个"医嘱谢客",拜访冰心需要先和她的女儿联系。那次,我记得很清楚,《儿童文学》送了她一张画,写着"生命从八十开始",画了一个寿桃,她看了之后很兴奋,那时候她已经过了八十岁寿辰,八十一岁了,她是1900年出生的嘛。见我去看她,她蛮高兴,把她丈夫吴文藻喊出来,说:"文藻你出来,这是范伯群。"我知道吴文藻是江阴人,而我又在江阴搞过"社教"的,他告诉老家是哪个公社,我知道那个公社。他说你对江阴熟悉的嘛,我说是的,那时候在江阴搞过"四清运动"。这样就有话题谈了。

陈 我记得您提到过，冰心看到你们把她自己都不知道在哪儿的资料发掘出来了，感到很吃惊。那些资料你们是在什么地方去找到的？

范 我北京几个图书馆都跑了。北大图书馆也跑了的。我记得我要找1923年的燕京大学的毕业纪念册。当时还有人搞黑材料呢，所以，那个馆员很精，很警惕，他就问我说："你有什么用处？"我就跟他讲，说我研究冰心，她是1923年燕京大学毕业的。"哦"，他说："那可以。"他就到里面去找了冰心的照片出来，她大学毕业戴学士帽的照片。这些都是我们开始发现的。因为燕京大学是并到北大去的，所以燕京的书都在北大，我们就跟踪追击。冰心在当时燕京大学学生刊物发的东西，我们有的是在北大图书馆看的，有的是在北京图书馆看的，有的是在社会科学院图书馆看的。找出了很多她那时候的作品，这些作品连冰心自己都忘记掉了："你们哪里去发掘这些东西出来的？"那时候他跟许地山是同学，一个是女校，一个是男校，一起办刊物。另外找到一个很重要的材料，就是冰心在20世纪20年代的活动。大概20年代初吧，华北五省大旱，冰心他们到这个望都县的农村里去办了一个救济站。她当时说过一句话，我们应该把自己抛掷到他们农民当中去。就是跟后来说的深入生活差不多。所以他们搞义演，办救济班，儿童读书班……做了很多公益的事情。这样当时就得出一个结论。她不是个闺秀作家，对不对？她从"五四"开始，就赞成"五四"，用白话写了文章。以后像去望都县农村啊，这些都表明她不是一个闺秀作家。

陈 "五四"一代的精神在她身上得到鲜明的体现。

范 是啊，所以我们写了一个文章，题目就是《"五四"惊雷"震"上了文坛的新星》。当时冰心在女校里是负责宣传工作的，宣传"五四"。

陈 这种在材料搜集上肯下大功夫，真值得我们好好学习。

范 当时《冰心评传》出来后，有文学研究所的同事看了以后说，你们这个冰心评传没有一句话是没有根据的，都是有根据的，不是有书面的根据，就是有她口头的根据。说明我们这个材料做得还是很扎实的。我们1982年进行写作，1983年出版。以前出书都是要三审的，特别是人民文学出版社的那些编辑都很厉害，有一点点问题都能找出来的。我们这本书的编辑也是这样。不过书出来以后，他每到一个地方就说，你们看看最近范伯群和曾华鹏写的论冰心的文字，这个东西你们都可以看看的，他们没有哪一句话是没有出典的。这也是在说我们的论述有扎实的依据吧。

1965年，范伯群第一次到北京

陈 我看你后来写了一篇文章，大概是发在《小说评论》上的，写了一个《如何写作家论》，是你写了那么多作家论之后做的一个总结。你现在回头去看的话，作家论这样的一种方式，如果我们今天还要继续继承的话，你有哪些东西需要特别提醒？

范 我当时写了一篇怎么写作家论。怎么写作家论呢，譬如过去我们从第一篇作品看起，找到最后一篇作品，或者他当前最后一篇作品，你要看全，这个东西我们是成熟的。另外就是能访问的就要多访问，想办法将作家的资料尽量找全。譬如说我写过冰心，我搞过冰心研究资料，你了解了她的生活道路以后，像冰心做过全国人大代表，我们就要去找那时候的报纸来搞。冰心她自己随时弄一篇给报社，报社就当宝贝发了，她自己也不特别在意，这个作品就有可能被忽略。有时候真的要找全她的作品，你就是在这些细节上去注意的。这个人哪一年到过什么地方的，那个地方的报纸你都要看。譬如说，王鲁彦在桂林的那段时间，他想写一个三部曲，第一部叫《野火》，第二部叫《春草》。《春草》就连载在《桂林日报》上，当时的《桂林日报》要找好难啊，但也得去找。等找到了，发现都是土草纸的。找到以后当然就很高兴。所以那个时候，上海图书馆啊，南京龙蟠里啊，这些地方我们都是要去跑的。那时候在北京，图书馆把原刊都借给你。像这白报纸过了五十年的话，翻过之后就像吃过苏打饼干一样，尽管你是很小心地翻，还是会碎，于是后来就都不借出来了。现在上海的这个都做了胶卷了。我觉得这个资料全，生活道路清楚，对他的艺术道路才能进行分析。你分析一个作家，希望他一步步上升，但是作家还是有彷徨，有停顿的，在写作家论的时候，这些东西都要写进去。

陈 现在有些人写当代的作家都难做到资料的齐全。

范 资料要全，生活道路清楚了以后，对艺术道路的揭示或者阐释确实非常有利。

陈 还有一个对作家的定位问题，评价问题。

范 对。我们呢因为搞这个现代作家论，所以定位稍微容易一点，现在的话，当前的作家，对其评论比较困难。比如我们现在搞鸳鸯蝴蝶派，通俗文学作家，它已经有了一个沉淀的过程，哪些人在里面，处在什么位置，大致是可以判断的。

陈 这样就可以写作家论了。

范 还要一个条件，就是得掌握这个作家的生平。譬如朱瘦菊，这个人我老早就（关注），他的作品我在2000年就都看了，但是对他的生平不太了解，没办法，就放在那里了。放在那里呢，人家在开会的时候，大家有发言嘛，媒体也就把它拿去印了。我经过多年搞鸳鸯蝴蝶派，研究这些通俗作家，开始来说要去找他们的第二代实在是太难了，第二代们不敢讲。我刚开始写的时候就有人写信来说："你不要把我的父亲放在鸳鸯蝴蝶派里，我们不是。"现在搞了以后，这些人都来找我啦。那么这个朱瘦菊的一个外孙就来找我，这个人是搞工程的。他说我看到你在搞鸳鸯蝴蝶派，评价得很好，他主动提出将一些资料来给我，让我稍微清楚一点。他们的亲戚也都失散了，最后这个外孙帮我找到了朱瘦菊的儿子。而且这个儿子是朱瘦菊在几个孩子中最喜欢的小儿子，是和爸爸妈妈睡同一个房间里面的。所以这个儿子对自己父母的生活熟悉透了，那么这个来搞，就详详细细。我就清楚了，朱瘦菊是怎样的一个人。他电影也搞，是一个电影公司的老板，大中华电影公司的总经理；小说也搞，很有名。但是呢，这些人都这样，抗日战争的时候就不行了，抗日战争的时候这些人都没出来，其实都是有爱国情绪的。他也会投资，因为他搞过电影公司嘛,结果投资失败,所有家产都没有了,最后他有一个儿子负责他的生活。他原来的房子是在保留的一个有历史意义的巷子里,三层楼。朱瘦菊的这个儿子在一个厂里做总工程师,被划成了"右派",朱瘦菊穷途末路就去找这个儿子,儿子找了一个小房间给他住。那时候是在工厂里,很冷,冷的话就去洗澡。那时候工厂里都是有澡堂子,看澡堂子的人就知道这个人是某某总工的父亲,老早就放他进去了,结果当大家下班出来的时候,他已经淹死在里面了。这么一个作家到最后……"文化大革命"的时候,火化后的骨灰也没地方埋,最后随便找了个什么地方就埋了。当时他儿子心想,看看以后能不能把它挖出来迁一下。但是"文革"之后再去找这个地方,这个地方已经全部造了房子了,骨灰根本不知道在哪里。所以朱瘦菊现在是有墓,但是是衣冠冢。上海出版了一套书,凡是在上海发表过作品的人的合集,朱瘦菊占了两本,是他写的一部长篇《歇浦潮》。等到这些关于他的资料搞清楚后,我写了三万字的《朱瘦菊论》,发表在《新文学史料》上的。现在他的那个外孙活动能力很强,退休了嘛,他又和电影界联系起来,电影界现在也开始在研究朱瘦菊。所以写作家论得熟悉这作家多年,若干年后才能写得比较像样。

范伯群与徐德明在芜湖阿英藏书室前留影

"创作过程还原法"

陈 这资料的功夫以及对资料的态度，令人敬重。还有就是，读您关于鲁迅小说的评论，觉得这文本细读的功夫也非常扎实，我觉得现在对文学作品的研究和评论在这一点上也是比较弱的，甚至有的人不怎么看作品就能长篇大论。

范 是啊，研读作品是基本功，前面我也讲过，四个阶梯的第一层嘛。

陈 还有就是，用现在话来讲，那种构成互文的东西。比如你在研究鲁迅的一篇小说的时候，会从他的日记里面、他的书信里面，或者他的杂文时评里面，发掘一些关联的东西，这样帮我们更好地理解鲁迅。譬如，您对《故乡》的分析中，把鲁迅的诗歌呀、与谁的通信呀、杂文呀都联系起来啦。

范 当时我每读一篇小说都会把《鲁迅全集》都重读一遍，要下功夫的，反正有时间嘛，就做笔记，把他所有的诗歌、杂文这些有关的、可能有关的都做好笔记。我当时读的《鲁迅全集》是1963年的版本，你可以看一下当时我把《鲁迅全集》都翻成了什么样子啦，封面都读掉了，本来外面都有一个套子的，现在这个套子都没了。有很多书签在里面，我只划不批，当时鲁迅的东西还是很珍贵的，只做笔记。我觉得这个就是功夫下得深，下了全力，把它整个得贯通起来了。

陈 这种功夫令人感佩。您和曾老师还在一篇文章中提到一个概念，叫"人生经验的通感"，这应该也是你们做文学评论的重要心得吧。那篇文章的题目叫《作家与读者间的最良导体：人生经验通感——从〈社戏〉〈朝花夕拾〉谈起》。刚才我们谈的更多的是文本，互文也是基于文本的，而这个"人生经验通感"像更强调读者体验，您能给我们谈谈当时您用这个概念时的想法吗？

范 当时是这样的，我总觉得鲁迅这个《朝花夕拾》读后很感动，我觉得这个里面是什么东西，我就考虑。当时对鲁迅这个小说我们就一篇篇研究，是比较"死"，白天没时间,在"五七干校"嘛,养猪呀、放鹅等,就干这些事情。那晚上就有时间了,我当时就想:我的这种感动就在于,当我读这个书以后,就把自己的生活经历摊开来了。也就是当眼前的这本书合上,我们自己的生活的书打开了。我想,该用一个什么名字来形容它呢?我想到了"通感",这个词本来指的是另外一回事,修辞上的,声音来代替香味之类,但我可以借用它一下,人生经验打开了,相通了,不也是一种"通感"吗?譬如说,《朝花夕拾》里面的阿常妈妈,你说这个人有什么可以记的呢,似乎太平常,鲁迅也写得似乎不带感情,但他最后写道:"仁慈的上帝呀,愿你永安她的灵魂。"这就像我们也有朋友,也有长辈,他们离开这个世界的时候,我们自己心里面是有这个感受的。我就觉得这样的话题用"人生经验通感"比较合适,我就写了这个东西,发出来以后,大家还比较认可。

陈　这个当时是在《名作欣赏》上发表的,那时候《名作欣赏》好啊!那时候我在中学教书,我经常要读的几本杂志一个是《读书》,一个就是《名作欣赏》,对于一个语文老师来讲,这两本书是打开眼界的。

范　那时候的《名作欣赏》真的是"名作欣赏"。关于这个人生经验通感,还有像《孤独者》里,鲁迅这样写:"他死了,他的女儿大概已经升初中了吧。"我觉得这个书合上了以后,我们会想到,我们有的朋友、我们有的亲人,他们现在的孩子怎

1989年,范伯群在书房

么样了。我觉得这是人生经验通感啊，它能够说明鲁迅艺术力量的强大。又比如《藤野先生》，它不只是一个结尾的处理问题，整个这篇文章藤野先生就像是一个照片放在那里，看着我，好像是在问我最近在干些什么，让人看了后会感动。所以，我觉得我写的那篇文章中最重要的一句话就是："当我们把书合起来的时候，我们人生的书打开来了"，这个就是"通感"的厉害。

陈　我们现在在文本研究或者是文学批评上，有各种各样的方法、理论，但文学作品与人的情感联系却被忽略，尤其是阅读体验中的具体的情感联系，被许多人忽视。所以，我认为您的"人生经验的通感"这一概念，对当前的这种弊端是一个很好的反拨，一种有力的矫正。我个人觉得，这样的批评方式批评观念，依然值得持守。我还想接着我们前面提到的《故乡》请教您，我读您那个关于《故乡》的评论，觉得很好，其中一部分就可以用刚才讲的"人生经验的通感"来解释。但是，我又感到，您对《故乡》的评论中理性的色彩特别强烈，这表现在你的概括力，那种围绕"墙"和"路"的四点概括，令人叹服。我想问您的是，这四点的概括您是更多地从鲁迅小说中读出来的，还是您自己的那种人生经验的东西在他那里得到了某种映照或体验。

范　前面我已经讲过，写鲁迅的每一篇小说的评论，我都要把《鲁迅全集》翻一遍，是吧。我把这些搜集起来之后，就会思考：鲁迅是怎样将生活变成艺术的？这篇文章好就好在我把鲁迅生活怎么变艺术的问题讲清楚了。外国人有很多很玄的理论，神乎其神的方法，我的方法就是"创作过程还原法"，我可以把各种相关的资料收集全之后，考察它从体验到生活怎么变成艺术的，我是从生活到艺术这个角度出发考虑问题的。我当年在作家协会理论组的任务就是专门研究江苏作家，都是联系到他们实际的创作上的。他们每年回来都要汇报，汇报我都要参加，参加后我要帮他们总结经验，所以，我会着眼于从生活到艺术方面进行思考，有这方面的训练，从生活到艺术这是我研究的课题嘛，所以我很重视这一点。我看了《鲁迅全集》，做了笔记之后发现这一整个都可以把它联系起来。我有一次到一个学校去作报告，都是大学生，就是讲鲁迅的《故乡》，下面的人觉得很奇怪：我们小学就读过《故乡》。但是，我讲完之后，他们感到，呀，的确是各有各的讲法，不一样的。给研究生分析作品我也是讲从生活到艺术，创作过程还原法。在对《故乡》的分析中，我的这个理念就是通过"拆墙""筑墙""毁墙""找路"这八个字的总结来体现的。先开始闰土来了以后，就说"我"就是一个在天井里看世界，只看见天空一角的"井底之蛙",他帮"我"拆开了墙:"我"才知道,一个西瓜还有那么大的经历。"筑墙",我觉得鲁迅最厉害就是"老爷"两个字,闰土来了之后也不是不想叫"迅哥",但是斗争了半天还是叫"老爷"。"我"其实是一个游子,我觉得他不是老爷的时候,闰土叫他"老爷",这太震撼人心了,这就是"筑墙",两个童年的伙伴之间筑起了一道墙。其实这可以写得很灰色的。你想他拿了几个碗放在那里,是不是他放的还是个问题,但是杨二嫂觉得她发现了这个东西,她很高兴。"拆墙""筑墙"以后,整个调子是低下去的。我在想,怎么把这个调子再拉上来,两个起伏嘛,对不对?这一起一伏,怎么个写法?我就引来鲁迅杂文的《随感录六十六》:"什么是路?就是从没路的地方践踏出来的,从只有荆棘的地方开辟出来的",与《故乡》里是"这世上本来没有路,走的人多了,也就变成了路"联系起来,可见鲁迅精神中积极乐观的调子。所以,当侄儿问"以后我跟水生还会不会见面"时,便有了"黄金般的一片月亮"和孩子拿着刀叉捉獾的情景。这就是"毁墙""找路",就把这调子又拉起来了。我觉得这篇功夫下得深,下了全力,把鲁迅的生活经验思想情感与小说叙事整个地贯通起来了。所以《故乡》这篇还是写得比较得意的。

陈 我们看了也受用的,的确是下很多的功夫。从艺术概括来讲,评论《祝福》的那四个字与评论《故乡》的那八个字有异曲同工之妙。

范 祥林嫂那一篇就是四个字"逃""撞""捐""问",为什么逃?为什么要撞,把头撞得流血不止?为什么要捐,捐一条门槛?为什么要问?现在科学家都在回答祥林嫂的问题,人死了之后会有灵魂、有意识吗?这个东西的出现很奇怪,"逃""撞""捐""问"这四个字,是我有一次到观前街去,在路上忽然想起来,这四个字是不是可以概括了鲁迅这篇小说。后来我发现,不能说全国,很多中学老师都是根据这个讲的。

陈 您那个东西被编到中学语文教学参考书里面。

范 "逃""撞""捐""问",我女儿读书的时候她老师是这样讲的,后来我孙女儿读书的时候老师还是这样讲。我想,之所以能做这样的概括,那是把书读熟了之后,你不知道什么时候出来,它忽然冒出来了,这不是很好嘛。

陈 就是慢慢的,自然而然的,水到渠成。

范 那时候我们读书就是今天读一本,明天读一本,十几年之后忽然想到:呀,这些东西联起来之后不是很好的文章嘛。这样的文章写出来往往就是比较厉害了,人家就能感觉到他功力在里面。浮躁的东西是见不到功力的。

陈 刚才我还想讲的就是，这些评论里面用几个字，评《故乡》是拆墙、筑墙、毁墙、找路，评《祝福》里是逃、撞、捐、问，还有评《示众》是从冷到热，从热到冷……这些我们在读的时候，一般读者在读的时候对其中表达的东西也多少有些感觉，但说不清楚，您用那几词高度概括，一下子就拎出来了。这种高度的概括力是如何形成的呢？

范 它慢慢形成的，这个不会一下子形成，譬如对于祥林嫂，这个"逃、撞、捐、问"，问是放在前面的，小说结构是倒装的。祥林嫂就怕嫁了两个丈夫，到阴间会把你锯开的，这个她是最怕的，她又想到阴间之后可以看到她的儿子，又怕两个丈夫把她锯成两半，就要问"我"这样一个问题。这其实是非常深刻的一问，现在、过去都没有解决，有人讲人死后意识还是有的，有人认为没有。

陈 范老师，真是"听君一席言，胜读十年书"，您谈的这些写文章过程，找资料啊，分析文本啊，就是教我们扎实为学啊。

范 你客气了。不过你问这些问题蛮好的，能让我也去回忆。尤其是那些文章是怎么写出来的，的确是有些意义的，是吧。

陈 我看您的这些文章，觉得有时候还是能体会到范老师那时候字里行间的感觉。但是，像写《故乡》的那种功夫，我觉得我们这一代人严重的缺乏。

1984年范伯群获"中青年有突出贡献专家"称号

范 因为你们这一代没有这样的幸福啦,哈哈。在"五七干校"吃个饭,然后就干到晚上,白天就熬一熬,晚上哪怕在煤油灯下,你也可以看书写字。

陈 现在确实是缺少那种经历。但我想,不是所有有过那种经历的人,都能取得如此的成就的。不管怎么样,这里面的硬道理是,你得扎扎实实地读书写字。

范 这东西也没办法啊,我发现现在的年轻人也很可怜的。要评职称,非要什么样的期刊,要求越来越高,到了不切实际的地步,如何让他扎实为学呢!

广泛的合作

陈 范老师,不仅是您跟曾老师的合作是一种典范,您跟其他人的合作,也是很成功的。

范 我是跟三代人的合作。当年我们受到"胡风集团事件"的影响,工作分配很不理想,我和曾华鹏两个人就讲说我们相互扶持,努力将来再回到我们自己喜爱的文学岗位上去,这个是我们俩一代人的合作吧。后来,我到苏大教书了,我就得把一批学生带出来,如果学科里光是你一个人就没有意思了,将来你一退休的话,整个学科就空了。那么要把学生带出来的话,就要跟他们合作。所以,那个时候就是与学生辈的合作。汤哲声、刘祥安、陈子平、栾梅健等人,过去都是主要的合作者,出的书是跟他们一起合作。我自己写书,已经是在七十岁退休之后。自己独立写书有将近十年时间,到八十岁我的腰出毛病以后,我又不能坐图书馆了,本来我在上海坐图书馆的。

陈 您坐得很辛苦也很幸福。我记得您说过,坐在那里,相当于又读了三个研究生啊。

范 是啊,坐在那里很稳的呀,对吧,我用了六七个坐垫。我就住在图书馆旁边,走路大概不到十分钟的新华社招待所。那里吃饭呀什么都比较方便一些,有客人来的时候,旁边还有饭店可以请吃饭。我八十岁以后就坐不动了,那么我就跟第三代合作了。我就告诉他们我们要写哪些文章?你到哪里去找什么资料?找到以后拍照片给我,然后传到网上我的信箱里,然后我就可以看资料了。我觉得没有新的东西,新的资料,不好写文章的。当然,我们的新东西就是老东西。老问题新想法,或者是新发现的资料,这些东西过去都没发现过,没有思考过,那么就能够产生新观点,这对我们来说就是新鲜的。我就这样跟他们合作,合作当然就要在成果里加他们的名字,不能拿了资料后就把人家甩开。我后来有几篇文章就是这样写的，黄诚到上海帮我查资料，我看了资料以后写文章。黄诚很能搞资料，在苏州大学博士毕业之后，我把他送到复旦去读博士后。他现在在扬州大学。他到复旦以后，因为查资料比较厉害，所以很多的复旦老师，譬如黄霖、陈思和他们都让他帮着找资料。他毕业了以后没有宿舍了，我就跟陈思和商量，你有空学生宿舍吧，你给我安排一个，宿舍的钱我们出，租两年给我们，他就租了两年学生宿舍给我们。黄诚就有地方住了，省了很多事，他就可以去集中搞资料。因为搞资料，他跟图书馆的人也很熟，跟图书馆的人都交了朋友。

陈 我看到您与黄诚合作的《报人杂感：引领平头百姓的舆论导向——以〈新闻报〉严独鹤和〈申报〉周瘦鹃的杂感为中心》，发表在2013年第8期的《中国现代文学研究丛刊》上，扎实，对我们新闻学新闻史的研究非常有价值。

范 是的。现在研究通俗文学的人一般研究到他们的杂志为止。其实很多通俗文学作家都是报人，他们对时事的关心远比新文学作家强。比如《新闻报》的严独鹤写过一万多篇杂文，都是很有价值的。还有周瘦鹃，他们都是对当前要发表意见的。很多通俗作家都是和报纸有关系的，我觉得要改变大家认为他们只会写软性文章的印象。所以，我们写这篇文章，黄诚给我发了两千多张报纸的照片，资料很充实。

陈 与第三代合作的最新成果应该就是这部《中国现代通俗文学与通俗文化互文研究》了吧。

范 这本书可以说是培养第三代的书，有一百二十万字。我对通俗文学比较熟悉，但本来也没有计划再来搞比较大型的项目了。2014年，苏州市评过一个"姑苏文化名家"，苏大有华人德和我，还有三个，一个是滑稽剧团的顾芗，一个是唱昆曲的王芳，一个是搞评弹的盛小云，我们五个人是首批。

陈 那这个题目是怎么定下来的呢？

范 后来我想，能不能把通俗文学和通俗文化联系起来，题目定为：通俗文学与通俗文化互文研究，比如评弹，很多鸳鸯蝴蝶派作家就是评弹的作者；再比如戏剧，《秋海棠》《啼笑因缘》等，编了很多文学文本。还有电影，20世纪20年代的电影是鸳鸯蝴蝶派的天下，到30年代（"九一八"以后）左翼文学家才知道电影是个武器，才开始有左翼电影。当时出电影的都是通俗作家，有些作家一边创作一边搞电影，而且朱瘦菊还是电影公司的总经理，他能编能导能演。搞电影的最早是请包天笑写剧本，那时候剧本很简单，你写故事，我来导演。他们觉得自己根本不懂电影，但导演说没事，你只要写故事。

陈 你这是将通俗文学研究又推进了一步，跨领域跨学科的色彩更强了。

范 我出了十四个题目，包括早期翻译。一般通俗作家和新文学作家大概差十岁，很多新文学作家看着通俗文学作家作品的翻译才知道外面有个广阔的世界，对于这种翻译鲁迅都很赞扬的。所以我这次特别注意了这个问题。还有就是通俗文学的生产经营方式有一套，以前关注不够。我对第三代比较熟悉，谁搞电影的，谁搞评弹的，谁搞翻译的，谁搞广告的，我都知道，我就来给他们分工。第三代散落在各个地方的大学里，每年回学校一次他们也很开心。我们一年开一次会，第一次开题，第二年检查，第三年出了书之后，开个总结会。除了请专家评论，我还会给每个人点评，最后给每个人一个说法。改好了还要看一遍，至少看两遍，这个工作量很大，有的自己还会动手改的。

陈 这个在学术上来说也是开拓了一个新天地，对出版社的选择有什么考虑吗？

范 我们定了江苏教育出版社，比较方便。他们帮我报过奖。北大这一本，评了一次"三个一百"原创奖，北大好的书太多了。我主编的那一本《中国近现代通俗文学史》得了一等奖，当时学会评了三次奖，就这本是一等奖，其他两次都空缺。现

与北大陈平原教授在厦门合影

在这次提出三年的任务两年半完成,出版社要争取国家出版基金,钱拿来之后是出版社的,但是拿到算一个荣誉。结果这部书也的确评上了国家出版基金。

陈 范老师,您除了跟曾老师,第二代、第三代的弟子之外,还有别的合作吧。

范 还与吴宏聪合作了全国中文自考的教材《中国现代文学史》。那时的自考量大,还编了一本指导书,这本文学史影响还是蛮大的。编这个东西呢,是徐中玉跟钱谷融两个人提出来的,他们说还是叫范伯群帮这个吴宏聪一起搞吧。吴宏聪大概跟钱谷融在西南联大的时候是同学。那么我就跟吴先生在一起编了这本书。后来还跟朱栋霖两个人编了《中外文学比较史》。搞了现代文学、搞了中国文学、中外文学比较史,再搞了通俗文学史。我觉得我对文学基本上有个大体的比较开阔的概念。

陈 您在跟人合作写书的事情上,还有其他问题上,处事的这种方式有什么秘诀呢?

范 我觉得好像大家用不着这个意气用事嘛,如果意气用事,就没法一起做事,最主要的就是大家按原则办事。原则如果是这样,可以去做;原则不是这样,你就不要去做。这个人讲原则,你就可以跟他合作。

2017年6月3日,范伯群(右四)与参加《中国现代通俗文学与通俗文化互文研究》总结会的学者和弟子们合影留念

打开新的空间

- 当时我有个志愿，就是要把『文革』以前各种运动浪费的时间补回来。
- 师范专业要培养好的老师，就必须让老师有真正的本领。
- 让候选人从票箱里走出来，让系主任从民意中走出来，是件非常好的事情。
- 那时候我个人的思想就是像在跷跷板上一样。
- 我是从新文学研究起家，再转移到通俗文学研究，然后便是回归到一个大的现代文学史概念中去。

把浪费的时间补回来

陈 1978年,您从苏州市文化馆调入江苏师范学院,这是一个重大的转折,当时您是怎么决定的呢?

范 当时我还想回南京去。我犹豫过。前面我跟你说过,艾煊一开始说让我回作协的事,我是有些动心的,但他后来说我不是党员,不好安排,赞成我到江苏师院。芮和师知道了,就对我说,何必去南京呢,来我们学校吧,去找找我们学校里管人事的,我告诉你找哪些人,你去找他们。

陈 芮和师先生很早就知道您了,是吧。

范 芮和师怎么认识我的呢?我刚到四十二中的时候,有一次去看我过去一起在教育厅时编教材的熟人,碰到了芮和师。他与我这个熟人就是门对门住的。芮和师说有一点认识我,原来,他曾经被吴天石借调到省文艺处去帮过忙,我跟他在南京一起开过几次会,但不太熟悉。所以这次见了,他就问我你现在怎么样啦?我说能怎么样呢,在四十二中呢。大概这以后印象深了。

陈 1978年的时候,芮和师先生是中文系主任吧,他让你去找人,也就说明当时中文系需要人啊。

范 我听了芮和师的话,就去找他们,这些人我现在都忘记了。他们说好啊,你过去也写过几篇东西,文章影响还是蛮大的,我们也正缺人呢。当时江苏师院中文系我认识的人中还有应启后。因为我当年在省文联管文艺理论的时候,有时候要开个理论会议,每一个大学都要有一些青年教师来,那时候应老师就做文艺理论了,来开会就认识。我是1978年5月份正式到江苏师院报到,就是做教员吧。

陈 在那之前有没有一个过渡期呢?或者考察、试用期?

范 因为这样的,我在文化馆的时候,好像是卜仲康,当时已经请过我到江苏师

范伯群与芮和师合影

院来做过讲座的,所以呢,也没有什么太严格的过渡。因为我的文章都发在《人民文学》《文学评论》上,1957年论郁达夫的发在《人民文学》上,后来1962年论蒋光慈的发在《文学评论》上,1964年论冰心的也发在《文学评论》上,这些文章拿出来,师院还是买账的。当时要成立现代文学组,就只有芮和师一个人扛着,还有一个吴培华也是刚刚毕业留下来。两个人在那里弄,确实需要人手。所以我就进来了,就这样到了江苏师院。

陈 这在您的学术生涯中也是一个重要的转变啊,您也很快地就进入了角色,是吧。

范 对。当时我有个志愿,就是要把"文革"以前各种运动浪费的时间补回来。这一决定了以后,人有干劲,担子也重了,日夜地干,反正那时候也没有电视。蓄积已久的能量也就爆发出来,然后出了书,自己就有一种成就感,觉得就是把过去的损失补回来了。我一直有这个补回来的思想,一直有的,这样的话,就是说以后就形成一个习惯了。

陈 你前面虽然没在搞科研,但一直没有停止阅读、思考和写作,所以势头很猛、发展很快。

范 到了江苏师院,也还很有趣的。我是1978年去的,1980年评我一个讲师,但是我1981年就做了副教授了。为什么呢?因为《王鲁彦论》出版了,虽然是一本小册子,但那时候出本书不容易啊。《王鲁彦论》出版了以后,我就凭这个东西申请副教授,在省教育厅审的时候,就评为副教授了。评了副教授以后,我就经常被叫去评审别人了。我参加了专业职称评审组,评审组组长是陈瘦竹,陈老师眼睛不好,他看不清就让我给他记录,然后我就记录,记录之后,他说我眼睛看不清楚,你根据每一个记录再给我整理评议。我说我一个副教授评教授,不合适吧。他说不管,你给我整理出来就行。就这样,当时董健评副教授的评议就是我写出来。我说"陈老师,这个人大家说这个可以的,评议这样写的",就念给陈老师听,他听了说"可以"。我就帮陈瘦竹干这个事情,那时候我知道自己翻身了,不再是养猪的那个时候啦。人生啊,就是这样,想想是可以悟出些道理的。

陈 您刚才提到董健老师,为什么对他印象很深呢?

范 因为我在北京收集冰心的资料的时候,《文学评论》把董健找去改一篇文章,他们觉得这篇文章好的。那时候他就住在我房间对面,然后就认识了。认识了之后,我想他的水平还是不错的,因为《文学评论》请去改文章嘛。那大概是他在《文学评论》上发的第一篇文章,叫《试论一九五六年至一九五七年我国文艺运动中的几个问题》。所以我晓得他的水平不错的,做副教授肯定没问题,对吧。

陈 您从评副教授到评教授,隔了五年,对您来说,隔的时间好像太长了。

范 本来嘛,像我这样的人在当时应该是可以破格的。但是1982年或是1983年开始到1986年,这段时间不知道为什么停止评职称。1986年就再评,我正好也过了五年了,那就很顺利地评上。

陈 那就是说,您做系主任的时候还是副教授的身份。

范 是的呢。那时候教授少得很,当个副教授就可以说是教授级了。1983年的时候,有一次人家告诉我说,当时讲知识分子的工资很低,省里的一个什么报告中提到,比如江苏师范学院的范伯群出过好几本书,也是副教授,但是工资很低。那么这样的话呢就加了我三级。那时候我就文艺二十级吧,二十级就是六十九块三,一下子加三级的话,到一百零五块。那么再加用什么名义呢?就是"中青年有突出贡献专家",这是国家人事部颁发的。

陈 我在知网上查询您的文章,发现您在1986年的时候,发的文章最多。知网的统计可能还会有遗漏,一年十一篇,这个量还是很令人震惊的。

范 对,那个时候就是比较精力旺盛,还有一个就是我们"文革"的时候积下来一批文章,那个时候一些刊物慢慢复刊了,我们积下来的文章就一篇篇出来了。另外一个原因呢,是因为文章是我和曾华鹏两个人写的,这个前面我们已经谈到了。

"忽然当了系主任"

陈 1982年经国务院批准,原来的江苏师范学院改为省属综合性大学苏州大学,您那时也担任中文系系主任了吧。

范 我是1983年忽然做了系主任,没有预料到。他们在那里说要改选什么的,也不找我谈话,我也不打听的,我对这些东西没有兴趣,做什么领导啊,我只想自己写东西。我记得1955年我的老师贾植芳先生突然之间成了"胡风反革命集团分子",1957年我亲眼看到很多人划成"右派",我觉得这些都不好玩,还是少过问些好。但是忽然有一天,那时候的校党委书记张影找我,他对我说:"现在就由你做中文系系主任。"我说我一点思想准备都没有,而且我喜欢写东西,行政职务我一点兴趣都没有的。他说这个不行,党委决定了的。既然党委决定了,我当然只有服从了。我就问做几年呢?说五年一届。那么就做吧。

陈 也就是说,您是很不情愿做这个系主任,但又要服从组织的决定。那您在内心是怎么说服自己的呢?

范 我答应做呢,也是有几个想法的。第一,既然我在苏大,做一届总归要做的,为什么呢,人不能那么自私吗,为大家服务一下也是应该的。第二点,我觉得我没有参加江苏师院的"文化大革命",没有历史的包袱,可以比较客观。第三点,我考虑,我还是见过综合性大学的;这里面很多搞师范的,根本没见过综合类大学。真的,我对他们说:"你们这样搞下去,就是高四、高五、高六、高七。高七就毕业了,是不是啊?"就是搞了几个教材,几本书里面的几个课文讲一讲,而且讲得很蹩脚的,都还只不过我过去编的那些教学参考资料的水平,这肯定不行。这方面我还是懂的,可以做一些改变。所以呢,我想,我就做一届吧!

陈 那您上任后抓的第一件事是不是就是将中文学科从师范性改到研究性上?

与钱仲联先生合影

范 是的。当时我们哪个搞科研被视为不务正业,以为师范嘛就是搞教学。我觉得很奇怪。所以我第一次上台去做讲话,我就强调科研要和教学结合起来。当时所谓"白专"的影响还是很强的。我说:"白专很好!这个清清白白不是很好嘛?白而又专不是很好嘛?清白又专业。"我说:"反对白专了,就是红专吗?红专其实对不上的。白专是对什么呢?是对红空。你们红,但是你们空。"我对老师们说,以后你们要评职称,除了教学好之外,还要拿出白纸黑字来给我看,也就是做了什么研究,发了什么论文。我上台第一次演讲就发表了这个。

陈 过去师范学校对科研确实很排斥,记得我上师范大学那会儿,你要是考研,系里还不主张不支持,觉得你这是师范专业意识不坚定。后来到了中学,也是不让考。

范 张涛甫考试不也是嘛!他跑来考研究生,考得很好,我叫他来,打电话打到他那个厂里,厂里说:"我们这没有这个人啊!"后来,正好钱仲联有一个安徽的老学生,我就问他:"有一个叫张涛甫的,你有没有听见过?你从安徽来的。"他说:"有这个人,他有时候会来请教我问题的!就在我们学校啊。"我就问他:"他在什么地方？"他说："是我们学校专科一年级学生，他全部是自学成才。"我说："你回去想办法帮我找一找。让他给我打电话。他考得很好，请他来复试。"他回去了，然后张涛甫就打电话跟我讲："范老师，我给你打电话首先要向你检讨。我的学校不同意我考研，所以我到工厂里去搞了一个假证。"我说："你这个成绩不是假的。我们这里讲成绩，你成绩考得蛮好的。你来面试一下，看看行不行。"他来了以后，面试还可以。当然，有的难了他不会。但是他还可以，所以就来了。他读完留校，已经是我很得力的助手了。他评讲师没评上，就跟我讲："范老师，我要走。"我想放了就放了嘛，奔一个更好的前程是好事，就推荐他读陈思和的研究生，后来他以当年第一名考取了陈思和的博士。

陈 那时候有个误区，认为师范专业就是培养老师教书，不需要培养他们理论研究的。

范 师范专业培养老师是没有问题的，但是，师范专业要培养好的老师，就必须让

与严迪昌合影

与学生们合影。后排从右至左为王锡良、范培松、范伯群、宣树铮、陈一明,是范伯群做中文系系主任时的领导班子

老师有真正的本领,不搞研究哪会有真正的本领呢?那时我们搞了个班就是教师培训,大概是专升本吧。开始的时候,参加培训的人就说了,你们这课有什么稀奇啊,我们不是平时也这样教的吗?我说好,我就在一次集中上课的时候,特别挑了最好的教师去讲。比如范培松讲散文,我来讲小说,宣树铮讲外国文学。这些教师上去一讲,他们就说不得了,是不一样,原来分析作品要分析到这样的程度。所以他们就全面服帖。你叫我分析文章,我过去评论了这么多作家,当然分析得头头是道。一般没有搞过科研,没有结合过创作实践的人,就没办法做到了。

陈 我们都知道院系领导还有一个重要的任务是创收,您做系主任时这方面压力大不大?

范 当时创收搞得也不错啊。我们在无锡办了一个班,在宜兴办了一个班,都很隆重的。我老师贾植芳先生跟我到宜兴去,他很吃惊:你到宜兴来了,县委书记、县长、组织部长都一起来请你吃饭,这个是什么道理?我告诉他:许多县市干部乡党委书记什么的，都是高中毕业，那个时候要想升官，起码是专科，他们又离不开自己的家乡，完全放下自己的工作去上学拿学历的，那么，我在宜兴办一个班，也经过考试的，经过那个省里的统一考试。这些人都是老三届的，底子还在，功课较好，能抓上来，只是当年被"文革"耽误了。另一方面，他们宜兴很重视，招最好的教师给这些人复习，复习了半年，这样就考上了，就慢慢都达到了学历教育的层次。那时候这些人也是真正读书的。

陈　这等于是我们苏大中文系为他们培养干部了。

范　是呢，我们以后在无锡郊区又办一个班。他们都很顺利地把所有要交的学费交上来给我们了，当时我们中文系创收也是第一的。所以那个时候呢，中文系大家都比较团结。后来也有人讲说：范老师你那时候做系主任，你只要提出一个口号来大家回去都做。

陈　也因此苏大中文学科在那几年发展很快。

1985年12月苏州大学清代诗学专业首届博士论文答辩会，站立者为范伯群作为系主任宣读答辩委员名单。前排从左至右为钱仲联、章培恒、王运熙、王元化、程千帆、徐中玉、严迪昌

范 那时候江苏省除了南大以外有四个中文系,就是徐州的、扬州的、南师的、苏大的,我们基础最差。为什么呢,苏大在1955年院系调整时,把中文本科都一起并到南京师范大学去了。再后来就是1958年重建,也就是"大跃进"的时候白手起家。1978年以后重新到处招募人马。所以我觉得这个是要有很大的力气来扭转这个局面的。

陈 在你之前是芮和师做系主任吧。

范 芮和师一开始是以苏高中的副校长来做这个系主任的。所以他对中学教学特别重视,这方面他就抓得比较紧的。他知道你们应该怎么来教中学,我们都是培养中学教师的嘛。这是师范学院的定位。所以呢,像我这种注重科研的当时就与这个有些错位,就比较吃不开。到我们学校改成综合性大学后,情况不一样了,过去的那套就必须改变了。当然,我没当系主任时也没想着去改变什么,他们没找我最好,我那时候时间很宝贵。后来怎么定下来让我做系主任,我也不知道,我听了都有点发呆,心想:怎么叫我做系主任呢?后来想想就做了,做了当然就要努力做好,最重要的是把科研搞上去。

陈 您做系主任的过程中,遇到困难和阻力时有没有过中途退下的想法啊?

范 那倒没有,只是期满就坚决不干了。有一次陈白尘遇到我说,范伯群,你也做系主任啦?他那时候是南大中文系主任。他是匡亚明校长亲自请到南大去的。陈白尘向我吐苦水说:你怎么也做这个?我跟你讲,这个系主任不是人做的,能做好的就不是人,太难做了这个事情。所以他也很快就辞掉了。

陈 那范老师您做满一届后有没有考虑继续留任?

范 1983年我做系主任的,到1988年我五十七八岁的时候就辞职了。我坚决辞职不干了。因为当时党委书记就是跟我讲,一届是五年。我1983年做到1988年,不就是五年了吗?所以1988年我就坚决辞职。当时有人说,那你继续留任,不用管事情,叫下面范培松啊他们去管。我说这个不好,占着茅坑不拉屎,这个不好的。我还是得辞职。以后那个党委书记和校长跑到我家里来说,那这样吧,我们就选举吧,你赞成不赞成?我说很好啊,领导有这么大的步子,当然好。我跟一个副校长一起送一个日本代表团到上海机场,1988年当时下半年开学了,我就跟他讲,我要到这个宜兴去写点东西。我就躲到宜兴一个竹海里面写东西去了。这个地方有一个粮食局的招待所,不开会它没有人的,就我一个人待在里面。因为那个粮食局长是我宜兴班的一个学生,他说范老师你来,到我那个地方。它有好几幢楼非常

1988年5月范伯群（前排左三）随苏州大学代表团到日本访问

漂亮，就没有电话也没有汽车。躲在里面大概一个月吧，国庆节回来了。回来后，两个领导就来找我了。我觉得领导想法非常奇怪，他们的想法是，范伯群是不是不安于系主任，想再升一级，做副校长什么。谈了以后，他们终于明白我是真的要辞职。他们考察清楚了以后，那就跟我讲，那么你就不做吧。这样的话，我就不做系主任了，就可以比较安心地专门写东西做研究了。不担任什么职务，我觉得比较享受的就是自己可以专心搞点东西了。

陈 您当时对系里的老师怎么解释不再继任系主任的事呢？

范 在我最后一次作为系主任讲话的时候，我主要说明了我的科研任务太重，当时担负着"七五"国家重点项目《中国近现代通俗文学史》、江苏省"七五"重点项目《江苏近现代通俗文学家评传（五十家）》，还有国家教委委托的全国自学考试统编教材《中国现当代文学史》。我说这些任务有时间期限，完不成的话，对我个人、对系里、对学校都不好。

陈 您不做系主任之后,谁接任呢?

范 当时学校决定自由选举,问我的意思,我说好啊,领导有这样的觉悟。我在最后一次讲话中说了,让候选人从票箱里走出来,让系主任从民意中走出来,是件非常好的事情。大家经过选举,选出宣树铮做系主任,范培松还是副主任。宣树铮这个人是很了不起,是北大外文系毕业的,讲外国文学是一等的。但是半年后,宣树铮到美国去定居了呀。他家里的人都在美国。这样范培松就做了系主任。

从左至右为许志英、严家炎、叶子铭、范伯群、朱德发、范培松

抓好学科建设

陈 行政上不担职务了,但是你还是那个学科带头人,学科上还是要你操心的。

范 学科带头人呢,反正就是领导大家一起搞集体项目。我觉得你做系主任,如果你后面一批兵士大家都可以站得出来的,那你这个系主任不是更能调动积极性吗?所以,我帮范培松1986年跟我一起评上去,他是讲师跳到正教授的。我想你要他搞工作对吧,你又不管人家职称的上升,这个不好。所以,当时我们中文系一下子就是六个教授。当然,有的是稍微晚一点评的。过去我们教授就是只有钱仲联一个呀。这样,中文系就是当时全校正教授最多的系了。评教授除了教书好以外,科研也起来了。你科研不起来,当时也没有办法评教授的。1982年我们不是变综合性大学吗,综合性大学科研就一定要上去。

陈 您做学科带头人的时候,江苏省中国现代文学重点学科拿下来了,这个过程是怎样的?

范 重点学科建设从20世纪80年代底就开始了。我们那个时候,都是大家合作的吧,出了一系列的书和专著,所以省里比较重视。当时讲我是学术带头人,我还不知道学术带头人是个什么东西。那么苏大要申请什么东西,我们就参加申请。申请以后,省里觉得我们这个中国现代文学学科还是有建设的,当时江苏省评了十二个重点学科。南师是教育,我们是现代文学,另外十个都是理科的。

陈 当时这么少啊,总数少,文科更少。能评上是要靠很强的实力的。

范 是要有实力的。譬如,1986年我主持了国家首批哲学社会科学重点项目"中国近现代通俗文学史研究",首批全国只有十五个,我们拿到一个应该是很有说服力的。拿到项目之前我们就在研究,拿到项目后,更加有步骤地把这个事情推向深入的、宽广的境地,后来就有了通俗作家评传、通俗文学作品选、近现代通俗文学

苏州大学文学院现当代教研室合影,右起依次为:张涛甫、曹惠明、汤哲声、范伯群、朱栋霖、范培松、栾梅健、陈子平

1996年,范伯群介绍苏州大学中文系现当代文学重点学科建设情况

史，这些成规模成体系的东西。

陈 我查阅了一下您这一阶段编著出版的情况：1989年，您的关于通俗文学研究的第一部专著《礼拜六的蝴蝶梦》由人民文学出版社出版，从这年起正式招收中国近现代通俗文学专业的硕士生；1991年，又开始招收这一方向的博士研究生；1992年—1993年，您与金名合作编辑的《中国近代文学大系·俗文学（集一、集二）》出版；1993年，您与朱栋霖合作编著的《中外文学比较史：1898—1949》出版；1994年，您主编的《中国近现代通俗作家评传丛书》出版；1996年，您与范紫江合作编选的《鸳鸯蝴蝶礼拜六派经典小说文库》（十卷）出版……确实是硕果累累，实力雄厚。除了实力，是不是也还需要外部环境和外力支持。

范 那是当然的啊。我们评上这个重点学科，叶子铭是出了很大力的，南大支持我们啊。大概是1994年在西安开第六届现代文学年会的时候，叶子铭也来了。他跟我讲，老范不得了，这一次我支持你们，我还在系里面就受到批评，压力很大啊。因为南大这时候也开始参加评选重点学科啦，所以他说，我支持你们以后南大的人都怪我，你去支持范伯群，你自己要评了，你评得上评不上？当然，后来他们也评上了。我觉得，这个我们的这个重点学科，还有博士点，能够搞上去，南大的叶子铭，还有北大的严家炎，对我们的支持力度是很大的，没有他们在学科里面，在评议组里面为我们撑台，就不太可能上的。

陈 很不容易啊。这也意味着苏大的现当代文学在全国高校中的地位非常靠前，是吧？

范 是很不容易的，因为那时候我们全国只有八九个现代文学博士点呀，没有现在那么多。你想，上海好几个，南京又有，对不对？所以华东已经是蛮多了呀，我们再要挤上去，难度可想而知。这对我们自身的发展意义重大。20世纪80年代底以后，我们一直是优秀梯队。因为我们跟学生一起合作嘛，有的学生后来就是年轻骨干老师，他们有作品嘛。评到优秀梯队时我已经不做系主任了，那是90年代。大概是这么个过程。

陈 咱们苏大是1990年拿到现代文学博士点的，应该算早的吧？

范 还可以。这也与古典文学博士点先拿到有关系，还仰赖钱仲联的地位啊。1981年，钱仲联被评聘为国务院古籍整理出版规划小组成员，也是这一年被评为首批攻读博士学位研究生导师。我们学校那时候比较土，为钱先生申请个硕士导师。钱锺书看了说："啊？钱仲联是硕士生导师啊，那你们在座的哪一位能做博士

与叶子铭先生在四川都江堰合影

中国现代文学研究第二代学者相聚现代文学馆,从左至右范伯群、严家炎、樊骏、孙玉石、温儒敏、朱德发

导师？"大家没说话。当时还有一个扬州大学研究敦煌学的任中敏，也是这样的。这两个人怎么能是硕士生导师呢，应该是博士生导师。钱仲联的博士生导师资格批下来后，我们苏大也就直接进入首届博士点的行列，否则要经过很多手续才能申请博士点。那有了钱仲联，我们再去申请博士生导师的时候就要轻松很多了。

陈 我看您在1983年第一期《文学评论》上发表的关于张恨水的文章，后面落款是"一九八二年五月于苏州四平园"，还是在那个很小的房子里，也就是说，到苏大以后，房子问题的解决也有一个过程吧。

范 是啊。到后来那个教授楼我分的就是四室一厅了，就是北门后面那个钟楼边上。因为我工龄比较短，因此大家选房子的时候，工龄长的首先选楼层比较好的。最后剩下来一楼和五楼。五楼比较好，一楼还有老鼠什么东西的，还很潮湿。所以我就选在五楼，那个时候也跑得动。1993年我老婆逝世了，这房子我住在那里就觉得很压抑，我就想换个房子。那个时候我去找党委书记，说：我这个房子老婆去世了以后住着难受，是不是能够搬一搬？他说，范老师你这个问题很难。后来就安排了副校长张祺福原来住的房子。因为我跟他一起到日本去访问的，到他家里去过。他那个房子下面是七十几平方米，上面有个阁楼，这个阁楼也很高的。做一个楼梯，然后上面一弄就弄成了六十平方米，这样就一百三十多平方米了，比较宽敞的。这房子可以说是三学区，就是在东小桥、十中那一条巷子。隔壁是沧浪实小，后边是十中，左面就是苏大，对面就是附一院。我看这个房子好，我说我要这个房子。东小桥里面有我们苏大的宿舍，现在那些宿舍除了卖给苏大以外的人的，从里面走出来的老苏大人都是挂拐杖的了。

接触鸳鸯蝴蝶派

陈 范老师,您后来转到鸳鸯蝴蝶派的研究这一全新的领域,那也是自加压力啊。

范 开始碰到让我们搞鸳鸯蝴蝶派,不懂,根本不懂鸳鸯蝴蝶派。观念上也很抵触,我向上面提出来换题目,但上面说鸳鸯蝴蝶派的大部分作家都是苏州一带的,你们不做谁做呢?那就做吧。结果,坐了三年图书馆,每天上午是上班、上课,下午就到苏州图书馆一个内参室去,坐在那里看书。然后再跑上海图书馆,再跑北京啊、芜湖啊等能找到资料的地方,慢慢慢慢扩大开来。三年做下来脑子里有了个概念,就是这个流派不能全部否定。他们有自身的价值。先定它们为通俗文学,后来注意到他们的对象是市民,就定它为市民文学。冯梦龙过去是市民文学,为什么以后到了我们新文学,市民阵营扩大了,市民社会成熟了,倒反而没有市民文学了?就是因为用鸳鸯蝴蝶派这个名字代替了市民大众文学。这样,我就越来越觉得这个流派呢,它这个被遮没的东西应该揭示出来,它具有价值的东西应该发扬。另外呢,看看新文学,就那么三十年,就那么几个作家,也搞得差不多,老是要撞车了。而通俗文学研究当时是一个空白,面对这个空白,这个我做的很多东西可能不一定对,我相信后来人会更正我,现在我可以大胆地去做,所以觉得这个搞起来就比较有挑战性,也有意思有新意。

陈 范老师,您一开始做通俗文学研究,还是有许多顾忌的吧。

范 当时也有人好像对我去搞通俗文学大家都不大理解,你这个现代文学作家作品流派研究不是搞得好好的嘛,认为可惜了。我重点转到通俗文学当中去,是有原因的。先是搞资料,就是社科院分配给我们江苏师院中文系的任务是搞一本鸳鸯蝴蝶派文学资料。那么这个资料搞起来以后呢,我脑子里就有想法了:这个流派恐怕不能全部否决。当时还不是很坚决。当时他们一些鸳鸯蝴蝶派的后代都说我这个人是个开明派。但是后来我看看,自己研究了以后,人家也开始发现了。慢慢地调子就不同了嘛,我也就越来越有自信心。这个自信是什么呢?就是通俗文学作为新文学以外的另外一个流派,是能成立的,是可以并且应该进入文学史的。

陈 目前我所看到的你最早研究鸳鸯蝴蝶派的文章,是1981年《中国现代文学丛刊》上您执笔但以课题组的名义来写的《试论鸳鸯蝴蝶派》,这篇文章包括了三个方面的问题,一个是源流梳理,还有一个是论证的梳理,再一个就是历史评价。我觉得你在历史评价这个部分第一点强调的是它与政治的这种关系,与"4.12"是没有关系的;还有认为他们的思想表现是多元的、复杂的、大杂烩的;再一个就是它后来有分化和发展。应该说,从这里可以看到您后来研究的方向,相当于一个绪论型的东西,通俗文学研究拉开了序幕。文章发表后当时有什么样的反应?

范 是的,那篇文章是在我们做了鸳鸯蝴蝶派文学资料搜集工作的基础上形成的。那一年我还写了《鲁迅论鸳鸯蝴蝶派》,正好是鲁迅诞生一百周年,这篇文章也被收入纪念鲁迅诞生一百周年的文集中去了。那时候首先得到香港、台湾方面的注意,就是现在开放了,有人开始研究鸳鸯蝴蝶派了,鸳鸯蝴蝶派的研究也可以提上日程。魏绍昌在香港写了一篇文章说:"搞了半天原来是通俗文学。"其实一开始有人觉得,范伯群你研究这种东西干什么,你没有必要去搞这些东西啊。那时候论郁达夫、论冰心的书,大家都看的,那时候书少嘛。渐渐地也开始有人研究现代通俗文学了。

陈 您发表在《文学遗产》1983年第2期上对《玉梨魂》的评论,应该是比较早地对鸳鸯蝴蝶派具体作家作品的研究吧。在那篇文章里你给《玉梨魂》的一个基本的评价是:"不是问题小说,而是教训主义小说。"

范 那个是发表得比较早的。写得比较早了,因为当时并没有什么了解,后来我编书的时候,我在后记还检讨了这个东西,我觉得那个时候的看法是不对的,因此我说:"我这次不评论《玉梨魂》,因为我过去的文章还有'左'的影响,这次由陈子平来评论。"

陈 但是同时期对张恨水的评论显得很不一样。1983年的第1期《文学评论》上,您发表了《论张恨水的几部代表作》。编辑部在"编后记"中还针对这篇文章特别提到:"这一期上还有范伯群的《论张恨水的几部代表作》,也许会引起一些同志的疑惑,张恨水也值得研究吗?我们想还是可以的。张恨水是个写过很多作品而

再论鸳鸯蝴蝶派

范伯群

鸳蝴派的发端与鼎盛

鸳鸯蝴蝶派发端于清末民初,鼎盛于袁世凯称帝前后。这个文学流派的形成,与当时的社会背景密不可分。

在晚清,由于帝国主义的入侵和清室腐败无能,造成丧权辱国、民不聊生的颓败局面。许多忧国忧民的志士,以小说为利器,抨击时政,倡导维新。这样就必然会产生梁启超的所谓"三不作"的理论:"愤政治之压制不得不作,痛社会之混浊不得不作,哀婚姻之不自由不得不作。"①阿英在回顾晚清小说的特色时,曾指出:"两性私生活描写的小说,在此时期不为社会所重,甚至出版商人,也不肯印行。东洁《新小说》、《绣像小说》,所刊载作品,几无不与社会有关。"②

但是,这只是当时文艺现状的一个方面。从另一个侧面来看,随着帝国主义的炮火轰开清室闭关自守的大门之后,接踵而至的是租界的开辟,洋场的兴立。半封建半殖民地大都会的畸形发展,那么反映这种畸形生态的作品,也会应运而生。这就是鸳鸯蝴蝶式的文学流派会出现的社

范伯群《再论鸳鸯蝴蝶派》手稿

范伯群访谈录

且产生了很大影响的作家,又是与鸳鸯蝴蝶派有密切关系的作家,对于现代文学史的研究来说,是不能采取视而不见的态度的。"这意味着您的文章开启了对通俗文学作家作品的重新关注和研究。

范 张恨水一开始就被归为鸳鸯蝴蝶派的,所以我到张恨水家去访问他儿子张伍时,他说:"如果你说我父亲是鸳鸯蝴蝶派的话,我就不接待你,你出去。"我说,鸳鸯蝴蝶派里边层次是有所不同的,有的是很烂的地摊文学,有的是很受欢迎也很有价值的文学作品,是通俗文学,你不能用过去的"左"的观点来把人家拒绝于门之外。这个"通俗文学"提出来之后,大家都能接受了,他儿子也很高兴:"对对,是通俗文学。"所以后来他跟我也谈了不少东西。他是一个京剧团的编剧,那也是跟文艺有关系的。所以,当我们提出鸳鸯蝴蝶派是市民的、大众的通俗文学以后,慢慢大家的看法就开始变化了,变得能接受了。

陈 那个时候,您除了搜集文献资料,还尽可能地对这些通俗文学作家的后代进行专访,获得更多一手的资料。这个过程一定很艰辛也很有趣吧。

范 这个作家的后人很难找。当然,等我做出一些影响来了,后来是他们的家人后人来找我。最初我到处访问,就只有张恨水呀什么几个人我还有点知道。程小青儿子我都认识的,我第一次讲鸳鸯蝴蝶派的时候,程小青的儿媳妇就来听的,做笔记。他们对我还是一种很欢迎的态度,所以我现在跟他们打打交道什么的他们都很热情。但是有的人的后代都不关心这个事情了,你说要给他编一个什么东西,他们都不要了。跟他们的后代打交道,有时候麻烦得要死。

陈 那你去找张恨水的儿子的时候是不是为他编东西?

范 也没有说一定要为他编,但是无论是什么,你研究了一个东西就要研究得比较深入啊。那时候他们的生平传记,没有一个是符合新文学正规传记的规格的,哪一年生的,哪一年死的,哪里人,都没有写。这些基本的情况,要通过访问搞清楚。譬如说,姚民哀是一个很有名的作家,特别擅长写会党小说。他也是苏州人,是有名的评弹演员,会写文章而且写得很好。这样一个人,人家给他写传记简直就是在开玩笑,说他"人小脚小棺材小",这哪一点是符合新的学术写作规格的?哪一年生、哪一年死都不知道。后来我们去访问了郑逸梅,请他将姚民哀哪一年生、哪一年死的情况写给我。

陈 还是需要更多的旁证。郑逸梅跟他们这一帮人也都很熟悉的,是吧。

范 熟得不得了,他是专门收集这些人的资料,专门写那种文章,补白大王嘛。我

范伯群与通俗作家的"作二代"合影,左起王度庐之女王芹、李寿民(还珠楼主)之子李观鼎、宫白羽之子宫以仁

范伯群(中)在第二次张恨水学术研讨会上

20世纪80年代初期也到郑逸梅那里去访问过。他的纸帐铜瓶室，实际上就一个楼梯角的亭子间。郑先生蛮热情的，当时给我写了一张某人哪年出生哪年死的条子，但是我们后来发现也多有不够准确的地方。所以说呢，光凭记忆也是不行的，要有旁证来证实他的记忆是不是真实可靠的。我们去的时候，他写的东西还不太有多少人关注，但是，后来值钱了，他也就不太自由了，旁人不希望有人去打扰，恨不得他一天到晚写。

陈 1984年，你们的两卷本《鸳鸯蝴蝶派文学资料》，作为"中国现代文学运动、论争、社团资料丛书"出版了，当时是芮和师牵头的，主要参与的，除了您，还有哪些人？

范 芮和师他当时是系主任，也是教研室负责人，所以他挂帅。参与的人除了我，还有徐斯年、郑学弢、袁沧洲这些人。后来，其他的人基本上就没有再做这一块工作，除了徐斯年和我一直在做。

陈 魏绍昌在1962年的时候就编了一本《鸳鸯蝴蝶派资料》，不知道当时是出于什么样的考虑。后来您和课题组在搜集和编选鸳鸯蝴蝶派资料时，与他有没有交集？

范 是这样的，魏绍昌这个人跟鸳鸯蝴蝶派的这些作家关系都是很好的，他是个银行老板的儿子，很有钱，他跑到旧书店里买书都是说："这架书全给我拿回去。"他是这样买书的。中华人民共和国成立前他在上海，对比较进步的文化人，比如说赵丹等都资助过的，人家没钱了就到他那里去，因为他是小老板。他是玩票出身，他会想出各种办法来玩。譬如说"同庚会"，就是大家都是相同年龄的一起聚会；"同庚会"里又分出各种讲究。他真的很会玩，所以跟很多人都很熟。中华人民共和国成立以后他没有职业，就对作家协会说我把这些书送给你们，你们给我一个职位。于是作协封他为图书馆主任。上海市作协的很多资料都是他送的。因为他会玩这些东西，所以他资料很丰富。他新文学也懂一些，当然对鸳鸯蝴蝶派这些人更熟悉，所以后来就搞鸳鸯蝴蝶派的研究资料。他编那个资料是从一种批判出发，研究鸳鸯蝴蝶派的东西。后来我们编鸳鸯蝴蝶派文学资料的时候，就把它视为平等的东西，首先把鸳鸯蝴蝶派的东西在上册登出来，然后在下册把对他们的批判登出来，这样就编成了另外一种文学资料。

陈 到20世纪80年代的时候，魏绍昌编的这个又重出了一次。

范 对，重出了，而且加了一个作品选。

陈 我们一开始看到的时候其实也以为是20世纪80年代,后来我看到你的书里引用他的1962年的资料,才明白这是两种不同的资料。那你跟他之间的交往怎么样?

范 交往很多,20世纪80年代就开始了。我们编鸳鸯蝴蝶派文学资料的时候他帮了不少的忙,他把自己做下来的东西差不多都给我们了。我到上海去的时候他都邀请我到他家里去,但是他的书房门打开的时候,你看不到什么书,他的书全是用报纸包起来的,你不知道借什么好。他的书不借出去用的就是这个办法:用报纸把书包起来,你看到的就只是一排报纸裹着的东西。

陈 哈哈,这用的是障眼法啊。我们一般到人家的书房里一看,全都是书挤在那里,这个借来看一看,那个借来看一看。

范 他的办法就是让你不知道借什么好,但有的资料他还是愿意借给我,我跟他还是很熟悉的。

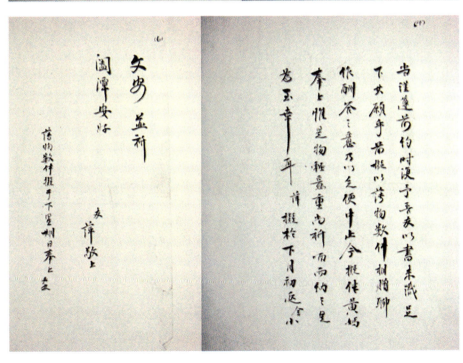

范伯群收集的周瘦鹃紫罗兰信复印件

两次香港行

陈 范老师,您在1992年和1996年先后两次去香港讲学和学术访问,这两次印象如何?对你当时正在做的研究产生了哪些影响呢?

范 我1992年去了香港大学,我主要也不过是讲了两次关于通俗文学的讲座。那张后面有孔子像的照片,就是当时在香港的一次讲座。那时候,他们普通话不太讲的,所以交流时他们讲的粤语跟我们讲的普通话进行交流。他们经常听不懂普通话,我也听不大懂粤语,所以口头的交流有些困难。我那一次给自己的任务主要在于读书。香港大学图书馆书都是开架的,你可以每天都在里面。我一到就说我这一次讲学是次要的,主要我要来读书。那么介绍我去的人马上就领我到图书馆,图书馆马上就给我拍张照。然后几分钟以后就生成了一个我的借书证。

陈 效率挺高的。

范 嗯嗯,效率挺高。我拿了借书证,进去以后,就觉得他们那里的设备非常好,就在那里看书。一个月的时间都用来看书了。我基本上就是早晨起来就往图书馆跑,中饭在那儿吃,吃了休息一下再看。所以当时香港一些学界的朋友说,你好不容易出来,到了香港来也不玩玩,你是来香港读书最多的人了。我那一次收获太大了。

陈 那是……主要也是通俗文学研究方面的吧?你现在记忆当中收获最多的那些资料是哪些方面的?

范 在香港呢,因为你可以看到香港的书、台湾的书,还有国外的书,你在祖国大陆没有看到的东西。各方面的书都可以看,可以开眼界的。我觉得当时最主要的一个收获就是,它有一个《大成》杂志。大成杂志的前身是叫《大人》,我不知道为什么它当时叫《大人》。它是1970年办起的,办了四十二期,到1973年的10月份停刊,12月份它又出了,就改成叫《大成》了。这个杂志完全是文史方面的东西,特别

1992年10月范伯群在香港大学

是它的主要几个写稿人,就是当时鸳鸯蝴蝶派的那么几个骨干。

陈 就是当时在上海的鸳鸯蝴蝶派,他们后来到了香港?

范 嗯,有的是在香港,有的是在祖国大陆,有的在台湾。比如说郑逸梅,他写出的文章发表在《大成》上面。还有平襟亚,也就是网蛛生,也在这上面写稿。还有写的很多的一个,就是陈小蝶,他当时是在台湾。陈小蝶就是陈栩园的儿子,所以呢这个他懂得多。陈小蝶到了台湾以后,改了名字叫陈定山,他写的文言文章多。当时有这么许多人(主要是一些鸳鸯蝴蝶派的人)写的一些东西,资料特别多。譬如说我们有一个指挥家叫陈燮阳,特别有名的。

陈 我们苏州新成立的交响乐团就是把他请来当指挥的。

范伯群 对,请来做总指挥。陈燮阳的父亲叫陈蝶衣。他在这个《大成》杂志上面就写,为什么叫陈蝶衣呢?他说因为我很小就进了报馆,大家就请我做做校对啊什么的工作,大家称我叫小弟。大家就因为我年纪太小了,大家就叫,"小弟啊,来呀"。

陈 "童工"啦。

范 对呀。就很年轻,他说这个时候大家就称我叫小弟,他说蝶衣这个名字就是小弟的"弟"字的反切。叠一叠一,所以叫我陈蝶衣。他还讲:"我觉得这个所谓鸳鸯,人家叫我鸳鸯蝴蝶派是我的光荣。"为什么呢? 他说鸳鸯蝴蝶派都是一些老作家,我们是没有资格叫鸳鸯的。他们都能写四六骈俪文章呀,写得那么漂亮,我们没有这个修养。所以呢,我是他们的小辈。现在呢,我是被你们拔高了。陈蝶衣的主要成就是写歌词,大概一生写了三千多首。陈蝶衣、陈燮阳父子两个一个在香港,一个在大陆,父子两个人见面是很晚的,要到陈燮阳已经成人了以后,大概可能陈燮阳因为出国去留学什么的,才见的面。所以我觉得这里面读到了很多,我才晓得,他们认为所谓鸳鸯蝴蝶派是要有资格的,就是要写骈四俪六的文章,这个才叫鸳鸯蝴蝶派。我们这些人啊称不上,最多把我们称为礼拜六派。

陈 这个是陈蝶衣说的?

范 是啊。所以我觉得很多回忆文章啊,有的在大陆根本就看不到。比如说陈蝶衣回忆侦探小说家孙了红,他很想孙了红。他在回忆文章中说,过去我编刊物,这个孙了红大大的支持我,不知道他现在怎么样了。过年喝酒的时候还附一首诗,就是怀念我的老朋友孙了红,也不知道他现在在大陆怎么样。当时是连信都不好通

1992年10月范伯群在香港大学演讲

的，通信很困难嘛。

陈 香港那时是资本主义世界嘛。

范 这次去香港交流，我觉得我是看了不少书。我整整复印了一箱子资料。香港大学很有钱。他们当时复印已经是很普遍，而我们这里复印那会儿还是很稀奇的。

陈 对。

范 我记得在我们这里当时复印要带一大袋的硬币，丢一个下去复印几张。然后再丢一个下去，再复印几张。而在香港大学里边，全部他们帮你印，你只要告诉工作人员印哪一页，免费。那我就开心了，就大大地复印了一大批资料。所以后来写的书里面，我也用了《大成》杂志的资料。后来我发现，复旦大学也有一套。但我去香港那会儿恐怕不一定有。复旦的都是合订本在那里，后来影印的。但是它没有《大人》，只有《大成》。复旦大学有一个规矩，就是老师阅览室，外面是一个阅览室，后面、旁边各开一个门，进去就是中国港台的和外国的报纸杂志，你要有资格才进得去的。

陈 谁办的这个杂志呢？

范 《大成》杂志是一个人办的，叫沈苇窗，组稿、编辑、校对、发行都是他一个人。他是1970年办起的前身是《大人》杂志，共出版了四十二期，至1973年10月15日止，每月一期。1973年12月重新出版同类型的月刊《大成》杂志，出了二百六十二期，一共是三百零四期，就他一个人。太厉害了！他就是一生为这个，到1995年他死了这个杂志就停了，所以我也很佩服这个人。平时很低调，从来没有什么标榜自己的这个（成就），就是默默地做事。当然，他也会涉及一些政界人物、商界人物，但是更主要的就是这个鸳鸯蝴蝶派的资料，就是文坛资料。所以这一次在香港，我觉得最大的收获就是看了全套。因为我1992年去的，看到1992年为止。我从它第一期开始，看到最后一期。

陈 从1992年到后来他去世前的1995年的这本杂志你看过没有？

范 我1996年第二次去的时候是到香港中文大学，因为香港大学的书都看过了，我说中文大学也是一个读书的好地方，就跑到图书馆里面。咦，我发现最后到了1995年之后没有了这个杂志。后来打听到，这个人去世了，杂志就停了。

陈 那也就是说你第二次去把他的后来的杂志补看了？

范 对对对，就补看全了。所以我觉得这种精神是很了不起的，一个人办一个杂志，拳打脚踢，全是他一个人。

陈　那你第一次去的时候,你跟他们讲学的题目是什么呢?

范　那都是很初步的,就是讲鸳鸯蝴蝶派它是有价值的,主要是宣传这个东西。因为他们也是对于新文学有印象,对通俗文学是没有印象的。我说看看你们自己这里的金庸啊什么的都是通俗文学作家,对不对?台湾的这个古龙啊,琼瑶啊,三毛啊……

陈　那时候金庸热在大陆已经开始了吧。

范　所以我觉得,这样一讲他们就觉得原来这个老祖宗啊在大陆。因为这个的确是这样,老祖宗是在大陆。所以才会金庸的书一开放,作为武侠的作品进来以后,我们发现原来老祖宗是在这里,我们才开始把过去的一批东西印出来。所以我们1984年搞的那个鸳鸯蝴蝶派的文学资料,当时很多出版社的主编、总编都有这本书。为什么他们要这个书呢?因为我们有一个目录。他们看哪些可以重印。那时候就是以书补书,就是有的书是亏本的,对不对?那么一些鸳鸯蝴蝶派的东西大家有兴趣,你想,《大刀王五》实际上就是《近代侠义英雄传》,还有《霍元甲》也是,一印印它一百二十万,畅销得很,它就以书补书了嘛。这个就是跟他们讲的。他们就知道了原来金庸这个老祖宗是在大陆,琼瑶老祖宗也在大陆,那他们就比较容易接受。

陈　就是把它孤岛上似乎没有来由的源头给理清楚了。

范　对对。1992年那次主要就是这样。第二次是1996年,我再到中文大学去,把中文大学的图书馆所有关于有通俗文学的东西,我再找一遍。我觉得这两次收获是最大的。

陈　那么在中文大学呢?

范　我在中文大学就是参加中国近代文学国际研讨会,我在会场演讲的时候,旁边的主持人就是王宏志。我们到现在还是朋友,他搞翻译史的。禹玲就是我请他帮带的一个在复旦的博士后。我先是介绍给复旦,复旦说这个人我们带不了,那我说是不是能请王宏志呢。复旦当时跟我讲,那你自己先跟他联系一下。我写了一个邮件给王宏志,他说:"好的,我可以。"这样呢,禹玲就跟着他读博士后了。当时复旦就有人说了,我们复旦大学还要请外面的人来带博士后吗?陈思和就说,我们这个世界广阔得很,我们应该大家相互之间有支持、交流。他们说那就开个例吧。

陈　这也是个特例吧。

范　他在那边带博士生是带的,但是博士后他没有。

陈　我讲的特例,是指复旦的这种方式,别的学校老师以它的名义来带博士后。

1996年3月范伯群在香港中文大学演讲

禹玲 她不算香港中文大学的博士后，而算是复旦大学的博士后。

范 是啊，禹玲到香港去以后与外面的联系也多了。王宏志现在是翻译中心的主任。我那次去的时候，翻译中心的主任是谁呢？叫孔慧怡，是个女翻译家。她是在香港出生，后来读了伦敦大学的博士。这个人翻译了很多的东西，最有名的就是她把张爱玲的《海上花列传》翻译出来了。张爱玲只翻译了两套东西，都是草稿，没有成文的。她花了三年的时间把张爱玲的两个东西仔细研究了以后翻译成英文，2005年在哥伦比亚大学出版社出版。所以孔慧怡在翻译界非常有名的，她是翻译中心的主任。

陈 您与她相识也是在1996年这一次？

范 就是1996年，也是在这一次会上。后来我们通过信，她现在在英国。她说她是候鸟，就是有时候在英国有时候回中国香港。因为她丈夫是英国人，也是一个教授，也是一个曾经在中文大学做过教授的。她很有意思，我去了以后她跟我谈包天笑的翻译怎么样，周瘦鹃的翻译怎么样。他们因为是翻译系嘛，搞翻译的，又搞近代的。她说范先生，你一来以后，我们这个文人雅士的会都变成文人"俗"士。她一口普通话漂亮极了。

陈 她说变成文人"俗"士？

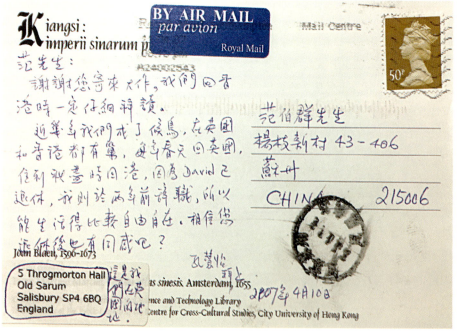

孔慧怡寄给范伯群的明信片

范 通俗文学的"俗",她说你一来以后我们都变成文人"俗"士了,就是大家都谈通俗文学了,包天笑呀,《海上花》呀,周瘦鹃啊,大家都对这个东西有兴趣。

陈 那她当时对你做的研究是不是也有帮助?

范 她后来还和我通过信。她说,为什么鲁迅受了史密斯的影响他都不大谈,我也想了很久。后来她觉得就是因为鲁迅认为他是传教士。鲁迅也是那个《中国人的性格》,中国人这个性格主要是什么呢,就是最要面子的。这个是她先开始谈的。和孔慧怡的交流,启发我从翻译的角度看通俗文学,这个也很有意义,是吧。

陈 1996年的这一次您去香港中文大学主要讲什么呢?

范 我讲的是包天笑啊、周瘦鹃啊几个人的作品、创作经过,那么他们反馈过来的就是说他们的翻译怎么样,他们的研究怎么样。所以我才知道我们苏州的很多作家,是有人在翻译的,也就是在研究,美国哈佛大学都有这块东西。所以我觉得这一次的交流比较充分。第一次人家说我不玩,这一次也还是没玩,大家到香港去都要到的什么地方,我也都没有去。就在那儿看书。这个书很多,印了一箱子书。我这里面不光是自己的,还有我学生的,就是吴义勤的,他不研究徐訏嘛,我就给他找了一些。

陈 上次采访他,他也谈到您从香港专门带了资料给他。

范 我觉得专门研究的人应该知道一下,就想了一个办法,把他所有的单行本都

范伯群与弟子吴义勤(左)和杨洪承(右)合影

1996年，范伯群在香港中文大学与王德威（右）、黄子平（左）合影

影印出来。他这个文集都是从单行本中结集出来的，我把单行本都印了，也就把十五、十六都给包括进去了。

陈 那您是根据十五、十六收集的这些东西再找单行本再印的？

范 对，这个费一点工夫的。我想研究的人应该知道一下，你研究的人不知道，说不过去。吴义勤出了两本书，一本是叫《漂泊的都市之灵——徐訏论》，还有一本就是《我心彷徨：徐訏传》。我后来翻看发现，他在后记里面谈到，我帮他出版的《漂泊的东西之魂》写绪论，另外，还说十几年以后再翻些我帮他找的资料，那些资料都已经发黄了，内心很感动。

陈 每次去香港时间多长呢？

范 每次都只是一个月。两次去都有开会，举办讲座，但是开好会以后，我说我就留在这里专心地看书了。

通俗文学研究结硕果

陈 范老师,您1986年发表在《复旦学报》上的一篇文章,叫《沙漠正想吞噬绿洲——二十世纪八十年代文学的困扰》,您是在怎样的情境下写这篇文章的?

范 那时候我个人的思想就是像在跷跷板上一样。向恺然的《近代侠义英雄传》,出版社将它改名为《大刀王五》《霍元甲》,一印就是一百二十万册。通俗文学是可以存在的。当时的作家写长篇印几千册都卖不掉,有的直接进厂化为纸浆了。过去认为通俗文学没有什么精品,是沙漠嘛,不能吞噬经典文学的绿洲。我其他文章中谈到,青年人应该读经典文学,但通俗文学里还是有精品的。譬如说近代《侠义英雄传》,我这一次评它,主要是说它里面包含着一种爱国主义的精神,外国人写了你们东亚病夫,霍元甲跳出来了,搞什么"精武体会",中国人要强身。而且向恺然的语言也非常好。

陈 某种意义上,第一代的通俗文学作者,他们的语言水平都很高。

范 所以说它是有精品的。新文学作家中有写得很好的,也有写得很烂的;通俗文学作家当中也有精品,可能比例上小一点。

陈 因为它面向市场流行嘛。

范 那时候,樊骏看得很清楚的,他说我有一个变化的过程。开始不过是开明派而已。对鸳鸯蝴蝶派的态度是开明派,就是认为这些人还是可以在文学史上存在的,它里面还是有一些东西可取的,但是不能和新文学比。后来呢,觉得它也有精品,有很多可以学习的地方,反映了当时的很多现实。但是呢,现在的人以后肯定也要讲讲它的缺点了,比如说,我写了一篇《通俗作家强国梦难圆》,认为鸳鸯蝴蝶派也是爱国的,但他们选择的方式不一样,你看看延安鲁艺有没有一个通俗作家,没有!都是新文学作家。他们和共产党的关系不密切,所以他们永远找不到强

范伯群与樊骏合影

国梦的道路。你现在在基本肯定它的同时也要讲出它的缺点,它在倒霉的时候你主要提一提它的优点在什么地方,它差不多了能站稳脚跟了,你要回过头来讲一下他不足的地方。这样呢,我就觉得慢慢平衡了。

陈 基本的资料搞清楚之后,您就开始着手带着大家搞作家评传了。

范 在这之后,我编选了《鸳鸯蝴蝶——〈礼拜六〉派作品选》,也是上、下两册,1991年人民文学出版社出版。接着搞了四十六个作家的评传,很多博士生、硕士生都参与进来,中国通俗文学研究的第二梯队全在这里面了,1994年《中国近现代通俗文学作家评传丛书》出版了。现在看起来这个资料是很不够的,但是在当时是拓荒了。因为你有这么些东西,让大家无法忽视,这个影响比较大。这套书出来后,我们开了个国际会议,李欧梵、王德威等都来了,当时人家就讲啦,你们是从一个角度打入了中国文学史,以后再有人要搞这个通俗文学,就绕不开你们了。

陈 范老师,1994年《中国近现代通俗作家评传丛书》出版时,艾煊写了一篇文章叫《找回另一只翅膀》认为您的研究成果,是为中国现代文学史"找回了另一只翅膀","另一只翅膀"成为文学史界一个热门的话题。

范 是的,找回另一只翅膀,也就是新文学与通俗文学比翼齐飞,构成完整的现代文学史。所以艾煊的评论出来以后,引起热议,现代文学研究界一度倡导"文学双翼论"。

陈 我的一个感觉就是,以前我们上大学那会儿读文学史,长期占主要地位的是政治标准。在这个意义上,关注通俗文学,不是说推翻新文学,不是一种反动,而是一种平衡。还有一个呢,就是文学的研究的切入点可以有很多,比如说读者研究、受众研究、市场的研究,都属于可以研究的范围。在文学的领域,应该在兼容并蓄的前提下寻找和发现经典。

范 我觉得经典是这样的,一个是你找,另外一个经典它是经受历史的考验而出现的。文学作品能不能经过历史的考验?就是说我写的那些东西,我提出一个问题,我的这些作品都是20世纪六七十年代写的,我的作品能不能经得起时间的淘洗?时间的淘洗是很厉害的,过去有些作品比如说左联,经过时间的淘洗又能留下几个?左翼文学有的都是油印本,有的时候我想象一千年以后现代文学变成这个古典文学,到底有几个作家能够站得住?

陈 在作品选、作家评传以及系列的专题论文之后,您主编的《中国近现代通俗文学史》于2000年出版了,这一浩大工程的完结,您当时是不是有如释重负之感?

范 这部书稿确实凝聚了我和我的团队十多年的心血,出版以后也引起广泛的关

与钱谷融先生在东山喝茶

《中国近现代通俗文学史》2000版和2010新版

2003年,《中国近现代通俗文学史》荣获教育部"第三届中国高校人文社科研究成果一等奖"

2006年,《中国近现代通俗文学史》荣获中国现代文学研究会"第二届王瑶学术奖优秀著作一等奖",图为当时现代文学研究会会长王富仁教授为范伯群颁奖。从右至左为范伯群、王富仁、吴福辉

注，我们在2000年的7月底开了一个国际研讨会，后来还得了各种各样的奖。但还真的没有你讲的那种如释重负的感觉，我只是觉得，这部书的完成让我们在这一领域的工作目标开始变得更加清晰了一些，我们还有很多的事要做。

陈 《中国近现代通俗文学史》获得了各种奖励，有学术方面的，也有出版方面的，2003年荣获教育部"第三届中国高校人文社科研究成果一等奖"，2006年荣获中国现代文学研究会"第二届王瑶学术奖优秀著作一等奖"，2010年江苏教育出版新版修订本后2011年入选国家新闻出版总署"第三届'三个一百'原创图书出版工程"，2012年荣获"第四届中华优秀出版物奖"，2013年荣获图书出版最高奖项——"第三届中国出版政府奖图书奖"。您最看重的是哪个奖励呢？

范 都看重啊，获奖多总是好事，说明质量得到权威性的认可。其中王瑶学术奖这个一等奖不容易，它是要对学科有重大贡献的，几届下来，这个著作一等奖都是空缺的。

陈 非常不容易。我听说这部书在省里评哲学社会科学优秀成果奖时被评为二等奖，而那一年一等奖空缺，后来你拒绝了这个二等奖。

范 是的，我觉得这次评奖有些非学术的因素，文学组让一等奖空缺，我主编的这部一百四十万字的书，有人说有一处硬伤，所以不能评一等奖。我让执笔者核对了资料，其实这个硬伤并不"硬"。我自己对这部书是很自信能拿去冲国家级更高奖项的，因为我相信这部书有较为突出的原创性，有生命力。我要是认了这个二等奖，就没有申报的资格，除非根本没有申报过省里的奖项。所以，我要求退出评奖。后来我去日本的时候，听说评奖办将奖状和奖金发下来，发到苏大科研处，我只好让科研处代我退回奖状和奖金。那是2002年的事。2003年，我们这部书就获得了"第三届中国高校人文社科研究成果一等奖"。

陈 2000年7月底，"《中国近现代通俗文学史》国际学术研讨会"在苏州大学召开，来了好多人啊，贾植芳、钱谷融、严家炎、章培恒、杨义、吴福辉、李欧梵、叶凯蒂、王德威、陈建华，等等，可以说是高朋满座，大咖云集啊。

范 是的，这次可以说是盛会了，办得很成功，来的都是大家，他们很留恋当时会上所组织的"苏州评弹欣赏晚会"，都表示还想再次到苏州来听昆曲。还有人与我相约，是否在两年后，当我们相互之间再搞出新的成绩之后，再联合举办一次中国现代通俗文学的国际学术讨论会。会上大家都对我们这部书给予了高度评价，刘祥安给《文学评论》写的会议综述你看到了吧，那里面都有记载。譬如当时的社科院文学研究所所长杨义说,这部书从一个独特的角度切入我们现代文学整体工程中去,做了我们过去没有做的东西。我觉得,我们这么多年的工作得到了肯定,再也不是最初许多人表示不解、怀疑和不屑的那种局面了。

陈 我感到,杨义的这个评价与后来你在这一块的思考方向相通。

范 是啊,这时候就不只是"找回另一只翅膀"了。我后来用了一个三段论来概括我的研究,就是起家——转移——回归,什么意思? 我是从新文学研究起家,再转移到通俗文学研究,然后便是回归到一个大的现代文学史概念中去。这个现代大文学史应该是"多元共生"的新体系。当然这只是一个想法,真要做到,也应该是一个"百年大计"。不过,也可以局部改进。像钱理群、温儒敏、吴福辉合著的《中国现代文学三十年》(修订版),就加了三章通俗文学的内容,写得非常好,现代通俗文学入史得到了初步的实现。

陈 这个修订版里对"通俗文学"的界定,用的就是你的。

范 是的,多少年下来,说明我的这个界说还是能站得住脚的。

范伯群(右三)在给汤哲声(右四)、刘祥安(右二)、栾梅健(右一)上讨论课时合影

寻找新的可能性

- 我在阅读这些资料中寻找新的可能性,我觉得每次没什么新东西的话,写文章没有意思,炒炒冷饭有什么意思呢?
- 这历史的过程,搞了三十年以后,差不多能够通了。
- 做通俗文学研究我有一个体会,必须要把上海研究透。
- 我觉得文章开头特别难,因为第一要有气派,第二要有吸引力,第三要符合规格。

突然到来的退休

陈　您是在七十岁的时候退休,刚开始的时候感受如何?

范　2001年1月退休的,其实那时候我还没到七十岁,应该到9月份我生日的时候算是满七十岁。退休了,先开始也不习惯,我精力这么好啊,怎么已经要退休了呢?

陈　你怎么从最初的感受中走出来的呢?

范　下来以后,有一次偶尔看到电视上北大搞比较文学的教授乐黛云讲,她也退休了,她说:我们北大的有些教授啊都是七十岁以后出成绩的。她说,七十岁以后我们应该搞出自己的成绩来。我想这个也对,而且退休以后好像没有一个组织的观念了,更加自由了。过去不是党员,但是你是系里的一员,开会还要叫你去,不去还得找个理由。现在就是不要理由,开会叫你去,我说我不来,那就不来了。所以我觉得反而自由。

陈　乐老师说得对呢,您在退休以后就是做出了巨大的成绩啊。

范　是啊,退了以后我就比较专心的做学问了。我复旦的那本论文集,还有我的那个插图本——两本,一个北大出的一个复旦出的,就是七十岁以后出的。

陈　但是,做学问也需要条件的,当时您的条件如何呢?

范　那时候我是的确没钱。我的那个同班同学章培恒就跟我讲,苏大也没用你,你就到我这里来吧。我说:你是古代文学研究点,我来干什么?他说:我现在开了一个新的博士点,叫古今演变,现代文学和古代文学要联系起来。每次开会我都给教育部很大的压力,所有的博士点投票的人我都请到了,别人没话说。我们搞古今演变,你就来参加我们的,你呢就算是专职研究员。你正好是研究晚清到民国的,这正好是转型期。我们只能搞古代一个作家对现代一个作家有什么影响,转型期你要帮我搞一搞。我没有工资给你,你到上海来住全部由我来解决。他说专职是个什么概念呢?就是你到上海来,给你报销的——你要看书啊什么,你到上

范伯群与章培恒先生合影

海来，要出版的话他也可以给钱。那么我就到上海。我也不是长住在上海，我就是要看书查什么资料就到上海图书馆去了。这样的话，我就收集了大量的新的资料。过去没时间，哪有这样的条件啊？所以那个时候感觉到退休很好。但是呢，一般看到3点钟回来再吃饭，这样把自己的胃搞坏了。

陈 您开始坐图书馆也就意味着已经调整好心理，进入了角色。记得那时候我在路上碰到您的时候，您说起这段坐图书馆的时光，说自己没读过研究生，现在就相当于读研究生啦。

范 是的。我有次在电视上就看到乐黛云讲，哪个哪个教授都是七十岁以后出成绩的，像季羡林先生这样的人在当时我看来，是很了不起的，在全国都数一数二的。我就想，七十岁以后还是可以搞学问的。我前几十年，先跟曾华鹏合作，再跟研究生合作，现在我退休了，那我自己就独立创作个十年吧。就是主要是出了两本书。

陈 这已经很了不起。其实您哪止十年，您一直在做嘛。

范 做是一直在做啦，就是比较集中的，真正有时间有精力有经费可以让我做这个，还是退休之后那十年。所以我那段时间是感觉活得最滋润的，最实惠的。我觉得是这样的，你自己心中有底，你首先自信是要自己有东西拿出来，那么人家也承认你的。我就想，人家会不会说，这个人要从头开始跟人家合作到底，又跟同学合作又跟学生合作，他自己到底能不能写啊？赶快写。

陈 您这是自己激励自己，证明自己啊。

范 现在我又跟黄诚合作了。因为我到八十岁以后，八十一二岁开始，不能坐图书馆了。老泡图书馆，腰坐坏掉了。腰坐坏掉了以后，我就叫黄诚去找资料。我在阅读这些资料中寻找新的可能性，我觉得每次没什么新东西的话，写文章没有意思，炒炒冷饭有什么意思呢？

陈 您是必须要找到新的兴奋点。

范 所以当时有一次我跟钱理群两个人在一起聊天，他那时候也是在那边，章培恒聘请他做专职研究员。他就跟我讲，七十岁以后，还在那里从原始资料出发，在国内也是少见，恐怕就是你一个人了。

陈 这个对一手资料的把握，在你那次与袁良骏先生的辩论中也是大显威力啊。您能谈谈那次辩论的情况吗？

范 是这样的，先是袁良骏与严家炎为金庸评价的问题打笔仗，辩论得很厉害。在内地辩论之外，又到香港的刊物上发表文章。后来嘛，袁良骏又对"两个翅膀论"有不同意见，跟我争起来，我们两个也有些争论文章在学术刊物上登出来。有不同意见，也很正常，老是打笔仗也不是个事，当面说说的话可能更好。这样现代文学馆就想搞了一次公开辩论，叫严家炎去，严家炎说我不去。他们就来找我，我就答应了，就去和袁良骏公开辩论了一回。

陈 哈哈，这一段精彩。有没有现场录像录音什么的，我要找来看看。

范 有的啊，全场录像，现代文学馆作为资料用的。

应邀到美国学术访问

陈 您2001年1月份退休,4月初应邀到美国进行学术访问,这次我想不仅是您个人走出去了,您把通俗文学研究的最新成果也带到了国外。

范 这次请我去的是哥伦比亚大学东亚文化系主任王德威教授。李欧梵说他这个系主任有钱,你就先到哥大,再到哈佛。李欧梵当时还在哈佛。这样的话我就先去了哥大。王德威对于通俗文学很有研究,他原来写的一些书对通俗文学都有提到,而且阅读范围是很广的。那一次,他们出的题目是"揭开中国通俗文学的面纱:对鸳鸯蝴蝶派的重新思考"。

陈 这是专门研讨通俗文学的啊。

范 对,所以再重提鸳鸯蝴蝶派,大约是这样。那么这一次开会他们就是说你来做主讲贵宾,我第一个讲,最后是夏志清讲,然后大家交流。我当时讲的题目是"中国大陆通俗文学的复苏与重建"。因为通俗文学在大陆断层三十年,要讲的就是,为什么会断层,为什么现在复苏和重建,就是谈这个过程。我谈了以后,王德威发言讲,通俗文学能不能入史?这个问题范伯群已经研究了一步,我们可以做个结论,通俗文学是完全能入史的。他还提到,那一次大概是在武汉开一个会,范伯群就是讲通俗文学能不能入史,他也坐在下面听,范伯群研究了这么多年,能证明它完全能入史。他还说,夏志清、韩南等人,再加上中国大陆的范伯群,他们能够不走前人的道路,能够自己好好地坐定下来研究,也就有了新的贡献。那么这一次他们对鸳鸯蝴蝶派重新评价,也就是也承认了这两个词吧。

陈 这一次你也认识了夏志清教授,我想,夏志清当时肯定也很开心,因为你们关注的研究的有许多共同的东西。

范 一个是有共同的东西,另外一个是我们是老乡啊。我们用苏州话讲的,他讲的苏州话已经是不那么溜了,就是隔了很久才用乡土话说话的感觉。他说1983年我回过苏州一次,现在就没有这种可能了,就是下不了这个决心了,要坐那么久的飞机。夏志清这个人是这样的,他的学问和他的立场基本上是分开的。就是他学说归学说,他对于中国大陆也可能确实是有一些成见的。他1983年回来的时候,碰到贾植芳先生,看到一个朴朴实实的老头坐在那里一声不响的,当有人介绍说这是贾先生,他马上站起来向他鞠个躬说:"你伟大。"这是他的立场,突然就反映出来了,对不对?这次刚见面时,他说你东吴大学出来的(其实我是复旦大学出来的),应该英语很好的。我说对不起,我读的是俄文,我们20世纪50年代上大学一定要读俄文。

陈 您这以后还与夏志清有交往吗?

范 有过。2007年我的《中国现代通俗文学史(插图本)》寄给他了,为什么寄给他呢,一个他是这方面大家,另一个我在书中用了他们夫妇与无名氏夫妇的一张合影,而没来得及在出书之前跟他征求意见,要说明一下。他给我回了一封颇长的信,信里说,那些插图是"美不胜收";还说在一本文学史上用了有他们夫妇的合影,真是感谢不尽,并介绍了拍那张合影照片的缘由。他也对我引用他谈张爱玲小说的话表示感谢。信里还介绍了一点无名氏晚年的情况。

陈 这次在哥大,还有哪些人给你留下深刻印象呢?

范 叶嘉莹也在那里。她说我年纪老了,否则的话我想去看看你们钱仲联啊。她搞古诗词的。还有搞沈从文研究的金介甫。但金介甫为什么会来参加会议呢?他说,我先开始研究沈从文,但是你做的关于程小青和孙了红的研究对我有很有帮助,因为我现在就是研究侦探和法制文学,这个很有意思的。他写了一本500多页厚的关于中国的法制文学和通俗文学的东西,就是英文,没有翻译过来。

陈 那是《中国正义与小说:现代中国的法律与文学》,他最近到苏大来了,演讲的题目就是《沈从文、程小青和我的研究生涯》。可见通俗文学研究与新文学研究之间完全可以是相通的。哥大之后你就去了哈佛,是吧?

范 是的,到哈佛大学,李欧梵正好和上海大学的王晓明在开"上海小说"这么一门课,所以李欧梵就说你就在我们"上海小说"这个课堂里来讲一讲。那么我就在那个上面来讲一讲,那讲的范围就比较大了。一个就是讲这个通俗文学和新文学是互补的而不是敌对的,把哪几种形式的互补讲了一下。特别是讲到有一个问题时,

与夏志清相会于哥伦比亚大学

他们就很感兴趣了：我说鲁迅讲乡土文学都是一些乡下或者小城镇出身的作家到上海来，他们写什么题材呢，对上海又不熟悉，他们就写家乡的风俗、习惯。那么鲁迅称为乡土文学，所以王鲁彦啊、许钦文啊，这些人都是的。但是我说我提一个概念，就是乡土文学不是乡下文学。我说因为鲁迅这样一讲，他都是来自农村和这个边远小镇上啊什么的，那么人家就认为乡土文学是写农村的了，这个我说是不对的。因为茅盾讲过的，他说每一个地方啊，湖南就有湖南的乡土，上海就有上海的乡土，对吧，所以我觉得"乡土文学"不是"乡下文学"。

陈 它是地域性的文学。

范 是地域性的，不然你讲北京和上海在当时有多大的差别，对不对？上海应该有上海的乡土文学，北京应该有北京的乡土文学，就是它本地的风俗习惯。所以我说，我们应该这样理解乡土文学。那么通俗文学作家呢，他就有这个本事，就是他虽然不是上海人，但是能够把上海的乡土、上海的沿革、上海怎么发展的，他能够写清楚，这是他们通俗文学的特点。其他比如说写北京的，有很多人都不是北京人，写北京的风貌，写北京的人物，包括满族的贵族等，写得很好，也是这个道理。他们写的这些都是乡土小说，与鲁迅所讲的那个是互补的。写乡村的这些是鲁迅说到的侨寓文学，就是你们到上海来了，但写不出上海的东西。我认为就是说鸳鸯蝴蝶派的最大贡献，就是能够写出上海、北京、天津这些大城市

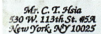

夏志清给范伯群的来信

伯群教授吾兄:

近年来我已不常去学校,今天 陪内人去 Kent Hall 看之有无我的邮件。果然看到兄寄来的一大卷,旅冈(？)及知是兄新作插图本《中国现代通俗文学史》,为19章竟然有我们夫妇同君玉先夫妇的合照,实在非常高兴,哪裏比弟兄其他旅外方的同事!足序文写得生动,并将全书田片好图,真可是美不胜收。我太一本纷送女同咆之弥文上见到我们的照片,为之很開心。那時君玉才新婚,未美同旅游岁月,她出前两天,那个星期五晚上,苏州同乡学商文人在紅棉宴,有人设宴恭候君玉夫婦。我同人之也生初次见面。他有志要在苏大佈一次演讲,请我陪哲去那,他星期天晨候機。那天早晨,唐德刚兄也请了两位嬪(可能正力别的作家)在苏州大学演讲,房之中之都了客房,要在苏大作好一场讲演,当然求之不易少。馬福美女士不津述,後来我在台北人到卜寧夫婦,她正言不同也的。晚年她捲进文坛,害得我名及貧病交加,死得很慘。我早已答应为她写序需介,但《这名字》实在卷数太多,至今已抽不出时间把此钜著看過,而为他与序论文。徐行之兄最去张大张他一的性格，写出它们的地方性。比如说天津的青皮，"这个车子到什么地方要多少钱？"他说："两块。""你能不能便宜一点？""两块。"他就是永远一口价，你如果不坐的话，他是会对你不客气的。这个是青皮精神，鲁迅也谈论过的。我觉得写青皮，这就是有它自己的地方特色。虽然随着现代化的进程各个城市有大同，但存在的小异也是不少的。上海有很多地方可以说是城市里的乡村，上海的里弄许多就是这样的。有个历史学家，叫卢汉超，也是华裔，写了一本书叫《霓虹灯外》。那意思是霓虹灯照亮了这个城市，大家为霓虹灯所迷惑了，要知道上海还有霓虹灯照不到的地方，那就是"都市里的乡村"。比如说那时候有市民歌曲，"粪车是我的报晓鸡"，那么城市就开始醒过来了，就"前门叫卖米，后门叫卖菜"。

陈 这本书我们做城市传播研究时，也把它作为典范。

范 这本书获得了美国城市史研究学会2001年颁发的最佳著作奖。这个作者是从上海出去的，我觉得实在了不起，调查得那么清楚。所以我还专门写过它的一

范伯群在哈佛大学留影

在哈佛大学讲学时合影，左起王晓明、李欧梵、范伯群、周成荫、吴国坤

2003年在苏州范伯群与李欧梵交谈

个评论，我觉得这本书写得好。所以我在哈佛讲这个他们也蛮同意，就是这个乡土文学不是乡下文学，都市也可以有乡土。对乡土的界定，一个能写城市，一个能写自己家乡的乡土，这样就有一个厚度了。大家说很好，你这个观点提出了以后，还是很有意义的。这一次交流，我觉得还是比较成功的。

陈 您的这一观点后来写出文章就叫《论"都市乡土小说"》，发在了《文学评论》2002年第3期上，在学界也很有影响的。

范 这篇文章他们觉得还是有新的思考的。

陈 范老师，您到哥大和哈佛学术交流，是第一次到美国吗？

范 第一次，后来我也没有去过。王德威曾经对我说，怎么样，有没有兴趣再去一次。我说十八个小时的飞机，这个我实在吃不消，腿都坐肿了，鞋也穿不进，不去了。

陈 时间也紧了点，前后就十天功夫，倒时差还要几天呢。

范 倒时差我倒没有多少困难，很快就适应了。就是坐飞机时间太长受不了。

与台湾等地的学术交流

陈 2005年的时候,您还到台湾进行过学术交流。

范 是的,那一次也是王德威安排的。他了解到我的老朋友曾华鹏是台湾人,他父母是台湾人,后来到大陆来的。所以他有很多台湾的亲戚都没有见过面。有一次王德威碰到他说,你祖籍台湾却没有到过台湾,是吧,我来安排一次吧,叫范伯群跟你一起去。后来就让季进陪着我们去了台湾。

陈 那这一次探亲之旅中也有学术交流吧。

范 有一点交流,也不过是讲一讲而已。有一个两岸青年文学会议,第三届在北京现代文学馆开的,第四届就在台湾开。我们就去了这个会,做了演讲。但主要的是陪着曾华鹏见姑母、表兄弟等,也是唯一那次回家乡看一看。我们去台大参观了一下,与台大的学者有一些交流,台大后来就是说:"怎么样,来不来?我们请你来讲学。"我倒想和台大建立关系,因为我本来是又想看一批书的,我有一批书想看,他们那里有。这么一说就等着机会了。

陈 那么什么时候决定去呢?

范 2009年4月下旬,我去北京参加北大召开的纪念"五四"九十周年会议,台大参加会议的教授专门与我商谈了去台大的事,决定10月下旬到11月去台大。他们发来了邀请函,做了周密的安排,把图书馆里给我看书的小图书室都准备好了。很可惜,后来因为种种原因没去成。

陈 好遗憾啊。你虽然没有去台湾专门进行学术交流,但是与台湾学界的互动还是蛮多的吧?

范 那是,那次我想去主要还是看重读书看资料的条件。与台湾学界的交流一直有,台湾学者来大陆参加会议时,我们也有交往。有的还有书信往来。

右起曾华鹏、范伯群、季进参观台湾大学校园

范伯群与女儿范紫江（左一）、外孙女包玲（左三）、女婿包敏（左四）在日本合影留念

陈 还有您的一些文章、书都有在台湾出版,是吧?

范 对,台湾有个《国文天地》,比较早地介绍过我做的通俗文学研究,还出过我主编的清末民初通俗小说丛书(十种)。

陈 您很早就去过日本,后来因为女儿一家在那里,去得也比较多,还带了日本的学生做研究生,与日本的学术交流蛮多的,是吧?

范 一般来讲,我每一次出去都会给自己定几个任务。一个呢是交流,很多地方其实就是去宣传——宣传通俗文学的重要性,因为有的地方还没有研究这东西。所以一般人家会让你去做个报告:通俗文学现在中国大陆研究的情况,港台有很多的通俗作家,等等。给他们讲这个,他们觉得这个东西好像很新鲜。另外一个呢,就是说是访学。访学当然也是有学术上的交流的,但是访学当中最主要的,就是我自己读书,整天埋头在图书馆里面。我最早去日本的那一次,上面两个任务都没有。那是1988年5月,我作为苏州大学四个人代表团的一员,去日本回访一些学校,没什么太多的学术交流,我只是在京都的花园大学发表过一个演说,叫《近代中日文学之交流》,讲古代中国怎么影响日本,近代日本怎么影响中国,这个就不是鸳鸯蝴蝶派的,没有特别明确的学术目标。这篇演讲后来译成了日语发表于这个学校的学报上。

陈 哦,您说"回访",是为什么呢?

范 就是到我们苏大的一个姐妹学校去。我们与这个学校是一对姐弟办的。姐姐大概是1890年的时候在日本办了一个学校,叫关西学院大学;而她的弟弟呢,十年以后到苏州来办了一个东吴大学。所以这两所学校完全等于是一家所办的,而且都是教会学校,有这么一个关系。

陈 都是美国人办的?

范 嗯,都是美国人。所以呢,我们这两座学校建筑差不多,也有一个钟楼,只是他们的钟楼没有我们的高就是了。也是一个大草坪,四面是房子。我们二楼校长室旁边不是有一个礼拜堂吗,就是那个带大圆拱花窗的礼拜堂,他们也有,里面的凳子都是一样的。这个就很有意思,这是一个家族办的两所学校。那么他们来访问过了,我们去回访。当时接待我们的人当中,有一个相当于我们的一个外办主任的,叫泽谷敏行,后来变成了我的学生。泽谷敏行是在吉林大学读的本科,他晓得我搞现代文学,他就说:"我能不能到你那里来读研究生?"所以,这次交流的一个收获就是,我若干年后收了一个日本的研究生。

在给日本留学生泽谷敏行授课

陈 他入学是哪一年呢?

范 他入学要到1992年,到1996毕业,他都是暑假里来读书。

陈 暑假里来读书,是因为他在职吗?

范 对,是在职的,所以都是暑假里来读书,那我也得给他上课。一天有八小时就是我们两个人一起,就是我给他讲课。泽谷在这里读了四年,并且在我们这里获得了硕士学位。日本有个规矩,就是你自己主动去提高自己他们是很赞成的。所以这个主任呢大概以后又升了一级,大概一个什么中心的负责人吧,管对外交流的。

陈 那您让泽谷做了通俗文学研究方面的题目吗?

范 跟这个泽谷的关系,我觉得就是我在教他的过程我也在向他学习。为什么这样说呢?《中国人的性格》这个英文本他找来了,那是1890年出的书了。鲁迅当年受这本书的影响不小。另外还有一本《从小说细节来看的中国人的性格》,这是日本人安冈秀夫写的。这本书也没有翻译,但是鲁迅几次提到他。安冈秀夫读了不少中国书,是汉语学家。安冈秀夫的没有翻译,那我就要泽谷敏行去翻译,了解他是怎么讲的。所以我给他的硕士毕业论文任务就是斯密斯的《中国人性格》。我跟他两个人一起写了《鲁迅与斯密斯、安冈秀夫关于中国国民性的言论之比较》,发在《鲁迅研究月刊》上了。所以我觉得我教他的这四年也是很有成就感的。我对鲁迅研究方面也一直是很感兴趣的。

陈 那么,当时安冈秀夫这本书里面所提到的中国小说有没有鸳鸯蝴蝶派的?

范 他很多提到的都是明清一些通俗文学,这个对我也很有帮助。

2003年在日本佛教大学,前排左起关西大学荻野修二教授、佛教大学教授吉田富夫教授、范伯群、花园大学塩见敦郎教授、范紫江博士,后排左三为佛教大学李冬木教授

范伯群在佛教大学与师生交流

陈　您退休以后，到女儿家去的也多了，与日本学者的交流更频繁些吧？

范　是啊，日本后来去了很多次。日本的图书馆都是开放的，你自己去看就是了。所以这个呢，主要就是一个读书；另外是当面的交流。因为已经是退休了嘛，一般不会专门邀请你了，我一到日本，他们知道了，就说请他来讲一讲吧。

陈　这样也比较自由一些，对吧？

范　是啊，那么就这样跟他们交流交流，有好几次。比如说在我女儿念博士的这个大阪市立大学，我就讲的周瘦鹃。因为他们那里还没有可以与我交流的，我讲也就主要是一种宣传了。

陈　他们可能就是还没有专门做这方面研究的和您对接上。

范　对。但是其中有一次，就是在京都的佛教大学，它里面有一个中文科，这个中文科里面有两个专家是很有名的。一个叫吉田富夫，这个人对中国就很熟悉。他是把莫言的小说翻译到日本最多的人，《丰乳肥臀》《檀香刑》啊都是他翻译的。他还翻译过贾平凹的《废都》。他开始翻译过鲁迅的，后来慢慢翻译到当代去了。他还出版过关于论鲁迅的专著。还有一个是我们吉林大学去的，叫李冬木。李冬木

与日本清末小说研究专家樽本照雄教授合影

经常在我们《文学评论》上发文章,对鲁迅特别有研究。他有没有加入日本国籍,这个我不知道,但是他在日本的确是很有名的研究中国文学的专家。他在吉林大学搞现代文学的,对于近代也有一些研究,所以当时我在他那看了很多关于日俄战争的杂志。吉田富夫说,我们对于中国通俗文学还不了解,请你讲一讲这个。那时候因为那本《中国现代通俗文学史(插图本)》马上就要出了,我就结合一些图片,给他们讲了如何开展这方面的研究的。吉田富夫、李冬木,还有一些研究生啊,都蛮感兴趣。结束后我们合了个影,作为纪念。

《中国现代通俗文学史（插图本）》

陈 我看您《中国现代通俗文学史（插图本）》，拿它跟前面您主编的《中国近现代通俗文学史》相比较，在总体上它是一脉相承的，但是有一个最重要的改变，就是前面《中国近现代通俗文学史》那种按类型板块式的构成，变成了整体上采取线性的描述。这样一个转换包含的过程是怎么样的，如何理解它的意义？

范 刚开始为什么是板块式的呢？因为我还掌握不了整体，我比较熟悉社会言情，对于武侠还不能很自如地掌握，只能大家分工，最后把这个东西拼起来了。研究了大概三四年以后，我觉得我基本上能通了，能将它线性地描述出来。譬如说清朝一灭亡，所有过去悄悄地在朋友之间相传的东西都可以出来了，那时候写过宫闱里的秘密的特别多，很重要、很吸引人，是个亮点，也是个卖点。那么，这个时候它就出来了。在辛亥革命前后，通俗文学家们完全是革命派，对清朝的攻击是非常厉害。他们也反对袁世凯称帝、张勋复辟，因为他们觉得我们这个民国是来之不易的、要保住民国。在这以后，他们跟共产党没有多少联系，但他们捍卫孙中山创立的民国，认为民国是不得了的东西，应该保卫，所以他们批评国民党，希望这个民国好起来，永远存在下去。他们不骂共产党，但是也跟共产党没有联系，在国共之间他们是中立的，但是他们骂国民党比较厉害，就是觉得国民党不像样儿。所以，他们那个时候是监督者，不是革命者。他们监督民国回到建国的初衷。所以，延安鲁艺里面都是新文学作家，通俗作家一个都没有。这是什么道理？因为通俗作家们不懂这个，他们有强国梦，但不知道这个强国梦的渊源，是在什么地方，如何实现。一直到第一次文代会，他们当中有的人参加了以后说："哦，是这样啊！"

陈 您对他们这些作家的生活轨迹和思想特征的描述，是建立在大量的资料基

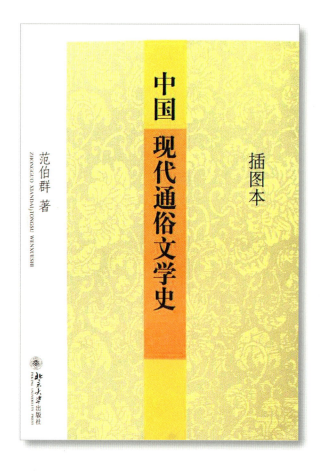

《中国现代通俗文学史（插图本）》，北京大学出版社2007年出版

础上的，您找资料找得辛苦吧？

范 到了将近三十年以后，我对于各个门类，就是说通俗文学分为很多门类，各个门类都基本上能够掌握了。况且那个时候呢，有时间了，我退休了，整整坐在上海图书馆差不多五年！那能看很多资料，我高兴得不得了。

陈 这本插图本中，很重要的一块是图像，您在书的代后记《觅照记》里有生动和详细的记述。您当时是用什么相机翻拍的？

范 这本好也好在照片，照片难找，过程艰辛复杂也有趣，所以后记我干脆写了个"觅照记"。有一个藏书家，专门收集创刊号的封面，他知道了我这本书，拿来看，说："我倒要看看人家抄我几张照片，结果我看了一下，没有一张是抄我的。"我用的是一款索尼的相机，我也不懂拍照技术的，所以我女儿送我这个傻瓜相机，很好用的，我一直用它翻拍资料。

范伯群在上海图书馆的读者证

陈 您用相机翻拍资料也是与时俱进,以前从未想到过吧。

范 相机在很长时间里是奢侈品,而且要懂技术。我跟你讲,我在复旦的时候,知道新闻系比中文系要有名气得多。我们中文系包括后来并进来的一届也就有五十多人,新闻系不会超过这个数,两个系都很小,在一个小楼上。但他们有"记者之家",他们到四年级的时候每一个小组可以借一个照相机,几个人一起合用,他们有的时候也就偷偷地拍女生。那时候照相机很精贵呀,见了后都稀罕得不得了。当然后来不那么奢侈的时候,我也没想到去用。到了需要的时候,发现有这种傻瓜相机真好。

陈 当时那些个类型是根据这些小说出版的时候已有的命名,还是你们在研究的时候重新考虑,来分类呢?

范 基本上都是已有的原来的命名。鲁迅小说史料当中就写"狭邪小说"写妓院的。"狭邪"老百姓不懂,他们在鲁迅小说史料之前,有一个名字叫"娼门小说"。那个时候的娼门小说里的娼门,跟现在的这个性交易场所是两回事情。那时候是分开的。这个娼门是高级的妓院,它是一个高级的集会的社交场所,也是上海最时髦的。因为文人雅士可以在那里交朋友,吟诗作画。商人也可以在里面谈生意,官员也可以在里面周旋交易。

陈 所以说,陈独秀在妓院里写革命文章一点也不奇怪。

范 对的,一点也不奇怪,南社有些人就在妓院里办公的。他会客就在妓院里会的,他自己家里不轻易让人进来的。这个妓院已经不是现在理解上的东西。当时是分来,一个叫妓院"娼门",一个叫"肉林"。"肉林"就是低级的、野鸡的。所以当时就是:你要是解决性欲就到"肉林"去。在妓院里关系密切了以后,也会有性的关系,但不是最主要的东西。所以很多东西,都是一个历史的过程。这历史的过程,搞了三十年以后,差不多能够通了。

陈 这时候就可以写一个以时间为线索的通史了。

范 是,那个时候我就自己写一本书,这本书从个人来讲就比之前的那本书呢定位要高一些。这个呢,写之前那部书的时候,我还不能全部通,我只能写其中的一部分,所以大家分块写。到我写这个部分的时候,就北大这本的时候,就是整个我一个人能写了。但是,之前的那个板块式的《中国近现代通俗文学史》得奖很多。那些奖怎么来的?主要都不是我自己申报的,大部分都是出版社申报的。这个江苏教育出版社认为这本书是它最有代表性的最得意的成果,所以它每一次报奖都拿这个东西拿出去报。这个插图本的《中国现代通俗文学史(插图本)》呢,是北大出版社出的,它出的好书多啊,给你一次奖就够了嘛,还能老把你拿出来嘛!所以说,北大那一次呢,只是得了一个原创奖。但是,那一次投票的话,在原创类的书中大家投票的结果,我那个是第一名。这个真正是原创的。

陈 靠的是硬功夫。这本书,我觉得也应该让新闻专业的学生好好地读一下。我读您这个插图本的时候,就觉得应该把它列入新闻史的重要参考书里面去,因为它有晚清到民国这一段新闻史的很多内容。当时的新闻史不就主要是报学史嘛!当时最流行最有影响的报纸不就都是你谈到的这些吗,还有刊物,包括一些报人,他们的理念。我们不仅是主流的新文学史忽略了通俗报刊这一块,主流的新闻史也忽略了这一块。所以我认为您这本书,对新闻史也是一个非常重要的贡献。而且从新闻角度来看,它更重要。它就是让老百姓看的,就是要追求发行量。

范 所以必须要比较通俗。新文学作家掌握不了报纸。当然,鲁迅后来进入《申报》,黎烈文把他请去搞《自由谈》了。周瘦鹃从《自由谈》撤下来,但他去编《春秋》了。所以说啊,当时报纸的老板或者书局的老板,都很有素养,他们知道要跟上时代的潮流,要时髦先进。譬如说,1921年《小说月报》交给了茅盾,但是,马上接着就办了一个《小说世界》。1931年这个《自由谈》交给了左翼的黎烈文,但是他又再办了一个《春秋》。所以,"接编—另办",在当时是一种模式,是一个规律。我要时髦,要跟上潮流,因此,我请你进步的来编辑办理,但是老百姓平民读者不能丢掉,所以我要另办,否则的话要亏死了。譬如说1933年是"子夜年",那为什么不讲1930年是"啼笑因缘年"呢?《啼笑因缘》要比《子夜》卖得多得多了。因为老百姓，他看这个东西喜欢但没有发言权，不可能在公共空间里宣称什么，留下什么。而新文学作家有发言权，所以他就可以说这个是"子夜年"。

陈 这个发言权，有时候它还是延后追认的。即使当时他们宣称了，也只是在很小的一个圈子里面，假如没有后来左翼文学在新文学中的地位的确立，人们也不一定知道"子夜年"。这个他们当时就讲了。

范 所以，对这种情况我就给它几个字来概括，就是通俗文学与新文学之间，一个是"默默地强势"，老百姓不会说"啼笑因缘年"，但发行量在那里，是默默地强势。还有一个就是"悄悄地流行"，你这个新文学的东西卖不出去，或者卖得很少，我这个已经印了好几版了。

陈 您在研究通俗文学的时候，更多是从历史事实入手，有还原历史本来面貌的意味。

范 做通俗文学研究我有一个体会，必须要把上海研究透。所以我对历史学家的"上海学"很关注，他们有什么新的东西我都看。也因此，即使我不认识他们，他们回过头来对我做的研究评价也比较高。他们就感觉，这个人默默地在那里研究我

与文学史料专家陈子善教授合影

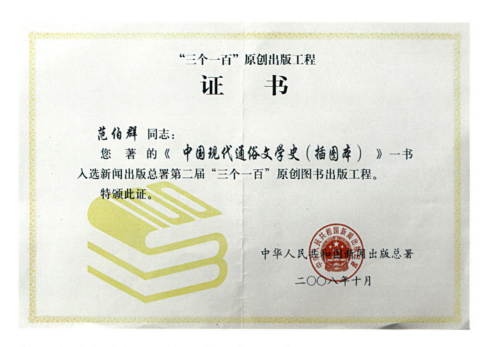

《中国现代通俗文学史(插图本)》获入选第二届"三个一百"原创图书工程

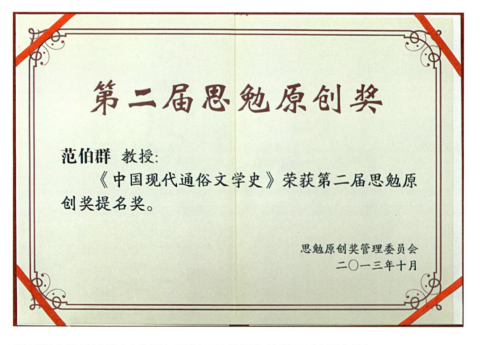

范伯群的文学史研究跨出文学领域,而进入历史学领域,并引起历史学界的关注

陈 那您是从什么时候开始关注"上海学"的呢?

范 "上海学"出版了十五本《上海通史》,那是1999年作为献礼作品,献给中华人民共和国成立五十周年。我读了以后有很多的感想,譬如说,他们认为买办阶级你不能全部否认。买办他永远是外国人的奴才?不是的。他学了外国人这一套,自己赚了钱以后,他就自己去搞民族资本或者民族工业了。所以说,很多民族资产阶级都是从买办起家的,因此认为买办在历史上是有功劳的。当然全心全意做走狗的,应该否定。像这样的历史观,对我很有启发。这套书我读了晚清民国的好几卷,民国社会、民国文化等。我发现,历史学家讲得很好,他说通俗文学和新文学相互不让,就是形成一种僵局。你可以说这是一个僵局,但从另一个角度看,那就是文化的丰富性。一种文学不能为所有的人服务,是吧,所以,我觉得有的历史学家研究鸳鸯蝴蝶派要比我们文学家研究得好。

陈 您对"上海学"的重视,也使您的著作进入了历史学界的视野,2013年它获得了第二届思勉原创奖提名奖,就是一个明证。思勉原创奖在历史学界还是很有影

范伯群在河南洛阳留影

响力的。

范 很遗憾没得奖,但得了提名奖,也算是关注到了,至少说明我这个跨界了,是吧。

陈 是啊,而且是很好的跨界。再一个,您前面提到,这个插图本在北大出版社没有很多的奖。但是,我听说这部著作被两家外文出版社买了版权,这也说明它的影响力很大啊。

范 嗯,一个是英国的剑桥大学出版社,一个是俄罗斯的东方出版社,他们找北大买了那个翻译版权。俄文的已经出版了,他们一翻译就翻译成两本了,变成了上下册。

陈 插图都按照原来的样子放进去的吧?它这个装帧设计,处理得很独特嘛,你看它这用底纹的方式。

范 是的,都按照原来的样子放进去的,但插图好像都变小了点。这个印刷条件是不错的。

陈 英文版的也快了吧?

范 剑桥版的还没有出来。不知道他们翻译到什么地步了。剑桥版出来国外影响会更大一些,因为现在懂俄文的少,对吧。

编订《周瘦鹃文集》

陈 您编的《周瘦鹃文集》,当时出版后反响很好,大家觉得文集编得好,还有你写的前言对周瘦鹃的论述,在周瘦鹃研究中,这篇文章堪称最权威、最完备的。您能不能谈一谈你编这个《周瘦鹃文集》的这个过程?

范 我呢一向怕编这种东西,因为周瘦鹃的文章太多了,当时编辑找我约稿的时候我想着到底答应不答应呢;但我这个人也是蛮重感情的,因为这个编辑跟我没有什么关系但是他妈妈我认识,而且很熟悉,我们都是省人大代表,他妈妈是个优秀的小学老师,我想如果我不编,他回去跟她母亲一说他母亲会觉得这个范伯群架子太大了,我就想,编吧,最后整整花了两年功夫,还有几个人帮忙。因为这经历了十八年的《申报》都读过来,是一个大工程啊。几个年轻人帮我看,然后重要的东西我要求他们要帮我拍下来,拍下来了我再选。这样的选择过程不得了,最后留下来的资料是一大堆,每一次到编辑部去都是用拉杆箱拉去的。没有拉杆箱,从一楼提到四楼我提不上去的。出版社后来排了两个版本,一个是精装的,一个是平装的。那个精装版出得是非常好的。现在对鸳鸯蝴蝶派作家的研究当中,研究周瘦鹃的人最多,国内外都有人在研究他。因为周瘦鹃他还有很多翻译作品,所以外国学者也关注得多。所以上一次香港中文大学中国文化研究所翻译研究中心王宏志说,马悦然要一套,我就给了他,然后由他转给马悦然。我觉得周瘦鹃这些作品是苏州的先贤作家留下的足迹,我着手做这个事情之后才知道了它的价值。要做就要正儿八经做,虽然做得很辛苦。当年周瘦鹃被抄家退回来的东西,都是一些乱七八糟的东西,一些烂纸,但还是从里面找出了几封紫罗兰写给他的信。

陈 非常珍贵啊。

范 可惜大部分都是一些烂纸,好的东西都已经没有了。如果当时没有抄家的话,

范伯群主编的《周瘦鹃文集》由文汇出版社2010年出版

周瘦鹃家里面一些文物加上盆景什么的，价值都能上亿。像田汉给他写的那些诗啊什么的，那些东西都太珍贵了。一抄家，全完了。

陈 我看到你写的文章里将他和叶圣陶比较了一下，说叶圣陶是新文学期刊编辑最多的，他是通俗文学报刊编辑最多的。

范 还有一个苏州人，是那个搞历史的顾颉刚，他编学术期刊是最厉害的，是编学术期刊最多的人。这三个都是我们苏州人。

陈 你把这点发掘出来了，这正是苏州的文化底蕴的一个生动体现啊。

范 这是一种文化积累，这倒是很有意思的一件事情。

陈 周瘦鹃是在二十几岁定居在苏州的，还是三十几岁？

范 三十几岁，1931年他基本上就过来了。

陈 他当时来苏州是有什么样的契机呀？

范 一个是他虽然生在上海，但他认为自己是苏州人。那个时候就是《申报》不要他了，国民党提出来给他一个设计委员，设计委员是空的，所以他很恼火。然后呢，他觉得自己家的祖坟啊什么的都在苏州，就搬回到苏州来了。搬到苏州之后，他买了废园，有四亩地。买废园的时候，他大概还借了两根金条，是下了大本钱的。然后他就慢慢地经营，经营到"文化大革命"一下子就什么都没有了，这让他十分伤心，当时他已经是六十八岁了。

陈 有朋友跟我说，读范老师的文字，你会发现一个字都不能少，没有一句废话。看《周瘦鹃文集》你写的"代前言"，也就是《周瘦鹃论》的时候，开头的一段反复看了几遍，就觉得确实是每一句分量都很重。

范 我觉得文章开头特别难，因为第一要有气派，第二要有吸引力，第三要符合规格。一个作家生临其地——生在上海，生逢其时——生在辛亥革命成功之时，整个社会处在转型之中，作家与它的关系是怎样的？我要考虑，这些东西怎么表达出来才准确合适。所以这个开头我也是考虑了很久。文章开头写好了，下面就会比较顺利了。开头要是写不好，后边也就难展开。

陈 这个前言我反反复复读了好几遍，真的觉得写得太好了，也真的很难。其中对"哀"的分析，对其中道德难题的剖析，令人折服。

范 这里面有一个问题很有意思，就是"他为什么对寡妇那么感兴趣"。他确实主张从一而终，说他有封建残余思想，我认为是对的，但他有深刻的个人经验和体会，六岁父亲就去世，他母亲如果改嫁了，他自己过的就不是这样的生活。所以我认为他对寡妇的从一而终有着切身的体会，你要真正到他自己的体会中去分析。还有，他跟他老婆也是很好的，但是他一生都忘不了紫罗兰，我认为这两句话也考虑了很久："他的老婆是他的最亲，但不是他的最爱。"你真的就是要一句话下去就能够准确地把它表达出来，这是费心思的。因此，我觉得评论周瘦鹃的这篇文章，成功的原因就是真正地去了解，真正了解之后就能设身处地。既从我评论家的角度出发进行评论，又从设身处地的角度回过头来揭示，他是怎么想的。

陈 所以，这篇文章我觉得可以用"体贴"这个词，这种"体贴"实际上往往是很难的，要对你评论的对象进行深切的换位思考。

范 有些人说写文章的人容易失眠，说的就是这个道理，醒了以后就想，想了以后有时候根本就睡不着了。

陈 范老师，从您发表第一篇重要的学术论文开始，到今年，已经整整六十年了。您是大家公认的学术上的常青树，您觉得学术生命能够这么持久，关键或者说秘诀是什么呢？

范 我觉得当时我们读大学的时候有一个决心,就是我们一定要研究出一些东西,至少成为一个文学研究的专家,这个志愿是有的。因为什么呢?我们先开始想得很简单,认为来读中文系就是要做作家的。后来我们老师告诉我们,读中文系要做作家是不可能的,主要是搞研究,做作家是要有生活的,你们这些都是"三门干部",从家门到学校门再到机关门,不可能成为作家。那么至少成为一个研究专家吧。但是,就是这个志愿,当时也没有完成,而且看起来无法完成,这时候我和曾华鹏相互鼓励,不被生活埋没,实现我们的志愿。前二十年里,发了几篇文章,我说过那是要靠运气的。《郁达夫论》是在反右之前的最后一期《人民文学》上发表的,五六月份合刊,七月份就反右了嘛!如果反右开始的话,那你就不可能发表。《论冰心的创作》在《文学评论》上发表,何其芳当时讲:"现在还在研究冰心

范伯群先生八十华诞合影,前排从右至左为栾梅健、王六一、王尧、范培松、陈思和、范伯群、曾华鹏、徐斯年、朱栋霖、曹惠民

啊?!赶快把它发掉吧!"那也是瓶颈期,因为意识形态领域的形势很快又不允许发这样的东西了。然后经过了历次运动,我觉得这个时间是大量的浪费掉了,开会搞运动,搞得人提心吊胆,因为每一个写文章的人都有可能被整到。

陈 所以在您看来,1978年您到了江苏师院以后,才算是真正地朝向年轻时候的志愿而努力奋斗,这是真正的不忘初心啊。您开辟了通俗文学研究的新领域,取得了这么多的成就,应该说年轻时的志愿也实现了吧。这么多年您做的工作主要是历史的研究,那么,您是如何保持一种新鲜感的呢?

范 确实,我搞的都是故纸堆的东西,但是,它们不会自己跑得来,而是要你自己去找来,因为我喜欢,这个找的过程就充满乐趣了,就乐此不疲了。而且旧材料里永远有新问题的发现,新观念的提出,这就使你做的历史研究也能总是有新鲜的东西啊。我从新文学研究起步,转向通俗文学研究研究,在别人觉得没什么,甚至是垃圾的地方,做出了一点事情来。但是呢,我在这个过程中越做越发现,通俗文学研究不是圈出一块地盘,在这个地盘上盖几个房子或者种一点庄稼,而是越往里走,越发现有一个更大的一个系统在那儿,所以我说要回归,就是回归到

刘祥安祝贺范伯群先生86岁生日

2017年9月23日,姑苏文化名家范伯群工作室微信公众号上线,图为范伯群在浏览微信公众号

一个包含了通俗文学和新文学,而又不只是它们两个简单相加的文学史,这应该是一个大的文学史,所以我提出要建构"多元共生的文学史新体系"。这样的想法让我很激动,也倍感时间不够用。它应该是几代人的事情,我只能是做一点是一点了。

陈 您已经做了很多了。通常我们说到历史研究的时候,往往意味着它与现实保持着距离,但是,您提出"冯梦龙—鸳鸯蝴蝶派—网络类型小说",是一条从古至今的市民大众"文学链",把今天的网络文学也包括进去了。想不到您也关注和研究网络文学。

范 我对网络文学谈不上研究,但是我通过跟年轻人的交流,通过有限的阅读,觉得这个网络类型小说还真是跟通俗小说一脉相承,再追溯一下,就是跟冯梦龙为代表的明清市民小说一脉相承。

陈 您说是在跟年轻人交流的时候产生的想法,那您是如何交流的呢?

范 2012年的时候我在复旦,陈思和的一个学生叫刘小源,我跟她前后谈了三个下午,她向我介绍网络文学的情况,我给她讲明清到民国的通俗文学。在这个交流的过程中，我们发现网络小说与鸳鸯蝴蝶派有很多相通的地方，当然也有不同有变化。受到这几次谈话的启发，我们就写了《冯梦龙们—鸳鸯蝴蝶派—网络类型小说——中国古今"市民大众文学链"》这篇文章，发在《中山大学学报》上的。

陈 我想，您能够与年轻人交流，并且还能够在交流中产生鲜活的想法，说明您的心态非常年轻。

范 这种交流很有意思，对我来说也很有必要，它能让我接触新事物，也寻求新的可能。

陈 您对我们微信公众号也是持这种态度，是吧。

范 是啊，最初是有点顾虑的，接触下来，觉得蛮有意思，让我们的学术研究多一种交流和传播的方式嘛。

他人看他

吴义勤[1]：宽容开明的范先生

陈 你是什么时候开始跟范老师接触的？

吴 我是在扬大跟曾华鹏老师读硕士的。1991年我硕士论文答辩，范先生和徐斯年老师都来参加我的答辩，范先生做答辩委员会主席。就是那一次，范先生决定收我读他的博士。

陈 范先生看中你了！

吴 也不是啊，主要是我做的硕士论文是《徐訏论》，范先生对这个也比较了解，觉得这选题蛮有意思的，值得做。范老师后来还给我提供了很多资料，特别是他去香港以后复印了很多在大陆看不到的资料给我带回来。徐斯年老师对这个也很有兴趣，我后来那本书就是徐斯年老师出版的，他当时在苏大出版社做总编辑嘛。

陈 那么你当时就毫不犹豫地过来了。说说你对范老师的第一印象呢。

吴 曾老师和范老师关系很好，文坛上的双子星座、双打选手，所以之前就有所了解的。答辩的时候，范老师给我的印象是特别和善，对学术上的问题看得又很准，他对我做的《徐訏论》指出还有哪些研究的空间可以打开，还有哪些资料我没看到，他在哪里看到过，这些都很准确，而且给人以循循善诱的感觉。所以我就特别向往到苏州来跟他继续深造，再加上苏州这个地方对我也很有吸引力。我在扬大留校工作了一年以后，就来苏大读范先生的博士了。

陈 你觉得读博士的时候，范老师对你的指导如何影响了你？

吴 在博士学业上，我觉得范老师特别宽容。我其实在读硕士的时候兴趣就有点转移了，不太愿意做现代文学的题目，我那个时候对余华、苏童这类先锋作家的东

---

[1]吴义勤：文学博士，中国作家协会书记处书记，作家出版社社长。

西特别狂热，因为读现代文学这么些年，从鲁迅一路读过来，看到余华、苏童的作品的时候，就觉得有一种完全不同的文学出现了，让我的文学观发生了改变，那时候觉得这才是文学。所以特别着迷。你不是也很迷的吗，你跟你家夫人，那时候做得比较多的都是这些作家的访谈和评论嘛。

陈 是啊。

吴 迷了之后呢，来读博士了。范先生问我博士论文打算做什么方向的时候，我就说，范先生，我能不能做先锋小说啊？范先生说，可以啊，但是我指导不了你。你只能自己去做了。我知道，范先生当时手里正在做七五国家社科重点项目中国现代通俗文学史这一课题，迫切需要人手。他也在让他的弟子们一起做这个，他内心里肯定也很希望我这个博士能加入进来。但是，我没有这方面的基础啊。当时心里很忐忑，很不好意思。

陈 主要是你没有兴趣，哈哈。

吴 哎哎，兴趣在那个地方，在先锋小说嘛。范先生说你是自由的，你想做什么就做什么，不过先锋小说呢我没有时间去读，因此指导不了你，自己去好好做吧。因此，在苏大这三年我是很自由的，范先生完全放手让我去做了。

陈 当时与你一届的博士还有谁呢？

吴 我那届就我一个人啊。范先生的博士第一个是陈子平，第二个就是我了。后面一届好像就多了，有七八个人吧，刘祥安、栾梅健、徐德明、方忠、袁勇麟、李玲这帮人。

陈 在学术的方向上，范先生放手让你自己做你感兴趣的事情，那么在学业上、生活上他是否过问呢？

吴 他是这样的，每过一段时间他都会找你来谈一谈，了解你写了什么文章，或者是准备做什么文章啊，还有他的讨论课也要参加的，那种讨论形式也蛮好的，围绕一个问题进行交流，即便是带着不同的兴趣也会有收获。范老师他自己原本也对当代文学进行研究，陆文夫啊、高晓声啊，他都写过文章，所以他会要我来讲讲一些当代文学的情况。他虽然不管你具体的选题，但是在学习态度学风上要求还是很高的。那时候我住在子实堂204室，晚上睡得晚，早上就睡懒觉，从来不吃早饭，起来都是直接吃中饭。范先生经常在10点左右去查岗，我们住在二楼，他往往走到一楼上二楼的楼梯的时候就喊，博士们起来了没有。哎哟，范先生喊了，一看时间已经10点多，赶快爬起来。

陈 哈哈。那范先生带你参加学术活动吗?

吴 经常让我们参加学术活动的。我第一次参加正式的学术研讨会就是范先生带我去的,还有曾老师。那是在杭州参加叶文玲的一个长篇小说叫《无梦谷》的研讨会。

陈 你太荣幸了,两位大咖,带着你参加研讨会。

吴 是啊,那是我第一次参加这种作品研讨会。叶文玲的哥哥叶鹏与范先生、曾先生当年在复旦是同班同学。我印象很深,因为我是第一次,要我发言,紧张啊,稿子呢我提前准备了,但是发言的时候脱不了稿,就念稿子,念起来时间就长了嘛,我看到曾先生很着急,不断地指手表提示我,但是我就是停不下来啊,还是把它完全读完了,出了一身大汗。范老师后来告诉我,稿子呢是要准备,但是不要读,要变成自己的话说出来。这次印象深啊,出糗大了。

陈 你博士毕业,一开始就去了山师大了,是吧?

吴 博士毕业去山师大,也是范老师促成的。范老师跟朱德发老师也是好朋友。那一次我去打开水,回来的路上快到子实堂的时候,看到范老师领着一班人从子实堂门口经过,往东吴之家去,那时候东吴之家是招待所嘛。我就上去喊范老师,然后范老师就说,给你介绍一下。原来那一班人是朱德发老师,山师大的一个副校长,还有一个研究生处长。范老师就说了,你们山师大不是要引进人才吗,他博士今年就毕业。他们就说欢迎你来山师大啊,我当然说好啊好啊。当时其实只是寒暄,但没想到,寒暄完了,过了两天,人家就专门来了,来谈这个事,那就弄得不好意思了,不去也不行啊,范老师与朱老师又是那么好的朋友,只好下决心去了。

陈 那你本来还有什么想法吗?

吴 我是在扬大留校后考来的啊,是定向的,按道理要回扬师的。当时范先生也想让我留在苏大,但是同省不好办。当时扬大的校长是省教育厅厅长兼的。范先生跟人事处讲过留我,人事处说了,我们也想留,但是省教育厅那里通不过啊。所以山师大将机会送上门来了,范老师觉得这个挺好,因为跨省了,回旋的空间就大了啊。

陈 那你后来不管是做学术啊还是从政啊,或者其他相关工作啊,跟范老师联系怎么样呢?

吴 很多,范老师学术这一块还是经常跟我保持非常好的联系。他是很关心我们的,比如说我刚到山东第一年就申报了一个国家社科基金项目,一个刚毕业的博士生也是两眼一抹黑啊,范先生给了很多指导。我在山东的时候,他去过好多次,参加答辩啊、学术讨论会啊,保持着很密切的联系。他有新书出来,总是第一时间给我们寄来,而且总是很客气,写上"提宝贵意见"之类的话。

陈 范老师和曾老师都是你的恩师,你觉得他们俩个性上面有没有什么不同?

吴 互补。因为曾老师他比较属于内向的那种,更严谨一点,他不太愿意进行外面的活动。而范先生呢,我觉得他更灵动一些,他外面的学术交往、学术活动各方面应该比曾先生更广泛一点。因此,他性格上也是更随和一点。

陈 他年轻时就很有行动力,这也许是天生的。他跟我说过他考大学,苏州的四百个考生由他负责带到上海,他到火车站找到站长,联系到车厢,搞定了。

吴 我的天哪!厉害厉害!

陈 你在这里读书的时候,师母还没走吧?

吴 我在这里读博士一年级的时候,师母就走了。

陈 她是1993年去世的。

吴 对,我是1992年读博士。我来的第二年师母就在医院了,师母住院那一年我跟陈子平轮流在医院陪,对范先生来说那是很痛苦的一年。那个时候我们经常到范先生家里去,师母给我们做饭、泡茶,我们一起聊天啊,是一个很随和的人。突然就生病了,对范老师影响比较大。

陈 从后面来看,你觉得范老师是怎样从这件事情走出来的?

吴 他主要还是通过学术本身的投入来消解师母逝去的痛苦。他后来在通俗文学研究方面发了很大的力,出了很多的成果。除了由江苏教育出版社出版的《中国近现代通俗文学史》之外,主编的作品还有《中国近现代通俗作家评传丛书》,退休后还独著了《中国现代通俗文学史(插图本)》,学术成果一本接一本。我觉得是学术化解了他的痛苦。

陈 你的《徐訏论》是不是后来也编入到他的这个系列里面了?

吴 没有。《徐訏论》1993年就出版了,读博的第二年。《中国近现代通俗文学史》里面是有徐訏,我也忘记了有没有帮他写过,现在有点记不住。好像他八十岁时,出了一个论文集,收过我的一篇文章,可能是在《文学评论》上发的关于徐訏文学遗产总结的那一篇。

陈 那是陈思和、王德威主编的《建构中国现代文学多元共生体系的新思考》,复旦大学出版社出的,里面收了你的《雅俗共赏:徐訏的遗产》。这本书是献给范先生八十寿辰的。

吴 对,就是这本论文集。我真正遗憾的是没有参与他的课题,只是做一些辅助性的工作,包括这一次让我为《中国现代通俗文学与通俗文化互文研究》写个序,我在想这也算是参与到这个工作里来了。

陈 那当然是参与。这部皇皇巨著,目前我只读了你写的序,还有后记。

吴 范先生写的后记是很有意思的。范先生对待学术非常认真,这从后记里可以看出来,那些不认真对待学术的学生,让他很生气。还有不讲基本的学术道德的,比如从集体项目中临时撤稿这类行为,他在后记里都有记载。

陈 他对每一个弟子都很了解。

吴 是的,他对每一个人都很了解,而且他会优其所长。

陈 你在苏大读范老师的博士的时候,印象特别深刻的是什么?

吴 印象深的很多啊,最深刻的也是最特别的是,我的博士论文答辩不是在苏大举行的。范老师把我带到上海去答辩。范老师觉得就我一个人答辩,把很多人请进来要花多少钱,还不如我们走出去,走出去就不要花多少钱。因此,我们主动到上海去,请贾植芳、钱谷融、陈思和、王晓明、张德林,还有潘旭澜,组成了答辩委员会,在华师大进行答辩的。

陈 很华丽的答辩委员阵容啊,也就是把你推荐给这些大家。

吴 是的。那一次还是华师大请吃的饭,我们那一次是省钱啦。我们走出去两个人就花了点路费,其他都是那边出的钱。范先生对贾先生特别尊敬,我在读书期间经常跟他一起去贾先生家,去跟贾先生聊天,看望贾先生。有时候我们去上海查资料,他都会让我们代他去贾先生家,给贾先生带一点东西。贾先生对他和曾先生两个人也特别好。

陈 经过范老师,你本身与贾先生也是一种师承关系啦。你觉得你从贾老师那里感受到了什么?

吴 我觉得贾先生特别童真。世事洞明是有的,但是又特别天真、特别可爱。到贾先生家去,他讲一口山西话,其实我们也听不懂,他非常激动地讲完之后,很开心地留我们吃饭,家里还有保姆,那时候师母也还在的,然后一起吃饭。他给我们书看,给我们讲故事。后来我们去多了,他的话我们也慢慢听懂了。有一次他讲到日本人请他吃饭,吃了一晚上,觉得没吃到什么好东西,就说:"今天这顿饭什么好东西也没吃到,日本人真小气。"他就是这样特别有意思的一个人。

陈 那时候，你没有参加范先生的通俗文学史的研究工作，那么你博士论文写作的过程相对是比较自由的状态了，就是后来出版的《新潮小说论》。那种一个一个作家论过来，也就是作家论的那种方式，是不是也受到范老师的启发。

吴 当然，启发很大啊。范先生的作家论，包括《郁达夫论》《王鲁彦论》《冰心论》啊，是我最早的学术启蒙读物。我们读硕士的时候，曾先生就有个要求，他说，从现代文学研究来说，作家论是很好的传统，也是现代文学研究成就最大的一块。这是基础性的工作，写文学史也好，文学观念改变也好，没有作家论做支撑，都不成立。因此，他和范先生两个人在这个方面做了很多工作。不谈20世纪50年代的《郁达夫论》，其实从"文革"期间他们两个人一个被下放到南通中学、一个到扬州职校，但是他们一直没有停止作家论的写作，全是在做《鲁迅小说新论》。他们的作家论对我们影响很大。因此，我后来也主要做作家论，范先生也很支持，觉得这是一种基础性的学术工作。

陈 作家论做到后来，也可能确实也出现了一些问题。但是，有的人会有那种说法，比方说你一个硕士论文、一个博士论文就写一个作家，有没有学术价值。这个问题你怎么看？

吴 我很反对这种观点。中国学术制度改革不是开始有盲评吗，我那时候在山东师大，盲评的时候，当时就有很多硕士生论文，比如说选了个叶弥论，被批评这个选题不具备研究价值，不足以支撑一个硕士论文，以这个理由否定。后来我在山师管学科，我们就改变了，凡是以这个理由否定的，我们都重新评，我们不把这个作为否定理由。对硕士论文来说，能好好研究一个作家是很重要的。我们现在的一些文章是宏观的，其实很多宏观的文章没有什么意义，反而你好好通读一个作家的作品，把一个作家的研究成果进行梳理，然后再提出一个新的观点，进行一个总结，这样的研究多好啊。我觉得对一个研究生来说，你能出这样一个成果，很了不起。因此我们当时在山师大的时候，我们的研究生在当代作家这一块做了大量的工作。当代作家我们不管你大小，都可以进入硕士论文选题。包括在网络上，我当时支持了几个网络文学作家选题的研究，事实证明，后来都火了，比如慕容雪村，那个时候以他为选题做论文，我们都是支持的。

陈 不是说这种选题不能做，而是你做得怎么样。

吴 对，是你能写出什么来。其实有时候会有研究生跟我讨论，说吴老师你看我这个选题能不能做,我说没有题目不能做,关键是你能写什么,你有什么想法,你没有想法,我给你个题目你能做好吗,你做不好。还是要看你自己有什么积累,自己觉得有什么新的观点,最后能写出来什么,我觉得这样就行了。

陈 你从山师大出来以后就直接到北京去了,中间有一段时间是到西安挂职。

吴 挂职是到北京以后。我是1995年从苏大毕业以后就到山师大工作了15年。2009年调到现代文学馆,2013年到2015年到西安挂职,任常委、副市长,挂了两年职,2016年回来。我回来之后离开文学馆就到作家协会书记处,兼管作家出版社,现在还兼管整个中国作家出版集团,还有基金会。

陈 挂职以后,回来身份迅速就发生变化了。

吴 也没有,原来的文学馆,我现在的出版集团、出版社、基金会都是作协内部单位。只不过,过去对出版了解比较少,出版这个行业对我来说是个新领域。

陈 你是要把作协整个摊子全部打通啊。

吴 那不可能,哪有这个本事?主要是服从组织安排,也是要多学习,多增加一些经历和经验吧。范先生在这一点上是很开明的,我们每一步选择什么路,他都是很支持的,他觉得这其实就是你自己的人生经历。他只是要求我们,不管干什么都一定要有定力、底线、政治红线。范先生真的是很关心的。比如,社会上有一些风吹草动,有一些关于中国作协的传言时,他都会打电话问。这件事我是怎么看的?与我有没有关系?等等。有一年对中国作协的巡视,他很关心,一次还打电话说,看来巡视你们没有什么大问题,放心了。

陈 你很久没回苏大了吧。

吴 回苏大基本上都是范老师的活动,开一些与通俗文学相关的会。他的七十岁生日、八十岁生日搞的活动,我都回来了。我记得刚刚到山师大,评上博导回来那次,也是范先生的一次活动,大家就喝酒,师兄弟们把我灌醉了,那时候还有一个韩国的博士。

刘祥安[1]：先生心中是有一盘棋的

陈 你最初接触范老师的印象现在还能记得吗？

刘 在考研之前是没见过范老师。第一次见范老师是面试，是1985年春天。面试的时候，是徐老师、芮老师、朱老师他们都坐好了，要开始了，范老师才进来。进来一看，哇，很高大，然后觉得蛮敬畏的。整个面试过程当中他都没有讲话。然后就是其他老师问好了以后，征求他意见，他点点头就结束了。当时觉得蛮严肃的。

陈 一声都没讲？那你心里是不是很忐忑？

刘 心里很忐忑。因为我们是五个人面试的，知道取四个。

陈 哦，还要刷掉一个。不知道刷掉哪一个是吧？那后来范老师有没有跟你谈到过，面试的时候他对你的印象？

刘 没有，从来没讲过。后来其实都录取了，转了一个转给文艺理论。

陈 那在见到范老师之前，你其实也听说过他吧？

刘 那当然。

陈 从曾老师那里？

刘 那没有。因为我们在学校里的时候，对曾老师我们就是敬而远之的。他不带我们这一届的课。我们这一届是李老师带的（77届），他是带下一届的课（78届）。但是我们会跑到他班上听课。然后每天早上我们就看，曾老师是不是比我们起得早。我们早上起来跑步，往往我们去跑步的时候，结果曾老师已经跑步回来了。

陈 范老师原来也是长跑健将啊，到了苏大后来可能已经都不跑步了。

---

[1] 刘祥安：苏州大学文学院教授。

刘 不跑步了。我没见过他跑步。我们进来的时候，他已经很忙了，行政工作嘛。系主任嘛，所以上课少的。

陈 那怎么接受他的教育？

刘 他上课，比如说他讲《子夜》，他就先布置，下次我们讲《子夜》，讨论《子夜》，上课时每人自己先讲，讲完了以后他会讲几句。那么像范老师上课给我印象最深的就是讲鲁迅。那个时候"鲁迅热"还没有退，有关鲁迅作品的争论啊，其实我们也都一个个好想发表意见，都想写文章。但是范老师当时给我们一个非常重要的教训，说："不要争论，拿出你的正面的意见来。"就是你要去做建设性的工作，你用材料、用分析拿出你的正面的观点，不要去反驳不要去做那些争论，这是他一个非常重要的想法。所以我们都没有写过争论的文章。当时其实对先生的这个想法是不怎么理解，不怎么接受的。我们明明有意见为什么不可以讲呢，对吧？但是后来明白了，那种争论真的是浪费。应该把你的精力投入到真正研究当中去。这是跟他读研究生，对我个人来说，是非常重要的一个受益。不做无谓的争论，拿出你的正面的建设性的东西来。

陈 从范老师那里，还有其他的重要心得吗？

刘 因为我们是在"文革"当中成长的，然后上大学的时候其实意识形态的很多东西都没有解决。脑子里面，自己的人生、现实的社会和那个意识形态的东西。其实还是受意识形态的影响深。所以我觉得我在读研究生的时候，这个启蒙就实现了。范老师写的文章，我感觉他的感性和抒情的成分多一点，就是不像曾老师"言必有据"，这是我原来的印象。他讲《故乡》的时候说，这个小说为什么我们觉得它非常优美，读了很感动。他说我在考虑这个问题的时候，想到自己的人生经历当中的几段。他觉得人生当中有些东西，失落了以后就再也不可能追溯回来了，它会让我们怀念。从这个当中我们可以发现，其实，有一种永远令人怀念的那种失落的美。他当时举的例子是"五七干校"。当年在"五七干校"，因为政治斗争结束以后，人与人之间那种非常单纯的关系，后来重新恢复了以后，重新走向社会以后，这种关系其实是蛮令人怀念的，会时不时地想起那种生活片段。他是用自己的这个人生的经验、情感的经验，来去解释作品的，解释鲁迅《故乡》当中永远蛊惑他，令他永远怀念的那样一种童年、少年的时光。这个东西当时对我来说，震动是非常大的。就是说，我们以前这个读作品，首先是想到用一个什么理论。没有理论，你这个文章能说什么啊？那么这节课影响了我后来做任何问题，都不再会被这种理论的、意识形态的"形而上"的那些东西束缚。就是说，要回到人生，回到社会，回到自己的内心体验当中去。这我觉得，这可能是我读研究生受到的最大的一个教育，对我来说，是一个根本性的转变。

陈 还有没有其他的呢？

刘 当然也还有其他的，你比如说，重视史料。用史料说话，这个是先生一以贯之的，对我们自然有影响的。另外就是，先生那个时候，他的《鲁迅小说新论》出版，叫我们看校样，我们四个人每人分一份，就每人一部分看校样，我们学生看起来很快，交上去了，因为我们看不出毛病。范先生他跟我们讲，他说你看，我是当过编辑的，当过校对的，这个错误是一个都不能漏掉的。这种校对的功夫，就是看文稿这个功夫，范老师是很深的，包括在校样上做记号，编辑的那个规范，范老师校的那个校样拿出来看非常漂亮，不像我们校的稿那个乱呀。还有就是书出版了以后要寄书，我们包好了以后，先生要打开来重包，嫌我们包得不好。范老师寄给人家的那个书，真的是一点点皱痕都没有。包得非常的紧，非常的平整，扎得非常好。你跟着他读研究生的这个过程当中，你看上去是做了很多服务工作，其实在这个过程当中，先生做人的那种严谨、一丝不苟，这个我们是在过程当中体会到的。我觉得这都是一个言传身教吧。

陈 1985年那个时候，范老师已经转向通俗文学研究了。他对团队的建设，其实也把你们这些研究生也直接带进去做了。当时你们有没有直接地被要求做现代通俗文学这一块，跟着老师做？

刘 我们读研究生的时候还没有做通俗文学，通俗文学是老师们在做。我们读研究生的时候，先生是让我和汤哲声参加社团流派的研究，就是他跟曾老师协助贾植芳先生编的。分给汤哲声的一个任务就是"狂飙社"，然后分给我的是"弥洒社"。这就经历了一个非常规范的训练。首先，到上海图书馆去查资料，要求把"弥洒社"所有原始的刊物，当时出版的都要找到来看。然后因为当时胡山源先生还在，在江阴，就去做他的访问，然后回来写文章。

陈 这对你们也可以说是因为特别看重而委以重任了。

刘 就是，因为那时他已经初步定下来，我和汤哲声留校，所以就是有意识地给我们两人分了任务。我一个非常深刻的体会就是，范老师培养一个人，有很长的一个过程。他老早就会做，就会铺垫，你自己还不知道。因为他当时叫我们两个人去做，那个时候还没有跟我讲要留校。当时教研室里的那些老师，他都是有分工的。

就是说，他对整个的这个教研室的学科他有个规划，后来我做毕业论文的时候，他要求我做诗。他跟我讲，他说我们教研室里面，我们这个学科里面，做鲁迅的、做小说的、做戏剧的、做散文都有了，没人做诗。然后就是说，各个年龄层次他都会考虑。当时报这个学科建设的时候，比如说范培松老师，他原来是写作教研室的。在一个现当代文学学科里面，你不能立个写作的方向，那你的科研方向是什么？对吧。所以范老师去跟几个老师去商量，为小范老师设计文体学方向，研究文体和散文。

陈 这个对范培松老师来说，也是非常重要的啊，成为他后来的专业领域。

刘 我觉得先生心中是有一盘棋的，有一个大学学科的谱，有格局。对这个学科里应该有什么，这个学科立起来之后，怎么提升它的地位，都有考虑。对苏大来说，范先生当时意识到，必须搞集体项目。因为苏大和北大显然是不一样的。北大中文系它很少有集体项目的，都是独行侠，但是它那种模式是没有问题的。苏大如果都是独行侠的话，那我们就出不了几个人。但是，搞集体项目又涉及个人发展方向问题，所以他提出了叫"井田制"的解决方案。

陈 怎么说呢，解释一下。

刘 大家要做集体项目，不做集体项目，那么你这个学科的地位是提不高的，在全国不会有影响。这个学科的地位提高了对每个人都有好处，因为这是个平台。但是呢，你不能就仅做这一块。仅做这一块，你将来申报职称，包括将来你在学术界，你不能说我就是做集体项目的。你还要有自己的那一块自留地，这个叫"私田"。"公田"要种好，"私田"也不能放，这就是所谓"井田制"，以此来处理我们这种大学里面学科的协作和各人科研之间的关系。后来我们做集体项目，就是基本上是遵循他这个方针执行，是成功的。

陈 那么，后来你留校以后参与到他那个通俗文学研究当中，你承担的是哪一块的？

刘 我承担的是武侠。一开始大家是做作家评传，这个都是每人分几个作家做评传。然后在做评传的基础上，分通俗文学史。分任务，我这一块，就是武侠。武侠我后来是跟徐老师一起合作的。然后这整个过程，应该是有一点点挫折吧，就是后来有人撤稿了嘛。

陈 就是在《中国近现代通俗文学史》即将出版的时候，有个博士生撤稿了，是吧。这个耽误的时间是多少？

刘　有差不多大半年的时间，范先生亲自把这个缺补起来，很辛苦的。虽然是集体项目，好在我们先生都是一直关注的，每一块分工情况他都很熟悉，所以他才能够顶上去。要是就像有些集体项目，所谓牵头的人看都不看的，那个根本做不了。

陈　这部著作后来影响还是非常大的，得了各种奖。后来为什么又出修订版呢？

刘　修订是江苏教育出版社要做的，出版社要修订以后去评图书奖，图书奖对于注释、各种规范，技术要求非常高的，所以它必须修订。修订花了很大工夫，专门请了人，对注释、页码包括标点符号、错别字进行了处理，所以他们后来得了国家图书奖最高奖，用的是修订版。

陈　出版社重视啊，范先生后来独著的插图本，就获奖而言，稍微少一点。

刘　因为独著的这个是北大出版社出的。这个江苏教育出版的图书出了以后，他们后续会推的，有什么图书奖啊，有什么原创工程奖啊什么什么，他们都会去推。北大出版社出的这个学术著作太多了，它就不会专门去推这本书，所以这两个是有差别的。

陈　对范先生和他从事的这个领域而言，独著的这本是不是更为重要？

刘　前一部著作虽然是非常重要的成果，但它毕竟是很多人执笔的，内部还是有参差的。后面这部的水准从学术上讲，其实是更专业的，范先生的一些思考也得到充分展示。这部著作书名比较谦虚，《中国现代通俗文学史（插图本）》，但是起点放《海上花列传》。《海上花列传》为什么作为开端，书中列了六个理由。他讲的当然不是通俗文学的开端，而是中国现代文学的开端。但是先生跟我讲的时候说，还是谦虚一点，还是话不要说得那么满。但是想这个问题，他想的就是中国现代文学的开端。

陈　所以后来也有过一阵子现代文学开端起点的重新界定的讨论嘛，在学界引起的反响还是蛮大的。

刘　基本上，我看现在接受先生这一说法的人还是比较多的。这也是先生一个非常大的贡献。

陈　记得你跟我说过，范老师从最初不那么情愿地研究鸳鸯蝴蝶派，作为一个任务接受下来，到从完成任务当中发现了新的学术天地，把这一块做得风生水起，但范先生是不满足于自己只是个做通俗文学研究的。

刘　对，这个《中国现代通俗文学史（插图本）》出来之后，有差不多有两年的时间，先生一直跟我在讨论一个大文学史的事情，就是我们去做通俗文学，不是说为它翻案,是要把它的情况梳理清楚之后,然后再重新考虑。就是新文学那一块和通俗文学这一块,它们在整个的一个大文学史当中,是个什么关系,是个什么联系,它们的位置应该怎么摆。有两年的时间一直在讨论这个事情,能不能写一部大的文学史?但是后来因为很多的变化,而且他也意识到要写这么一个大的文学史其实是蛮难的,困难蛮多的。所以他就不再想那么一个宏大的目标了,但是他许多文章是从这个地方着眼的。

陈 他这个意念在那里。

刘 对,意念在那里。譬如他对陈景韩的《催醒术》的研究,显然不是把它作为一个通俗文学作品的眼光去看的,包括《海上花列传》,他把它作为一个起点提出来,也不是以通俗文学的眼光提出来的。用他的话来说,就是"小修小补"。他是用这么一个大文学史的一个重新调整文学史的眼光和视野来看问题,所以他的那些具体的文章,包括比如说后来写那些通俗作家的杂感、时评,已经越出通俗文学研究的范围。

陈 还有他提出"市民大众文学""都市乡土文学"这些概念,也都是如此吧。

刘 这些概念都可以看作他那个大文学史的视野下的东西。因为通俗文学我们一开始做它,蛮伤脑筋的,一开始我们是用新文学的标准来研究通俗文学。你看,通俗文学也批判,也怎么怎么样。

陈 有一个参照在那儿嘛。

刘 对,有一个参照系。就是把这个通俗文学往新文学上面靠。但是一段时间以后,发现不对头。你用新文学的标准来看通俗文学,证明通俗文学也具有新文学的某些特征,这只能是最初给它摘帽子的一种策略,对吧?就是让那些瞧不起的人觉得通俗文学也有这样子的啊,接下来就是要说清楚,通俗文学到底本身特性是什么,那么这个里面是有个过程的。最后就是说,对它的一个评价体系、认知立场落在市民大众、市民文学这么一个立足点上,而且,正是从市民这一点上,其实可以是把它和新文学放在同一个框架、同一个参照系之间来讨论的。所以这个是一个,然后"都市""乡土"也是。因为新文学有乡土那一块,对吧?但是我们"乡土文学"的概念一直局限在鲁迅当年圈定的范围当中。

陈 对,《中国新文学大系·小说二集序》里的那一段。

刘 其实20世纪80年代的时候,卞之琳在给废名的选集写序的时候,他就对那个"乡土文学"的概念做了改写。好像学术界引起注意的不多。就是在那个里面,卞之琳参照世界文学,比如英国文学、美国文学。他就把写那些败落的、衰落的都市的文章列进了"乡土文学""乡土小说"里,另一方面把废名他们这一部分纳入其中,因此对鲁迅的那个概念有一个重大的调整。可以说,"乡土文学"概念在鲁迅那里,是根据当时的创作做一个概括。到了卞之琳,他以一个研究外国文学专家的眼光,在讨论废名的时候,对"乡土文学"的概念做了一个扩充,其实他自己年轻的时候的第一篇创作就是一部他所说的"乡土小说"。然后到范老师这边,对"乡土文学"的概念做了再一次的更新和修正。我觉得"乡土文学"概念的这三步演变,应该是一步比一步更接近中国现代文学创作的实际。

陈 我看到2000年7月那个会议《文学评论》的那个述评是你写的,现在回忆那个会议的话,你印象深的有哪些?

刘 讲到2000年的会议,要讲到前面的1989年的会。讲到1989年的会,那就要讲到范先生报教授和博士点。

陈 嗯,那你讲讲。

刘 范老师在报教授和报博士点的时候,他填他的成果都不填通俗文学,因为怕有些评委不接受。就是说,你怎么写这些文章,还可以评教授吗?你这些文章能做这个吗?直到1989年11月份在苏大开的中国现代文学研究会理事会,这些疑虑才散去。在那次会议上,王瑶、樊骏、严家炎、杨义,这个是北方的重要的代表。贾先生、陈思和,上海的。这些重要的,在这个理事会上,做了中国近现代通俗文学史重点项目的开题报告。

陈 但这个项目不是1986年才拿到的吗,到那个时候才开题啊?

刘 虽然前面已经做了,这个时候等于再听取一下大家的意见。

陈 这个开题是一个宣言。

刘 因为虽然当年这个项目批下来了,不知道我们传统的研究新文学的这些人看法到底怎么样。在这个会议上,王瑶、樊骏他们这一批人都对这个研究做了非常充分的肯定。贾先生他们这个南方的当然更是支持的,所以在这个会议上算是苏大的,也就是以范老师为代表的通俗文学研究在学术界得到承认,得到非常高度的肯定和承认。在学术界,大家都认可,认为有重要的意义。包括像钱谷融他们这些人,当时都有专门的发言,所以这个是一大步。就是我们研究通俗文学,得到南北典型高校重要学者的首肯,是非常重要的一步。有了这一步,这一次的支持,所以再有后面的2000年国际学术讨论会,这个是国际上面的一个影响和认可。像李欧梵、王德威、叶凯蒂等他们都到会了。也就是在这个会议上,我记得在7月份吧,代表都住在东吴饭店。在这个会议上,我们现代文学与李欧梵、王德威他们有一个很好的互动。这是一个很重要的会议。

陈 前面你也讲过,范老师通过办会,也来锻炼学生。我看范老师发言上还提了,这次会务,因为人手紧就是几个博士生、几个年轻的老师。其实在这个会上,你们这几个人,都得到很好的锻炼了。

刘 这个可能是作为我们现代文学的一个传统,我们先生领导的现代文学学科的一个传统。因为当年考进个研究生进来以后,一个个都觉得自己很牛的。我们先生就是说,要学会为别人服务,这个是很强调的,所以国内国外的好多学者来了,然后接待、跑个腿、布置会场,这些大家都做的,而且范老师带头做的。

陈 他到这么大年纪还是那样,他比任何人都要提前到,看牌子放得对不对,都要做调整,这是他一贯的风格。

刘 所以后来我们先生很自豪的,我们研究生考到复旦去非常受欢迎,到北大去也受欢迎,因为什么呢?发现我们苏大去的学生,会做事,愿意给别人服务,它作为我们一个传统。所以我现在对我们学生讲,要学会服务。在这个过程当中,它也是一个锻炼。而且可以跟人家多一些互动的机会,跟那些会议的代表啊,那些专家有一个互动的机会。否则你也像一个大学者一样,坐在那里,这个不像样子。

陈 当时申请这个博士点,是不是也是非常困难的?

刘 苏大申请现当代文学博士点的时候呢,国家在增列博士点的政策上已经有了调整。这个调整就是长线学科和东南沿海原则上要控制,要紧。要向西部倾斜,向应用学科倾斜。那苏大的形势是很不利的,既是长线学科,又被上海、南京包围住,要论缺是不缺的,苏大根本不需要增加一个现当代文学的博士点,所以形势是很严峻的。当时差不多有同样问题的是武汉大学,武汉大学它也是长线学科。从武汉大学本身来讲,不缺这个学科,不缺这个博士点,它博士点多嘛。所以武汉大学要报,我们也要报。当时像苏大范先生和武大陆耀东他们就说,大家都是做这个研究的,大家应该互相支持,手挽手一起进博士点。我觉得老一辈的为了学科建设互相支持、互相帮助,不去互相拆台,我觉得这个是做得很好的。

陈 后来,苏大跟武大是一起上了。

刘 老一辈的在这些问题上,那种心胸,我觉得是很好的。

陈 那范老师亲自要去跟他们谈的。

刘 我想他们平时接触也很多。另外还有南大的叶子铭教授,叶老师对这些事情都是非常支持的,支持大家一起去申报。叶老师,在像苏大的学科建设当中,一直都是出了不少力气的。

陈 省重点学科,苏州大学现当代文学研究是1995年上的,是吧?

刘 对,因为在范老师做学科带头人和当系主任的时候,可以说现代文学学科凡是能申请的一个不漏,全部有的。那么像重点学科跟前面这个会议有点麻烦的是什么呢,是光你一个人强还不行,还要起码有三个方向。每个方向都要有带头人,每个人带头人都要有成果,每个方向里都要有梯队。

陈 当时有这样的要求?

刘 后来一直有这个要求,就起码要有三个带头人,这三个带头人你还要名字写出来,人家要知道的,不用去介绍这是谁谁谁。我没有具体跟范老师讨论过,我的感觉是,很多事情他都是早就有筹划了,不是到临时才发现缺什么。他是见过综合大学的,见过综合大学一个像样的学科,是应该有多少教授、多少方向,所以他这个都是预先筹划的。所以等到要报这个东西的时候,我感觉到他胸有成竹,因此报下来都还是比较顺利的。我觉得后来有些学校有些学科临到报项目争取一个什么东西的时候去凑人,去想办法,这个在先生的时候,没有这样的事情。到做某件事情的时候,这个事情可能先生在几年前就想到了,好像早就有准备了。

陈 懂行,具有战略眼光,看得远,是吧。

刘 他有非常好的行政能力、非常好的学科建设能力,那种眼光、规划,自己做科研也没有任何问题的。在现在的大学里,这样的人是很少的。

张涛甫[1]：一位纯粹的学者

陈 范先生对我谈起过招你读研究生的经过，很有戏剧性，你还记得吧，能说说吗？

张 师生是一种缘分，我跟范老师读研究生极具传奇性，在成为范老师的研究生之前，我做梦也想不到，会真的考上研究生，更想不到成为范老师的研究生。我没有上过大学。20世纪80年代初，我上完初中，考上了中专。我当时开心得很，庆幸自己从此跳出农门，吃上国家饭，捧上了铁饭碗。但陶醉了一阵子之后，失落感就袭上了心头。因为中专来得有点突然，它劫持了我的大学梦。真实的中专生活，并非愁云惨淡。没机会上大学，免除了读高中的应试苦役。中专学校没有升大学压力，那里的教育是没有注水的素质教育。学校文理不分科，还有音、体、美、实习，外加形形色色的课外活动，将三年的中专生活挤得满满当当，缤纷多彩。参加工作以后，读书的便利大幅度缩水。我在一个乡村中学教书，文化严重缺氧，读书成了奢侈的享受。平时找不到书读，我遇到什么就读什么，诸如李泽厚的《美的历程》、刘再复的《文学主体性》、钱理群和吴福辉等著的《中国现代文学三十年》、杨义的《中国现代小说史》、王富仁的博士论文《中国反封建思想革命的一面镜子》、陈思和的《新文学整体观》、许子东的《郁达夫新论》、赵园的《论小说十家》、陈平原的《在东西方文化碰撞中》、黄子平的《沉思的老树的精灵》、凌宇《从边城走向世界》，以及陈平原、钱理群、黄子平《20世纪中国文学三人谈》等等，如今回头看看，这些书都可算是当时中国现代当代文学界的一流成果。1992年，连大学都没有考过的我，选择了考研。至于能不能考上，我当时一点把握都没

---

[1] 张涛甫：复旦大学教授，长江学者，新闻传播学院执行院长。

有。当年选择考研的人，可能有两类：一类是有专业抱负的人；还有一类就是像我这样的，纯粹属于人生的"二次革命"，借考研改变人生命运。我当时选择考研，有撞大运的念想。选择报考苏州大学，只是想当然地认为：考苏州大学可能要比考北大、复旦容易。不过我选择报考中国现当代文学专业，则是出于我个人兴趣。读研之前，苏州大学门都不知道朝哪开，甚至连苏州都没有去过。结果，竟然幸运砸在我头上，误打误撞考了专业第一名，而且极幸运撞到了著名的范老师门下。范老师那时候招博士生，硕士生三年才招一回，而且统招名额只有一个，竟被我撞上了。研究生复试时，范老师跟复试小组的老师们说：这个考生是自学成才的，你们好好考考他，看他究竟怎么样。好在面试并没让范老师失望，成绩第一，那年范老师招两个硕士生：一个保送，一个统招，我是后者，就这样成了范老师的弟子。

陈 谈谈你对范伯群先生最初的印象吧。

张 在见范老师之前，我只看到过范老师的论文和著作。20世纪八九十年代，正是范老师的学术盛年，是中国现当代文学界最活跃的中年学者，他与他的大学同学曾华鹏先生经常合作写文章，成为现代文学研究界的"双打选手"。考研之前，读过范老师写的研究冰心、王鲁彦、郁达夫、鲁迅以及高晓声、陆文夫等作家的著作，但不知道他是研究通俗文学鸳鸯蝴蝶派作家的著名学者。第一次见到范老师是在研究生复试的时候，那时候我误以为复试专家中年纪稍长的徐斯年老师就是仰慕已久的范老师。范老师那天稍微晚到的，一进门，气场很强大，形象高大，风度翩翩，不怒自威，说话铿锵有力，有大学者的范儿：原来这就是传说中的范老师！

陈 你觉得从范先生那里受益最多的是什么？

张 当年报考研究生，在专业方面几乎是一片空白，完全是由着自己的兴趣看了一些专业方面的书和文章，根本谈不上从正规的专业训练，在专业上几乎是从零起步。范老师以极大的耐心，把我这个"野孩子"带上专业路。我读研期间，范老师是博士生、硕士生一起带的。幸运的是，专业上零起点的我，跟范老师读书，一进门即是高起点。我在专业上几乎没有走什么弯路，一路接受纯正的专业训练。范老师是一个纯粹的学者。我从范老师那里，最大的受益就是学习做纯粹的学者。我当年走上考研之路，功利的成分更多，笃心做学问的动机相对淡薄。跟着范老师读书，渐渐祛除了功利心，尝到了做学问的甜头，摸到了一点门径。范老师就是专业标杆，他的一言一行，潜移默化地影响着我，让我学习如何做一个纯粹的学者。研究生毕业时，我曾有过跳出大学"围城"到社会上闯荡一番的冲动。范老师深知，我不是那种擅长在社会上折腾的人，他劝我留校。其实，那时候留校难度很大。苏州大学文学院有一个不成文的规定，有博士点的专业，只留博士，硕士不留。范老师为我留校的事情，找校长陈情，好不容易才留校。但那时我还是心有不甘，身在大学，心在社会。留校以后，承蒙恩泽，范老师耳提面命，让我这个愚顽的弟子渐渐地悟出：认真地做一个学者才是我的人生正道。

陈 你在学术上取得的成就已经不属于范先生授业的范围，但是否依然可以追溯到范门求学的经历呢？

张 当年留校，我不能留在现当代文学专业，因这个专业有博士点，有博士学位才能留。我只有硕士学位，就留在了刚成立的新闻系。没想到，这一安排，竟然为此后的专业和人生选择埋下了伏笔，撒了种子。新闻与文学，虽是不同专业，二者在知识谱系和能力要求存在不小的差异，但彼此的学术逻辑是并蒂连理的。如今，我在学业上稍有起色，这与范老师的教诲和引导是分不开的。范老师给了我扎实的学术训练，还有不一样的旨趣、眼光，这让我永远受用的。

陈 你在范先生身边做学生或者留校当老师的时候，"怕"范先生吗？

张 做范老师的学生，压力当然很大。范老师是严师，对学生的要求甚高，但他鲜有疾言厉色，他不怒自威，作为他的学生，当然比较怵他。但这种怵，不是"怕"，而是来自内心的压力：担心自己不努力，表现不够好，达不到先生的要求，对不住先生，让先生失望。再者，因范老师自己对专业的要求就很高，他作为学术的标杆真实、具体地立在你的身边，"影响的焦虑"一定是有的。不过，这种压力也正是我们求学向上的动力所在。

陈 你离开苏大到复旦求学之后，对范先生的学术和为人是否有了更深的体悟？

张 离开苏大，对范老师的学术和为人有了更深的体悟。在苏大工作两年后，范老师推荐我报考陈思和教授的博士。陈老师和范老师都是贾植芳先生的弟子，到复旦跟陈思和教授读博，是我的心愿，也是范老师的心愿。1998年，我如愿考上了陈老师的博士。进了复旦，从复旦和师承的角度，对范老师也有更深的理解。原来，范老师身上的精神气质和学术品格，是从复旦来的，从贾先生那里接续而来的。我在复旦读书和工作期间，范老师经常来上海，每次来复旦，都要去看贾先生。他与贾先生的深厚感情，纯粹自然，超凡脱俗，春风化雨。这种美好的交谊是贾门的传统。范老师是这么做的，章培恒先生、曾华鹏先生以及陈思和老师、李辉老师也是这么做的。我身在其中，耳濡目染，细雨无声的影响，成就了我的精神底色。

陈 如果要用一句话来概括范门学风，你觉得应该如何表达？

张 范门学风不是空穴来风，而是有传统和源头的，那就是来自贾植芳先生。范老师做学问，扎实、稳健、不尚虚浮，用材料说话，用理据说活。范门学风也是如此，开放、包容、稳健、不趋时、戒浮躁。

陈 你离开了文学界之后，是否依然保持对范先生学术活动的关注，你如何评价范先生在退休之后做出的学术成就？

张 范老师用"科研三部曲"来描述他的学术经历：第一步是"起家"阶段，范先生以研究新文学起家，研究鲁迅、郁达夫、冰心、叶圣陶、王鲁彦、蒋光慈等；第二步是"转移"阶段，这个时期他的学术重心转移到通俗文学研究；第三步是"回归"阶段，重新回归到整体的现代文学史研究。范老师关于打通雅俗，建构整体现代文学史研究的主要成就是在他退休以后完成的。以至于，他退休后的学术研究成了他的第二"学术青春"，书写了一个当代学术传奇。他在退休十余年时间里，完成了一件几乎不可能完成的工作，那就是：改写了中国现代文学史的经典叙述框架。他以一己之力，从通俗文学始，至雅俗共生终，进行着一场静悄悄的文学史革命。他的文学史革命，没有采取"起义"的方式，对原先的文学史格局实行釜底抽薪的颠覆，而是以温和、渐进、协商的方式，一步一步地推进他的学术计划。经过十余年的努力，逐步实现中国现代文学史的结构改造与学术话语的语法革新。今后，我们研究中国现代文学史，范先生的学术研究是一个绕不过去的台阶。他所铺就的这个台阶，是一个标志性的节点，正因这个节点的存在，中国现代文学史研究的版图为之一新。

陈 你与范先生之间的交往中那些特别令你难忘的细节，能分享一些吗？

张 我记得，范师母去世后那阵子，范老师精神状态很不好，那段时间，我陪先生，晚上住在他家里，睡他书房，有机会观览他书房中藏书，特别是那些专业好书，可以近水楼台。有很多书，在图书馆是看不到的，比如，一些海外学者的赠书，诸如夏志清、李欧梵等知名学者的赠书，苏大图书馆里没有，这些书我都是在范老师家里看的。还有一些知名学者赠书，进入图书馆时间较晚，我可以在范老师那里，先睹为快。有时候，晚上看书很晚，早上起不来。范老师有早起习惯，常常把早饭做好,喊我起来吃饭。这个经历,永远忘不了。

陈 你觉得范先生对社会、对他人、对学问的态度,分别最值得我们记取和学习的是什么?

张 范老师是一位纯粹的学者,对社会保持距离感,但不愤世。对人、对学问的态度是诚而实。待人以诚,为学尚实。

季进①：做会务是最好的学习

陈 你什么时候认识范老师的？

季 应该是1982年吧。那年苏州大学刚刚改名，原来是江苏师范学院，1982年是第一次以苏州大学的名义招生。我1982年9月入学，不久就见到了范老师，后来还上过范老师的课。但是我当时只是学生，平时没有机会深入接触。第一次和范老师直接接触，已经是大四上半年保研的时候，那时苏州大学历史上第一次试行保研，全校大概就三四个人，文学院就我一个。那时我只知道读书，一直在准备考研，成绩排名不错，所以机会就到我头上了。范老师专门找我谈话，记得就在办公室的走廊上，那时候中文系还在老文科楼，范老师征求我的意见：今年我这里不行，愿不愿意去扬州大学（当时还是扬州师院）？如果扬州大学你不满意的话，也可以试试别的学校？因为当时范老师和曾华鹏老师轮流招生，这年正好轮到曾老师招生。我当然也很崇拜曾老师，当场就表态，说我去扬州大学。后来我就在扬州大学跟曾老师读了硕士。那次是范老师第一次单独找我谈话，印象深刻。

陈 当时心情如何？

季 当然很激动啊，我一个小小的本科生，系主任专门来找我谈话，而且谈的是决定人生命运的大事。

陈 系主任相当于现在的院长吧？

季 对的。也不知道从什么时候开始，各高校的中文系才纷纷变身为文学院，系主任变成了院长。

陈 范老师跟我讲过，到曾老师那里学习的学生他都很放心，像徐德明、吴义勤，

---

① 季进：苏州大学文学院教授。

还有你。我问为什么呢？范老师说曾老师比他还严格，是不是这样呢？

季 确实，曾老师比较严谨、严格，范老师比较随意、宽容，两个人的风格不太一样，从做人、行事、写作各方面都看得出来。你看《郁达夫评传》和《冰心评传》，一个主要是曾老师执笔的，一个主要是范老师执笔的，文风就明显不一样。

陈 范紫江说，她觉得她爸爸对待学生很严格，有一次她爸爸把学生叫到家里去，师母把饭都做好了，他还在阳台上训学生。

季 哈哈，反正这么多年，从来没有训过我，从来没有一句严重的话，连我做博士论文的时候都没有。我一直喜欢钱锺书，喜欢《管锥编》《谈艺录》，考虑博士论文选题时，就想做"钱锺书与现代西学"，范老师二话不说，一锤定音：可以，你对这个感兴趣，就做这个吧。我埋头几个月，写完了，交上去，范老师说：可以！也就直接答辩了。

陈 你这个太省心了，你这么省心的话，如何给老师留下印象呢？

季 那，留下好印象啊，省心的印象啊，哈哈。

陈 在和范老师接触交往的过程当中，除了你刚刚讲的那些，对你的影响比较大的是些什么呢？

季 对我影响比较大的，首先是为人，做人要真诚、正派，做人要有原则、底线，然后就是学术上，学术上我觉得影响真的蛮大的。

陈 虽然你不做现代通俗文学研究。

季 对，虽然我不做通俗文学研究，但学术研究的路数还是相通的。比如我写博士论文的时候，我就学习范老师和曾老师的鲁迅研究的方法，两位老师是"以鲁释鲁"，我就尝试"以钱释钱"。范老师跟我们讲过，他们写《鲁迅小说新论》的时候，每写一篇，就把《鲁迅全集》翻一遍。我写钱锺书的时候，也是每写一章，就把钱锺书的著作全部都看一遍，摘出相关的论述，事实证明，这真是一种行之有效的研究方法。这些学术上的影响真的是至关重要，包括论文写作的技术性方面的要求，我都在潜移默化之中，深受两位老师的影响。

陈 比如说技术上的？

季 比如注释规范，我最早了解如何写论文，如何注意论文的规范，就是从两位老师那里学来的，不像现在的学生好像什么都不知道，指导毕业论文的时候，要花很多时间来解决这方面的问题。我觉得技术上的、形式上的东西，我们好好揣摩一下老师的东西，自然而然就会了。

陈 后来在曾老师那边读硕士的时候,曾老师和范老师的交往你都熟悉的,有没有给你印象比较深的或者说你亲眼见证的?

季 应该是比较多了,他们兄弟俩多年的情谊,已经超越了血缘关系。这里面既有思想的、学术上的关系,也有一种亲情的联系,像家人一样。他们三天两头就要通电话,交流各种各样的问题,这个习惯保留了几十年。我印象比较深的一次,也是我自己幸运的一次经历,就是上次你发现的那张照片,2005年我陪两位老师到台湾走了一圈。怎么会有这次台湾之行呢?说起来真要感谢王德威,2005年我协助王德威在苏州大学举办了一次青年汉学会议,那次会议上王德威得知曾老师祖上是台湾的,但曾老师却从来没去过,当场就说,他来负责安排。于是,我们秋天就成行了,王德威每一站都安排好了人负责接待,高嘉谦、胡金伦他们还专程陪同去了花莲。那次真的是曾老师、范老师最开心的一次旅程,他们一路上都哼着歌的,以前从来没听过老师哼歌。

陈 范老师说年轻时他很爱唱歌的。

季 我们以前倒没有听过范老师唱歌。这次台湾行是我印象最深的一次。

陈 还有些什么细节呢?

季 我们是从台北到埔里再到花莲,兜了一个圈子,然后特地到了台南,让曾老师与他家族的人团聚。那天才到旅馆,曾老师家族好几十号人,就涌到了旅馆,大多是几十年未曾谋面的亲戚,乍见之下,曾老师分外激动。这是他第一次来台湾,来台南,等于是寻根嘛,这些亲戚,以前都只是书信往来,从来没有见过面。范老师看着曾老师这么开心,也很开心,等于是帮曾老师圆了一个梦。后来曾老师生病以后,范老师专门去扬州好几次,有两次还住了一段时间,陪伴曾老师。最后一次是我开车,还有祥安一起去的,那一次很难过,曾老师那时候已经有点不清醒了,范老师在病房坐了很久很久,已经没法交流了。他们真的是一辈子兄弟,曾老师先走,对范老师打击真的是蛮大的。像我们现在好像很难有这种情谊了,那一辈都是经过风雨的,真正的患难之交。

陈 这也是可遇不可求的,简直是例外,因为在那个年代,患难之交也有反目成仇的。

季 确实如此,真的可遇不可求。你看即使后来他们两个人学术上已经不怎么合作了,但还是保持着深刻的情谊。20世纪90年代以后,范老师全力转向通俗文学研究,曾老师继续做现代文学研究,研究张资平,后来由于各种各样的原因吧,曾老师也没有太多的新成果，而范老师的成果越来越多。如果按照很世俗的想法，他们好像没有太多共同语言了，但其实不是这样，专业方向的改变，从来没有影响他们之间的交流，更没有影响他们的情谊。

陈 他们后来没合作主要是因为做集体项目，扬州师院分配的是做《野草》，江苏师院分配的是做鸳鸯蝴蝶派。范老师那时候给你们上课没有？

季 对，那次集体项目的分配，影响了后来的专业方向的改变。范老师本科时候给我们上现代文学，讲鲁迅，但只讲过一段。

陈 还有印象吗？

季 印象最深的，是范老师的口头禅，"这个这个……啊！这个这个……啊！"上次我们同学聚会，大家还回忆起这个，印象太深了。

陈 后来有突然回想起他讲鲁迅的片段吗？

季 应该说，对范老师当年课堂讲的内容，我当时真的没有很深的领悟，一个小本科生，满怀崇敬，听得云里雾里的，对鲁迅作品的深刻意蕴，哪搞得清楚啊！但是，后来读老师的《鲁迅小说新论》，比如这期公众号上发的《故乡》的分析，就恍然大悟，好像一下子理解了范老师当年在课堂上课的内容，包括老师所用的"以鲁释鲁"的研究，也就有了特别的体会，后来自然而然地用到博士论文中了。

陈 后来读博士了，就不是上课了。

季 那主要就是聊天了。博士期间，范老师从来不一本正经地给我上课，但时时都在言传身教，平时的聊天交流，往往点到即止，却一语惊醒梦中人。特别是范老师经常会组织一些活动，包括学术会议、博士生答辩，他每次都会请一些重量级的学者，我们自然而然就有了亲炙大家的机会，甚至建立了联系，有了密切的接触与往来。比如，我跟钱谷融先生的交往，就是因为钱先生每年都来苏大参加答辩或开会，我负责接送，自然而然就熟悉了，一直保持着密切的往来，因此也受到钱先生极大的影响。这些年我们一直在做海外汉学，关注中国文学在海外的传播，跟李欧梵、王德威都特别熟，这也跟范老师直接相关。2000年，我博士刚刚毕业，范老师举办"现代通俗文学史国际学术研讨会"，请来了钱先生、严家炎、李欧梵、王德威等国内外的大牌学者。我当时是第一次见到李欧梵和王德威，而且是我去上海图书馆接来李老师和师母的，当时的场景历历在目。因为这次会议，我与李老师、王德威等建立了联系，2004年李老师请我到哈佛访问一年，回来后就开始做海外汉学，一直到现在，苏州大学的海外汉学研究在国内外已小有名声，追根溯源，饮水思源，还是要感谢范老师当年创造的机遇。范老师有个名言，做会务是最好的学习！我自己体会，参与几次会议之后，确实是不一样的，有时甚至改变了自己的学术方向。

陈 这个学习不是说写一篇论文，听一个报告。

季 对的，不是说写篇论文，也不仅是锻炼办事能力，更重要的是一种视野。那种对学术的感觉，就在跟这些学术名家的亲密接触中慢慢形成了。

陈 范老师2001年也去过美国，跟夏志清也是那时候认识的。你现在做海外汉学嘛，肯定也会接触到一些他做的这一块在海外的影响。

季 对，那年是王德威请范老师到哥大开会。说到中国通俗文学研究，在国外没有人有范老师这么大的影响力。范老师在海外汉学圈里有很高的知名度，我跟夏志清、李欧梵、王德威以及一些海外年轻一辈的学者的交流中，都明显感受到他们都非常尊重范老师，也非常佩服范老师在史料拓荒方面所下的功夫。李欧梵老师经常宣传"苏州学派"，就是认为范老师创立了一个通俗文学研究的苏州学派。我觉得苏州大学的通俗文学研究，国内的影响力不说，就国外的影响力来看，跟这些名家的肯定与推介密不可分。

陈 我有一次查阅范老师的文献，偶尔发现他的文献被译成英文征引，然后我去谷歌搜了一下，真的搜出来很多引用他的东西，英文文献中的，有一些是翻译过去的，有的显然是国外也在做这一块，引用了范老师的文献。

季 对的，引用率比较高。只要是研究中国现代通俗文学的学者，要跟国内学术界对话，第一位肯定就是范老师。他的一些重要文章也翻译成了英文，陈平原他们编的那本《社科前沿》英文杂志，好像翻过好几篇。最近几年，范老师著作的外文版也在陆续出版之中，相信以后影响还会越来越大。现在海外学界关于中国现代通俗文学的研究，也挺热闹，从最早的林培瑞（Perry Link）开始做"鸳鸯蝴蝶派"，到周蕾、王德威、李欧梵、胡志德（Theodore Huters）、叶凯蒂等人的晚清文学研究，还有后来的一些年轻学人，各人的研究路向都不太一样，有的从文学层面推进，有的从文化研究的层面来展开，反正晚清民国的通俗文学似乎也成了一个热点。你要做这个研究，就绕不过范老师的研究。现在在上海交大的陈建华，是李欧梵的博士生，做关于周瘦鹃的博士论文，就跟范老师关系很好，非常敬重范老师，上次范老师的会他也来了。

陈 你前面谈到追根溯源、饮水思源，那你现在做的海外汉学这一块跟范老师的研究产生交集吗?

季　肯定是有交集,我们关注的主要是海外的中国现代文学研究,因为我自己就是中国现代文学研究的背景,跟着范老师读书,拿的是这个专业的博士学位,所以我去关注海外的中国现代文学研究,相比那些纯外语专业背景的学者,可能就不一样了。我们更希望形成一种交流对话的关系,而不是简单的介绍梳理。从学术背景的来讲,是有很大交集的,包括一些范老师通俗文学研究的成果,虽然我不做这个研究,但我会跟踪阅读不断关注,了解了这些,我再去看海外的相关研究时,才知道他们研究路向的不同在哪里,彼此对话的可能性在哪里,这都是分割不开的学术交集。

陈　你现在能不能具体地讲一讲这方面的交集,或者说你感觉到他们之间的相近与不同?在哪些地方有没有趋同,涉及你自己的,不一定要与范老师相关,你觉得现在海外研究中国现代文学,和我们自己研究自己的,民国那一段,或者十几年前,有些什么差异,有没有可能再趋同?

季　我觉得这是个很大的问题,包括了很丰富的内容,海外学界与本土学界在很多方面永远是有差异的,正是因为有差异,才有了对话与融合的可能,很多方面是可以不断地寻求共同性的。我最新出版的《英语世界中国现代文学研究综论》的导言里,我们就提出一个了概念——"学术共同体",意思是面对"中国现代文学"这个研究对象,本土与海外,彼此的视角、立场、方法都不一样,形成了互补、交流、交融,是不是有可能建构一个学术共同体?当然,这是一个非常理想化的状态,在不断趋近学术共同体的过程当中,显然还是有非常多的差异性的。比如说海外学者与本土学者不一样的意识形态立场、理论方法的运用、知识结构的背景等,决定了他们的研究他们自己的特色,特别是比较开阔的视野与灵活的思路,而我们本土的学者,往往局限于某个具体的领域或话题,而不愿过多地去拓展这个领域或话题以外的东西。比如说,中国现代文学的发展深受外国文学的影响,对某个作家或文本所受的世界文学的影响,有的本土学者受制于知识结构,无法深入处理这个问题,也许就把这个维度给牺牲掉了。但是海外学者有时有这方面的优势,比如夏志清原来就是研究英国文学的,所以他自然而然地会把张爱玲、沈从文等人置于世界文学的背景下加以考量,由此就建立了中国现代文学的世界性维度;再比海外学者往往很熟悉一些新的理论,可以比较娴熟把理论运用到文本的解读中,面对同样的一个文本,用了新的理论话语重新解读的时候,很容易就焕发出新意来了。不管海外学者和本土学者的差异性也好、趋同性也好，我们总是希望能增进彼此的交流，能够真正在一个平台上把现代文学当作共同的研究对象，从各自不同的视角立场出发，不断地去趋近研究对象，从而逐步形成某种大家都认同的或者说无限接近中国现代文学自身的共同体的状态。当然这是一个理想状态，能不能实现，什么时候实现，这还不知道。

陈　这是一个方向上的问题，我没有深入思考，但从范先生的研究中，我们感受到，譬如夏志清对张爱玲的关注，可以说反哺了国内对她的研究。你看范老师他对张爱玲从通俗文学的角度的解读，他跟夏志清的解读有不谋而合之处。这种不谋而合和刚才你讲的世界维度，是从夏先生这方面来讲，这是一个方面。我想说的是，还有一个基础性的东西，那就是范先生与夏先生两位都是面对文本本身说话的。而现在，文本本身遭到了忽视，文本细读都没人愿意提了。但回头你看看，根本的东西，从能够产生对话、交流、碰撞、融合的基础来讲，从文学来讲，还是文本。我看夏先生和范老师他们在此之前也没有交流对话，但是他们都共同地进入到文本的深处，然后他们出来的东西，就有惺惺相惜的感觉。我觉得这一点在今天是不是还需要被强调。

季　确实，这一点非常重要。文本细读现在大家已经习以为常了，但是真正能够进入到文本世界中通过一字一句篇章词句的琢磨，然后发掘出文本背后的意义，这其实是不容易的。在某种意义上，夏先生和范老师确实在这一点上有他们的共同性，他们走到了一起，都是通过深入阅读，发觉了文本自身所具有的意义。

陈　所谓文学性很重要的方面不就在这里嘛，如果要讲共通，被其他人接受，被所有人接受，被所有人敏感到，这个还是最基础的。

季　从这一点来讲，西方学者也好，本土学者也好，都有一个问题，就是有点忽略了文本自身，过于强调一种文化性的研究或者一种理论性的研究，往往会牺牲文本的特殊性，这是目前中外学界都有的一个不太好的趋向。

陈　主要现在文本的量太大了，来不及细读。很多人写评论你会发现他根本没有读文章。首先把一个理论框架往那一放，然后就是理论高蹈，高来高去，文本搭一下，名字搭一下。这一次石黑一雄获奖那天，我看到很快就有评论出来了，但通篇看下来，不对劲啊，他看过作品没有？就作品的名字是对的，里面人物都不知道哪里来的。我想这样的人也敢说话啊。胆大的批评家，好可怕！

季　这样的人不少，看了文章，如果不了解的人会觉得写得很好啊，蛮有道理的。

其实经不起推敲。像范老师的文章，你任何时候读，都是扎扎实实的，都有"料"在里面，虽然其中的某些具体论点可能已经过时，但是核心的东西还在那里。

陈 那么除了在学术上，再回到在日常生活上的影响，我印象非常深刻的是，有一次从东校区小南门出来到那个巷子里面，你骑个摩托车说是去接范老师，你记得吗？范老师敢坐你的摩托车？

季 当然啊，那个时候，我还没开汽车，到哪都是我去接范老师，范老师头盔一戴，很神气地坐在我后面，我们到处都去，开会、上课、去医院之类。在关键的事情上，我的摩托车还发挥了重要的作用。哈哈。

陈 你跟钱师母熟悉吗？

季 熟悉。钱师母我印象最深的是，她到春天夏天会养一些小鸡，毛茸茸的小黄鸡，可爱极了。我们去范老师家，钱师母永远都是笑眯眯、轻声细语的，特别和蔼亲切，所以我们对师母的印象特别好。范老师跟钱师母的感情也非常好。他当时去香港出差啊、开会啊，总会写信回来报平安，介绍各种情况的。后来师母得了脑瘤，最后完全没有了意识，都是范老师伺候的。

陈 你毕业回到苏州来，但没有进学校。

季 是的，这一点我也特别感激范老师。1989年我硕士毕业本来要回苏大，范老师当初也说，你去曾老师那里三年就回来，等于是说好的。但1989年毕业时，范老师已经辞去了系主任职务。当时大学进人要从严控制，虽然我也试讲了，可最后还是没能进得来。范老师说，你想回苏州的话，那就先在苏州先找个地方待着，等我可以招博士了，再考回来。我当然听范老师的。后来我被调到了市政府办公室。

陈 为什么调你呢？

季 当时苏州的四套班子，就是市委、市政府、人大、政协下面的办公室，只有我一个研究生，硕士生太少了，正好他们需要一个做文字的，我又有了一年基层工作的经验，所以就直接把我调去了。我在苏州市政府办公室工作了三四年，实在待不习惯，于是辞职走人。那时候我是一门心思想回苏大，想回学术圈的，1996年本来想调进来，但调不进来，于是就考吧，考回来做范老师的博士生，1999年正式留下来，总算回到了熟悉的校园。现在回想起范老师陪我大夏天吭哧吭哧骑个自行车去求职的情形，还是蛮感动的。

陈 你吃过范老师做的饭吗？

季 我吃过范老师做的馄饨。范老师烧菜一直是一把好手，他还教过我们白斩鸡怎么做,先要过一遍开水,冷一冷,再过两遍开水之类,我也记不真切,反正很专业。范老师还会做馒头,在干校的时候,就负责食堂的做饭,可能是那个时候练出来的本领。

陈 后来在中文系,与老师们的交往中,你们这些留下来的弟子,觉得范老师有哪些东西是被大家公认的,是范老师给中文系也就是文学院留下的积极影响?

季 我想,范老师做过系主任,肯定会得罪一些人,所以在他们那一辈中,肯定会有人对他有看法,这很正常。比如范老师坚持评职称要有标准,当年就让有的老师很不高兴。但时过境迁,应该说,范老师的这些原则,对事不对人,对后来中文系的发展是起到了很好的示范意义的。特别是在范老师的手上,中文系实现了由原来师范类、教学型向综合类、学术型的转型,由此开创了中文系发展的崭新局面。苏州大学文学院能有今天这样的学术影响与地位,跟范老师当年的作为是分不开的。如果要写系史的话,可以好好写一写,这是范老师对中文系与文学院的最大贡献。

范紫江[1]：有这样一个爸爸，我是蛮幸福的

陈 范紫江你好，你除了是范伯群先生的女儿，还做过他学术上的助手，与他一起编过书，所以特别想请你谈谈你关于父亲的记忆，你对父亲的理解。

范 感谢你给我这样一个机会，讲讲我的爸爸。像我从小就被教育少用第一人称，就是不要说"我我我，怎么样"，当然也包括"我爸爸"，包括"我女儿""我爱人"啊这样的，所以，你给我这样一个机会我非常感谢，但可能我不太习惯讲这些……今天气氛很好，我回想回想，讲讲。

陈 你爸爸跟我说，他在下乡或是在干校的时候你出生的，你出生后他好不容易请了假回去看你们母女。

范 对，我是生在南京的。很小的时候、我不太有记忆的时候呢，我就记得那时候我跟我妈妈，还有一个远房的亲戚——就是帮帮忙的，帮忙带我和我哥哥，我们叫她舅妈的——一起生活。我们那时候是住在南京总统府那个西花园里边。那个西花园好大，我都记不清了，好漂亮的。我们一个大院里有一大堆小孩子么，我很小就跟在他们后面玩。但是我看人家家里都有爸爸，我怎么没有爸爸的？有一天我爸爸回来，其实后来我知道他是在"五七干校"，对，他没办法回来。他回来以后，我还蛮小的，我就蛮骄傲地站在门口，讲我也有爸爸的，我们家也有一个爸爸。这个是很小的时候的记忆，那是在南京。后来就回苏州了。

陈 回苏州你已经很懂事了。

范 还可以，但还是不太懂。

陈 记事了。

---

[1] 范紫江：范伯群先生的女儿，日本大阪市立大学国际文化专业博士。

范 记事了。我爷爷奶奶是在苏州的,我爸爸妈妈那时候忙工作,我哥哥比我大九岁,哥哥就放在我爷爷奶奶家,我爷爷奶奶也很高兴的,就是因为两个老人,家里有个小孩的话也很高兴的。我呢,那时候刚跟我爸爸妈妈回苏州的时候呢,先是住在我外公外婆家的。他们家住在人民路上的,所以我从小就住在非常热闹的地方。后来我爸爸去那个房管所申请了一个房子,就在观前街的后面的社坛巷。那个房子呢是蛮小的,但我们家房子再小,也要给爸爸一间房间来放一个书桌。那个书呢也是放不下的啦,尽量地都堆那边。他就自嘲有一个四平园,大概就是四平方米,放了一个书桌,好多书。

陈 一开始看到他的文章后面署了"四平园"么,那时候我就问他——我根本没往四平方米这个方向想。一问才知道,哪儿什么园啊,就是一个房间,连凳子都没有。

范 对啊,很浪漫的命名。很小的时候,我就记得我们家跟人家有点不一样的地方就是:一个是访客很多的,那时候呢有学生,但是也是以前教的学生,是四十二中那时候的学生吧。还有就是一些文学青年啊。当时爸爸在文化馆工作,一些爱好文学的都经常来我家的。还有一个呢,就是他信件多,我们家搬到哪儿去呢,都要在楼下或者房间外面钉一个大的木箱,专门是装信的。还有就是书多。

陈 访客多,书多,信件多。

范 对。我们那时候是一个大的院子,两幢楼,三层楼的。家家房子都不大的,所以小孩子们都在楼下院子里玩的。我爸爸呢把我管得比较紧,不太让我下去的。我们家大门开进去有两家人家,还有一家人家呢房子比我们还要小,也有一个小女孩,她就是朱文颖。

陈 那你跟朱文颖也很熟的,是吧。

范 对呀。就是发小、小姐妹、闺蜜。她妈妈是上海人,生活特别精致。她爸爸妈妈对她也蛮严格要求的。我爸爸也管我管得蛮紧的。但是我们因为是在一个大门里边两家人家,所以我们两个小的有自己的方法……玩一下。但是大人们是不太让我们到楼下去玩的。

陈 你父亲那时候的会友啊,工作啊,给你留下什么印象呢?

范 我们家熄灯都很晚的。然后夏天非常热,也没有电扇的。有个扇子我爸也没有功夫扇的,因为要看书要写。我就记得他那时候因为纸上要湿掉呢,他就铺一个毛巾,就是手肘的地方铺一个毛巾。因为一直出汗,所以这个地方都是长痱子的。还有因为老是低头,脖子下面也是长痱子的。夏天洗完澡,就弄一圈白的痱子粉,也很可爱的。他就在那边看书啊,写字啊,弄得很晚的。他那个四平园里面有一个小床,他晚上就不到我们大房间里面来睡觉了。冬天的时候是非常冷的,也没有空调设备啊,看书看得很冷很晚,有时候他到我们大房间里边来,他进被子的时候就给我们带来一团冷气。我妈妈说像一团冰一样。从我很小的时候,他就是这样的习惯。后来到了苏大以后,条件改善了,房子也大了,但他还是那么晚……他一直觉得自己浪费了好多时间啊,一直觉得时间不够,他要抓紧时间。他后来担任行政工作以后,要再搞自己的科研的话,就要挤出时间来,几乎就靠晚上的时间了,那是他自己的时间。

陈 你爸爸跟我说他烧菜烧得很好。

范 对啊。我认识很多做学问的老师,大家都很刻苦,大家都很努力,就像一个大的花园的话,每一朵花都很美丽,那我爸爸也只是其中的一个么。我们都说我们不能选择自己的出身,但是我觉得我有这样一个爸爸,我是蛮幸福的。因为他除了做学问非常刻苦,也有一点成就以外,其实蛮全才的。他还会唱歌。

陈 他还唱歌?这个没听他说过。

范 因为我小时候学校都要唱歌的,回来练习,有时候我唱得不好,他要教我的,指出哪儿音不准哪儿调不对。他做菜啊什么家务啊,都挺好的。特别是我们住在观前街的时候,他在文化馆工作,我妈妈是高中的物理老师,比他忙。那么他就什么家务也都做的。他以前在"五七干校"在厨房里做过的,所以做菜他都做得很好的。

陈 那你爸爸生活是不是很讲究。

范 我觉得我爸爸他生活呢不是非常讲究的。但是他懂得生活。这一点他不仅影响到我,还影响到我的小孩。我的小孩是长在日本的,她小的时候我不能经常回来。我爸爸那时候也退休了,我就请他到日本去。去了以后,就连怎么烧泡饭,他都要教我女儿的。他说这个泡饭是很有讲究的,你不能那样一直煮一直煮,淀粉出来以后,做得像稀饭。但是饭泡粥跟稀饭营养完全不一样的。他说我们江浙人这个泡饭怎么做呢,你先要把水烧开了,再把隔夜的冷饭放进去,泡开了以后,水滚了一两分钟,你就要关火了,然后再把盖子一盖,焖一焖。这个才是我们江浙人吃的泡饭。他就是这种连泡饭怎么做都可以讲一大段的外公,所以我女儿就很向往苏州的生活,觉得外公很厉害。外公来日本呢,每次都带任务来的,他一坐下呢,就是自己的世界了,你们在后面玩也好,怎么也好,他都不受影响不受干扰的,他一直坐在那边专心致志地工作。那我女儿一看,这个爸爸妈妈也赶不上。虽然都是学校的老师啊,根本跟外公不能比。而生活的细节方面,他又很懂生活的,做泡饭都那么有说法。所以我女儿她很喜欢这个外公,很崇拜这个外公。更不要说,她到了苏州来以后外公给她介绍哪里的小笼包好吃,哪里的生煎馒头好吃,哪里的哪个季节的面浇头是怎么样的。

陈 范老师说真正讲究吃的,是周瘦鹃这帮人。你爸爸跟他们交往,小时候你有印象吗?

范 我爸爸在苏州时跟陆文夫的交往,我是有印象的,那时候他们经常聚会,他回来就说那个老陆抽烟抽得很厉害。

陈 我看你还跟你爸一起编过书。那是什么时候做的呢?

范 那个就是我读大学快毕业的时候。我爸爸给台湾编过一套书,台湾这套书,它的纸和排版比较松,出来也很漂亮,每一本也蛮有厚度的。后来大陆这边也要出,但这边的纸张比较薄,排字也排得比较紧,这样一本书出来的话,就非常薄,不好看了。因此,每一本要加五万字。就是那时候他要选每本加五万字的作品,还有就是为了方便读者,要点句读。点标点符号,那个工作蛮细致的,对我自己也有帮助的。

陈 你读的是什么专业?

范 我读的那是中文专业。

陈 那是标准的继承父业。

范 因为我比较崇拜我爸爸么,所以我那时候就去读中文系,我没有想要读别的系。但是说到"女承父业",我做得很不够。我爸爸他就跟我说,每个人的能力也是不一样的,你做自己喜欢做的事情就可以。我们也都是这样跟我们的孩子讲的,所以我的女儿她是学的药学,我哥哥的女儿学的是建筑。只要自己喜欢做的事情,你肯定愿意花功夫去做。

陈 那你当时给他编这个书的时候,接触到这一块,你是如何理解你爸爸所做的这一块的呢?

范 他做学问做得怎么样我不好说,但他肯定是很花功夫的,有他的道理的。我觉得做得比较好的,就是他的资料非常扎实的。他都是自己跑图书馆啊,自己去发掘这些资料。他的学问都是根据这些资料做的,我想应该经得起考验吧。因为我很小的时候,他还是在做《冰心评传》的时候,他到北京去看书,去查资料,然后他找到了很多资料。后来他去给冰心看的时候,他回来跟我们说冰心也很高兴,因为她有很多东西自己都没有了,我爸爸给她找到了。比如说她毕业时候的照片啊什么的。所以他的那个《冰心评传》,都是根据很扎实的资料写的。他有一年去香港,查到很多那边鸳鸯蝴蝶派的资料,他就很高兴。给他一个月时间,他就每天去泡图书馆。资料太多了怎么办呢?他说我再买个箱子,然后带回来整整两箱子的书和资料。

陈 他说到香港去,哪也没玩。

范 没有没有。中国很多地方他都跑遍了,但是他都不是去玩的。

陈 要么开会,要么泡图书馆。范老师这个资料的功夫扎实是大家有口皆碑的。《冰心评传》出来后,当时编辑逢人就说,这本书没有一句话没有来处。

范 后来我去了日本以后,他说我要一个照相机。然后我就在日本给他带了一个,我们那时候叫傻瓜照相机的。其实就是数码照相机,带了一个给他。给他以后,结果他一直用到最近才坏了。他用那个照相机去图书馆拍了好多资料,他后来插图本里好多资料都是用这个相机拍的。

陈 这是你给他最大的支持。我要好好见识一下那个相机。

范 最近呢,我们正好讲到什么,我说你给我们发一个照片过来,他说哎呀,照相机要充电了。后来我们就讲起那个照相机,就讲起他插图本的照片好多都是用这个照相机拍的。这个照相机呢,在当时傻瓜照相机中算是好的,现在当然有更好的相机。他那插图本的照片怎么保证质量呢?就是一方面他有自己的那个照相机,另一方面,印刷的时候他到印刷厂去盯着了。

陈 你爸爸第一次到日本去时,你们已经在那了吗?

范 第一次去的时候还没有,他那时候是参加苏大的访问团。

陈 你是在南师还是苏大毕业的?

范 我在南师读的中文系,我那时候是1991年毕业的,87级么。然后那个时代的研究生啊还有博士生啊,我觉得他们都非常优秀的。那时候就想,我跟这些搞研究的好像不是一路的。所以那时候我本科毕业觉得就可以了,我就要工作了,就到苏大科研处做了职员。

陈 在这个岗位上对你爸爸也有了解和认识吧。

范 我在科研处印象比较深的,就是申请项目都是要通过科研处这个口子,每次很多申请表过来,我爸爸他们课题组填的一直都是很好的。我爸爸那时候跟他的学生也是这样说的:你们要做研究就先要学会填表。因为你要申报项目么,填表是事半功倍的。所以那时候我就在科研处看到我爸爸他们课题组填的表都是很好的。

陈 也是做事认真。那么你对你爸爸带学生的印象是怎样的?

范 那时候学生,我爸爸的学生不太多的,他那时候就是要要带完一批才能再招一批。他的那些学生他都花时间培养的,然后他的那些学生也跟我们都很亲近的,就像自己家人。他们经常来家里上课,生活上也照顾他们,但是对他们也蛮严格的。如果作业交得晚了,或者怎么了,我爸爸就训他们,训训训。我妈妈她很和善,她就觉得怎么可以这样啊,她就在书房外的阳台上说,可以了可以了,不要再说他们了,他们也都大了,都懂事的,你说了一下就可以了。

陈 严格要求,但很关心他们的成长和发展的,譬如对张涛甫。

范 他现在发展得很好。他实力很强的。

陈 是。张涛甫在苏大发展遇到困境时,你爸爸把他推荐给陈思和,虽然他自己身边少了个非常得力的助手。

范 我爸爸都是尽量把他们推荐到更好的地方去。这样他们发展得好,对苏大也有好处的。学生们也很好的,很配合的,然后他们自己也非常要求上进,非常用功。

陈 你爸退休这个事情,他一直心里面还是有一点不舒服的。

范 对,现在好了。因为他当时还想带学生,那时候他带的学生不是那么太多,他觉得自己还有精力,还可以带学生。退休的话,就不能带学生了。所以他当时是有一点想不通的。我们作为家人的话,是觉得他总要退的,早一点退也没有什么。他的身体和精力确实不错,这两年差了些,但是他脑子各方面都很清楚的。他腰现在挺不直了,也是这几年才开始的。

陈 那你跟你丈夫是在苏大认识的吗?

范 对,我们是在苏大认识的。

陈 你爸爸反对吗?

范 不反对。当时就是我在苏大工作以后,我爱人正好是从日本回来。他是去日本一年,是公派的。我们两个认识以后,就开始交往,大家都说很好的。我爱人叫包敏么,他们都说包老师很好的,小包很好的。我爸爸那时候也觉得找一个学校里的，虽然不是搞中文的，他没有反对，他蛮支持的。

陈　你妈妈呢？

范　我妈妈那时候，也蛮支持的。而且我妈妈身体不好，就是从那时候开始的，还是我爱人发现的。一天他对我说，你妈妈怎么说话说到一半就不说了。他说我跟她打电话，她说到一半她电话就挂掉了，这是怎么了？我回家问我妈妈，她说自己也不知道。另外一直反胃，一直想吐。那时候我爸爸在香港么，我爱人，那时候还是我男朋友，他就说阿姨我带你去医院看。那时候也没看出什么来。当时我们没有经验，不知道反胃也可能是脑子里有病。脑瘤，也会有这种想要呕吐的感觉，而我们查的一直是胃啊之类的。

陈　你妈妈走得太早了。

范　是。我就觉得，我们刚刚日子好过一点，所以我有的时候就有点怨我妈妈，都不再管我们了。如果管我们的话，我们生活得会更好些。我爸爸和妈妈感情很好的。我爸爸那时候写稿子工作量非常大，没有电脑么，所以他都要抄，每一篇都要改很多遍，又要抄，抄了又要改。那时候，我妈妈都帮他抄的。后来呢，他发明了先用铅笔写，用铅笔写了以后呢，这样改起来就可以边擦边改。然后抄的时候呢，我妈妈就像描红一样的，把他的铅笔字描一下，用蓝印纸可以印两份。

陈　那时候是的，写稿子真是所谓"爬格子"啊。

范　我爸爸他学电脑学得蛮早的，我工作以后，应该是1992年、1993年的时候，他就学电脑了。我因为在科研处工作，所以也需要用电脑的。而且那时候我们文科和理科是在一起的，我们那边有理工科的，懂电脑的。我爸爸电脑有什么问题，我在单位搞清楚后，回去教我爸爸。这样的话，就摆脱了手写，改起来就方便多了。所以那时候他说，现在你看他的第一本书，王鲁彦的那本，只有十万字多点，说出来好像都不好意思了。那个时候多难啊，那个十万字，一遍遍改呀抄呀。是这样的，我们从笔和纸过来，到电脑，能体会到，像现在的这些孩子们是体会不到了。

陈　范老师当时做系主任，告诉家里时，你们什么反应？

范　那时候我真的很小，我真的没有什么想法，在我想象当中，爸爸当了班干部了，别的就没有什么的。但是我感觉他做了不少事情，他花了不少功夫。同时他也没有荒废自己的学业。我记得，那时候我已经开始帮他抄文稿了。那时候他特别特别忙，白天要做行政工作，有时候晚上夜校也要去上课。那时候有夜校。所以他还有很多夜校的社会上的学生，现在跟他联系也蛮多的。他各个时代的学生中都有跟他保持比较密切的联系的。他南通中学的学生、苏州四十二中的学生,都跟他一直有联系的。

陈　你外公外婆也是在苏州,跟外公外婆这边好像就是走动更多。

范　走动很多的。因为我妈妈就是比较护娘家人的么,所以她有几个兄弟姐妹啊都跟我们家走得很近的。我爸爸就是他们的姐夫么,所以对我妈妈家的人也蛮照顾的。

陈　就苏州这一块,当你跟你爸爸特别是编那些书的时候,你对苏州的通俗文学啊,有没有什么重新发现的感觉?

范　仔细看看还是蛮有意思的,而且感觉很丰富。我好像就是没有你说的这种特别的感觉,因为我小时候就生活在苏州,周瘦鹃呀什么的,这些名字都是听得非常熟的,觉得是一个很自然的东西。很自然,苏州就是很有文化底蕴的城市,多少有一点那种比较自豪的感觉,但是我自己也研究得不是那么透彻的。

陈　那你到日本去以后,就是立刻就不做事了吗?

范　没有。我到日本是作为家属去的,但是我爱人的意思就是不要作为家属,他说你也是大学毕业生……所以去日本以后我去上学了,我读了硕士,也读了博士。

陈　读的什么专业呢?

范　读的是国际文化专业。然后它里边也有中国文学的那一块。

陈　那在读这个书的过程当中,你得到你爸爸学术上的支持没有?

范　学术上的,我学习他的东西的,但是我爸爸他对我的指导并不是太多的,他自己的事情很忙么,他说你也有自己的老师,你就跟自己的老师学。

陈　你博士论文写的是什么?

范　博士论文写的是韩邦庆的《海上花列传》还有就是张爱玲的文本。日本的博士很难读啊。他们就是很小的一块,然后挖得很深的。

陈　这点你不怕了。你爸爸那种做资料的功夫,我觉得日本人也是这样的。

范　对,他们也是非常讲究资料的。

陈　那《海上花列传》在日本的影响怎么样?日本本身有关它的资料多不多?

范　不多。因为他是用方言写的,然后他有很多自己的造字。所以日本人也很多都读不太懂,这方面资料也就不多。

附录

范伯群：志业为命
(纪录片脚本)

四十年前，范伯群走进了这座美丽的校园，成为中文系的一名教师。

这是他人生的一个重大转折，学术的道路在他的面前展开。他已经等待了二十三年，他感到要把失去的时间夺回来。

【同期声】

范伯群："我一直有这个补回来的思想，一直有的，就是说以后就形成一个习惯了。"

少年时代的范伯群酷爱文学。1951年，范伯群考入复旦大学中文系，在名师云集的环境里，发奋苦读，培育了学术的志愿。

【同期声】

范伯群："在复旦的基础打得很好，将来做一个批评家是没有什么问题的。"

对他影响最大，让他受益最多的，是贾植芳先生。

【同期声】

范伯群（视频资料）：我从贾先生那里学习做人，他有句名言，要写好"人"字，"人"字最简单，但是要写好不容易。

范伯群一生实践着贾先生的这一教诲，伴随着他在学术上无止境的追求。

【同期声】

范伯群：贾植芳上课也是很有特色的。他上课带一大堆资料来，拿着书然后放在桌子上，有英文的，有日文的，有我们中文的。视野很开阔，这些东西对我们都很有震动，也很有启发。

但是，1955年5月，贾植芳先生因胡风冤案而被捕入狱。范伯群、曾华鹏等，由于和贾先生关系密切,也受到了影响。

【同期声】

范伯群:"当时我们也苦恼,被审查搞得七荤八素的,就这样毕业了。"

原本留校任教的分配方案被取消。离开上海前夕,范伯群与曾华鹏合影留念。

【同期声】

范伯群:后来华鹏说这是"两只惊弓之鸟"。

两人誓约相互搀扶着前行,将来一定要回到文学研究的岗位上来。

毕业后,范伯群分配到南通中学。

他和曾华鹏为誓约付出的第一个行动,便是合作完成毕业论文《郁达夫论》和《王鲁彦论》的修改并投稿。

《人民文学》1957年第5、6期合刊,刊出了四万字的《郁达夫论》。这是中华人民共和国成立后大陆文学研究界第一篇专业的现代文学作家论。

这篇文章的发表,对他们来说,不仅连接着青春的梦想和校园的记忆,喻示着他们没有迷失于那个时代,也改变了后来的命运。

1960年9月,范伯群调进了江苏省文联,进行理论研究,并从事《雨花》杂志的编辑工作。接二连三的运动、批判,让他只能在缝隙里"抢发"几篇文章。

"文革"开始后,当他进入"五七干校"时,连这样的缝隙都没有了。

【同期声】

范紫江:"我看人家家里都有爸爸,我怎么没有爸爸的?然后有一天我爸爸回来,我就蛮骄傲地站在门口讲,我也有爸爸的,我们家也有一个爸爸。"

干校里除了斗批改,就是生产劳动,做猪倌、放鹅、当伙夫……范伯群觉得不能这样下去,就去与曾华鹏商量,应该写点东西。即使不发表,也要坚持这智力的游戏,保住智慧的元气。

他们决定读鲁迅,写鲁迅的小说评论。

【同期声】

范伯群:只要还有一点元气,就一定写下去。社会可能把你压到你只能开一个馒头店、馄饨店的地步——这是你的生活,但你的元气还在。

这套1963年版的《鲁迅全集》,被范伯群翻看得"体无完肤"。当时,他采取的策略是"以鲁释鲁"。

【同期声】

范伯群：常常为了写一篇文章，都要将《鲁迅全集》读一遍。

直到1986年，《鲁迅小说新论》出版，这是两个患难之交十多年心血的结晶。

1973年，从干校出来后，范伯群被分配到苏州的四十二中，原来的苏州市"五七干校"。

【同期声】

范伯群：那里就是苏州的一块飞地，很远，远郊，都在吴县里面了。学校里的条件很差，住的都是草棚。

就在他很感到这日子没个尽头的时候，苏州市文化局正要用人，就把他调过来，让他做创作理论研究。

【同期声】

范伯群：调过来以后正好是1974年中央一号文件发动批林批孔，反对黑线回潮。有人就说范伯群他过来就是黑线回潮。是黑线回潮嘛就不能在文化局里面办公了。

范伯群又被调到文化馆，主要工作就是参与办一个报纸的橱窗。那时候，一家人挤在一个小房子里，他隔出一个四平方米的"专属空间"。

【同期声】

范伯群：就是一条过道，直接一张床，前面没有一个凳子，只有个桌子。

多年以后，人们在范伯群文章后面落款处看到的"苏州四平园"，其实就是这里。它对范伯群来说，不啻为精神的自由王国。没有多少人知道，范伯群还在阅读鲁迅，还在写评论。

1978年，整个国家从头到尾都有重要的事情发生。

这一年，范伯群从苏州市文化馆调入江苏师范学院。压抑已久的能量这时候爆发出来。

【同期声】

范伯群：这是我和曾华鹏两个人合作的五本专著，最早的我们五本专著。

这时候,双打选手、双子星座的美誉蜚声文坛。

范伯群对郁达夫、冰心、鲁迅等现代作家的研究文章,对陆文夫、高晓声、艾煊等当代作家的评论文章,对张恨水、程小青、周瘦鹃等所谓"鸳鸯蝴蝶派"代表作家的研究文章,出现在各种具有影响力的学术期刊上。

【同期声】

范伯群:我是1978年去的,1980年评我一个讲师,但是我1981年就做了副教授了。为什么呢?因为《王鲁彦论》出版了,虽然是一本小册子,但那时候出本书不容易啊。

范伯群在三个领域的交叉跑动,仿佛三重奏演绎出他生命中前所未有的华彩乐章。他未来的学术之路,已经在此间悄然改变。

1979年,中国社会科学院文学研究所启动编写"中国现代文学运动·论争·社团资料丛书",江苏师范学院(也就是后来的苏州大学)现代文学教研室领到的任务是编纂《鸳鸯蝴蝶派文学资料》。

【同期声】

范伯群:三年(图书馆)坐下来,脑子里有个概念,就是这个流派不能全部否定。

【同期声】

范伯群(视频资料):侦探小说在"德先生、赛先生"之前,就吹来一股清风,带来两点:一点是科学,一点是人权。

于是,一个新的领域被打开,范伯群成为中国现代通俗文学研究的开创者,同时对通俗文学作家及其创作做出了重新评估。

【同期声】

范伯群(视频资料):他们不仅无罪,而且有功。

1986年,他主持的"中国近现代通俗文学史研究"被列为国家首批哲学社会科学十五个重点项目之一。

1984年,范伯群获得了国家人事部颁发的"中青年有突出贡献专家"称号。

在此前一年,他出任苏州大学中文系主任。上任伊始,他就确立了"科研立系"的方针。

【同期声】

　　王尧（视频资料）：根据我自己的经历和后来的理解，范先生给中文系带来了革命性的变化。

【同期声】

　　范伯群：当时中文系是很团结的，我做系主任的时候很团结的，大家一条心要把我们这个系搞上去。

【同期声】

　　季进：就是在范老师的手上，中文系实现了由原来师范类的转向了综合性往学术上发展的路子。中文系后来学术上有今天这样的局面，跟范老师的作为是分不开的。

　　1991年，苏州大学中国现当代文学博士点设立。

　　那时候全国只有八个中国现代文学博士点，华东地区的又比较集中，难度可想而知，但在范伯群的带领下，苏州大学拿到了博士点。范伯群也成为这个点上首位博士生导师。他带领着现当代学科走向全国先进的行列。

【同期声】

　　刘祥安：在范老师做学科带头人和当系主任的时候，可以说现代文学学科凡是能申请的一个不漏，全部有的。

　　1992年，范伯群有机会来到香港大学进行学术交流，他哪儿也没去，全部的时间泡在图书馆里。

【同期声】

　　范伯群：我觉得当时最主要的一个收获就是，它有一个《大成》杂志。

　　在这个杂志上，许多当年的鸳鸯蝴蝶派作家和他们的后人留下了大量的第一手资料。

　　1996年，范伯群第二次到香港，这次是去香港中文大学。除了学术讲座和与同仁的学术交流，依然是泡图书馆。

【同期声】

　　范伯群：把中文大学的图书馆所有的关于有通俗文学的东西，我再找一遍。

　　1993年，爱妻钱林仙的去世，给范伯群带来巨大的痛苦。

【同期声】

吴义勤：他主要还是通过学术本身的投入来消解师母逝去的痛苦。我觉得是学术化解了他的痛苦。

他还遭遇了集体项目临出版时有人撤稿的困境，硬是以一己之力，填补了空缺。

他主编的一百四十万字的巨著《中国近现代通俗文学史》，2000年由江苏教育出版社出版。

这一年的7月底，中国近现代通俗文学史国际学术研讨会在苏州大学召开。

《中国近现代通俗文学史》荣获第2届王瑶学术奖优秀著作奖一等奖，以表彰它为中国现当代文学研究做出的重大贡献："这部极大填补了学术空白的著作，实际已构成对所谓'残缺不全的文学史'的挑战，无论学界的意见是否一致，都势必引发人们对中国现代文学史的整体性结构性的重新思考。"

2001年1月，范伯群接到退休的通知。

【同期声】

范伯群：其实那时候我还没到七十岁，应该到9月份我生日的时候算是满七十岁。

他感到"十分讶异"，怅然若失。但是，他很快从最初的不适走出来，他有太多的事情要做，根本没时间陷入失落的情绪之中。

范伯群的节奏，许多年轻人也难赶得上。

2001年4月，范伯群应美国哥伦比亚大学东亚系之邀，作为主讲贵宾出席"'揭开通俗文学面纱：对鸳蝴派的重新思考'国际研讨会"。又应哈佛大学东亚系之邀，作题为"论新文学与市民大众文学之互补"和"论都市乡土小说"等学术讲座。中国通俗文学研究的最新成果进入了美国大学的讲堂。

2003年，他又被复旦大学中文系章培恒教授聘为"中国文学古今演变"的专职研究员。

【同期声】

范伯群：整整坐在上海图书馆差不多五年！那能看很多资料，我高兴得不得了。所以我那段时间是感觉活得最滋润的、最实惠的。

他花了两年时间编订了《周瘦鹃文集》。

他为通俗文学的地位而辩护，在现代文学馆与袁良骏先生公开辩论。

【同期声】

范伯群（视频资料）：在历史上可以推出来而动摇不了它的地位，这就是经典。

他的《中国现代通俗文学史（插图本）》于2007年完成，被陈思和教授称为"20世纪中国文学史研究中的一个里程碑"。

他将自己的研究道路概括为"起家"——新文学研究、"转移"——通俗文学研究，再"回归"——回归到一个大文学史概念中去。2008年在复旦举行的"建构现代中国文学史多元共生新体系"研讨会上，他的观点引起强烈反响。

范伯群从未满足于已经取得的成就。2014年，范伯群获评首届"姑苏文化名家"称号，在苏州市委宣传部和苏州市文联的支持下，他又率领再传弟子们向新的高峰冲击。

2017年2月，一百二十万字的《中国现代通俗文学与通俗文化互文研究》出版。

【同期声】

王瑞书：这部书一开始就纳入"中国文艺原创精品工程"。

【同期声】

吴义勤：在学术的层面提升到一个前所未有的高度。

学术志业的追求，成为范伯群生命存在的方式。

【同期声】

陈思和（视频资料）：这不是一个学问的问题，它是一个做人的问题。当他真的以学术为自己的生命，为自己的志业的时候，他就把自己的一切都用上去了。

范伯群创造的学术成就，像永不消退的灿烂晚霞，镌刻在文学史研究领域。

范伯群年表

1931年9月29日，出生于浙江省湖州市。

1945年，随家迁往苏州定居。

1951年9月，考入复旦大学中文系。

1955年9月，分配至南通中学任教。

1957年，与曾华鹏合作在《人民文学》5、6期合刊发表《郁达夫论》。

1960年，调入江苏省文联从事创作理论研究和《雨花》编辑等。

1967年9月—1973年2月，参加江苏省省级机关下乡及省"五七干校"。

1973年3月，到苏州市四十二中任教。

1973年11月，调入苏州市文化局工作。

1975年5月，调入苏州市文化馆文艺组工作。

1978年4月，调入江苏师范学院（现苏州大学）中文系任教。

1981年，与曾华鹏合著《王鲁彦论》由上海文艺出版社出版，与曾华鹏合著《现代四作家论》由人民文学出版社出版。

1981年4月，被评为江苏师范学院（现苏州大学）中文系副教授。

1983年，与曾华鹏合著《冰心评传》由人民文学出版社出版，与曾华鹏合著《郁达夫评传》由天津百花出版社出版。

1983—1988年，担任苏州大学中文系主任。

1984年，获国家级"有突出贡献中青年技术专家"称号。

1986年4月，被评为苏州大学中文系教授。

1986年，与曾华鹏合著《鲁迅小说新论》由人民文学出版社出版。

1986年，主持国家首批哲学社会科学十五个重点项目之一"中国近现代通俗文学史研究"。

1987年，当选为江苏省第七届人大代表。

1988年5月10—25日，参加苏州大学教育代表团到日本访问多所大学，其间，在花园大学（京都）发表演说《近代中日文学之交流》，并译成日语发表于该校学报。

1989年，《礼拜六的蝴蝶梦》由人民文学出版社出版。（1990年，此书由台湾国文天地出版社出版时更名为《民国通俗小说鸳鸯蝴蝶派》。）

1990年，经国务院学位委员会审定，苏州大学建立中国现当代文学博士点，范伯群教授成为该学位点首位博士生导师。

1991年，获第一批国家级政府特殊津贴。

1991年，主编《鸳鸯蝴蝶：〈礼拜六〉派作品选》（上、下）由人民文学出版社出版。（该丛书以《民初都市通俗小说丛书》（十册）为题，由台湾业强出版社出版。）

1991年，与吴宏聪联合主编《中国现代文学史（1917—1986）》由武汉大学出版社出版。

1992年，当选为江苏省第八届人大代表。

1992年10月，应邀至香港大学进行学术交流一个月。

1993年，获曾宪梓教育基金会高等师范院校教师奖三等奖。

1993年，与朱栋霖联合主编《1898—1949中外文学比较史》（上、下）由江苏教育出版社出版。

1994年，主编《中国近现代通俗作家评传丛书》（十二册）由南京出版社出版。

1995年，获江苏省教委"八五"先进科技工作者称号。

1996年3月，应邀至香港中文大学进行学术交流一个月。

2000年1月，主编《中国近现代通俗文学史》（上、下）由江苏教育出版社出版。该著于2003年，获教育部"第三届中国高校人文社会科学优秀成果奖"一等奖，于2006年，获中国现代文学学会"第二届王瑶学术优秀著作奖"一等奖。

2001年1月，从苏州大学退休。

2001年4月，应邀赴美国学术访问，参加哥伦比亚大学召开的国际学术讨论会"揭开中国通俗文学的面纱：对鸳鸯蝴蝶派的重新思考"，发表题为"中国大陆通俗文学的复苏与重建"的演讲,并应邀至哈佛大学东亚文化系举办学术讲座。

2003年,受聘于复旦大学古代文学研究中心"古今演变"研究室专职研究员。

2007年,独著《中国现代通俗文学史(插图本)》由北京大学出版社出版。该著于2008年入选中国新闻出版总署第二届"三个一百"原创图书出版工程;于2013年获第二届思勉原创奖提名奖。

2008年6月,"建构现代中国文学史多元共生新体系——《中国现代通俗文学史(插图本)》研讨会"在复旦大学召开。

2009年,《多元共生的中国文学的现代化历程》由复旦大学出版社出版。

2010年,主编《中国近现代通俗文学史(新版)》(上、下)由江苏教育出版社出版。该著于2011年入选中国新闻出版总署"第三届'三个一百'原创出版工程",于2012年获得第四届中华出版物图书奖,于2014年获"第三届中国出版政府奖"政府最高图书奖。

2013年,《填平雅俗鸿沟:范伯群学术论著自选集》由江苏教育出版社出版。

2014年,《中国市民大众文学百年回眸》由江苏教育出版社出版。

2014年,在苏州市首届姑苏宣传文化人才评选中被授予"姑苏文化名家"称号。

2017年2月,主编《中国现代通俗文学与通俗文化互文研究》由江苏教育出版社出版。

2017年3月,《中国现代通俗文学史(插图本)》俄文版由俄国东方出版社出版。

2017年10月,《范伯群文学评论选》由江苏凤凰文艺出版社出版。

2017年12月10日,因病医治无效在苏州去世。

参考文献

1. 范伯群、曾华鹏：《王鲁彦论》，上海文艺出版社1981年版。
2. 曾华鹏、范伯群：《现代四作家论》，人民文学出版社1981年版。
3. 范伯群、曾华鹏：《冰心评传》，人民文学出版社1983年版。
4. 曾华鹏、范伯群：《郁达夫评传》，百花出版社1983年版。
5. 范伯群、曾华鹏：《鲁迅小说新论》，人民文学出版社1986年版。
6. 范伯群：《礼拜六的蝴蝶梦》，人民文学出版社1989年版。
7. 吴福辉、钱理群、温儒敏：《中国现代文学三十年（修订版）》，北京大学出版社1998年版。
8. 范伯群主编：《中国近现代通俗文学史》（上、下），江苏教育出版社2000年版。
9. 范伯群：《中国现代通俗文学史（插图本）》，北京大学出版社2007年版。
10. 范伯群：《多元共生的中国文学的现代化历程》，复旦大学出版社2009年版。
11. 李辉：《胡风集团冤案始末》，人民日报出版社2010年版。
12. 陈思和、王德威主编：《建构中国现代文学多元共生体系的新思考》，复旦大学出版社2012年版。
13. 范伯群：《填平雅俗鸿沟》，江苏教育出版社2013年版。
14. 范伯群：《中国市民大众文学百年回眸》，江苏教育出版社2014年版。
15. 范伯群主编：《中国现代通俗文学与通俗文化互文研究》，江苏凤凰教育出版社2017版。
16. 范伯群：《范伯群文学评论选》，江苏凤凰文艺出版社2017年版。

17. 刘祥安：《"〈中国近现代通俗文学史〉国际学术讨论会"综述》，《文学评论》2000年第6期。

18. 姚涵、潘盛（整理）：《建构中国现代文学史多元共生新体系——〈中国现代通俗文学史（插图本）〉研讨会纪要》，《文艺争鸣》2008年第11期。

19. 冯鸽：《填平鸿沟 开疆拓土——记范伯群教授学术研究的开创性历程》，《文学评论》，2008年第3期。

20. 黄诚：《范伯群：贯通新旧雅俗的学界常青树》，《传记文学》2016年第9期。

后 记

　　写下"后记"两个字,我迟迟不能落笔。这部访谈录开始的时候,范伯群先生的身体还那么健康;每次访谈过程中,他也都是精神饱满。我和朋友们常常感叹,范老师哪里像八十六岁的老人啊。可是谁也没想到,范先生2017年11月23日住进医院后,再也没有出来,于12月10日早上7点35分永远地离开了我们。真是"万事无不尽,徒令存者伤",现在对范先生的访谈录已经完稿,他却无法亲见其付梓成书了。

　　范先生去世之前,访谈录的主体部分基本整理出来,他也亲自校订过。他去世之后的十几天里,我不能再看这些文字,不能再听谈话录音,也不能着手特稿的最后一部分。等到我终于可以继续做这项工作的时候,每当一个疑问出现,一项资料告缺,第一个念头总是"去找范先生",接着是再次意识到他的离去。在这样的心境中,我完成了特稿的写作、一小部分录音文字的增补、访谈录整体的结构调整、必要的注释添加、照片的选定、纪录片脚本的修改。我在做这些的时候,仿佛范先生并没有离开我远去。我知道,必须面对无情的现实。唯愿这部为范先生而做的书能够告慰他的在天之灵。

　　2014年,时任苏州大学分管文科的副校长田晓明教授,提出了对年事已高的名家大师进行访谈的"东吴名家"计划,并交由马中红教授负责组织团队执行。我也参与了书稿体例制订和文字规范的相关工作。第一个艺术家系列于2016年6月出版。第二个名医系列去年初启动,现已全部完成。范伯群访谈本属于构想中的人文学者系列,却与第二个系列同时进行。实际上,在做第一个系列时,田晓明就建议我访谈范先生,我因为时间关系而未能行动;第二个系列启动时,他对我说不要再等了,做起来再说。现在回头来看,多亏了田晓明的敦促,才留下范先生这十万字的口述实录和十八分钟的纪录片。

面对生命的限度,贤达之士也徒唤奈何。与此同时,另一种呼唤总在我们的心里响起:"不能让死亡带走一切!""东吴名家"系列的整体构想所蕴含的人文性,其亟待执行的迫切性,正建基于此。是的,不能让死亡带走一切,前提是我们要懂得珍惜,珍惜名家大师们对其毕生致力的领域,对其生长的一方水土,对其服务的国家乃至整个世界文明所做出的贡献,所形成的精神遗产;我们应拿出行动,在名家大师们的有生之年助其完成对自己毕生奋斗历程的口述,促其思想精粹和学术精神的传承,以此延续和推进文明的进程。这听起来是一种宏大叙事,但做起来却必得在个体的小叙事中完成,就像口述实录一定是建立在个体间情感交流的基础之上的。

对范先生,我自认为比较熟悉:读过他写的书,读博时上过他的讨论课,我博士论文答辩时他是答辩委员,我与他的许多弟子是朋友,我住的地方离他家很近,经常在小路上不期而遇,站着聊聊天,偶尔去他的小屋拜访……但是,真的开始访谈之后,我感到几乎是重新认识范先生。一方面,面对著述等身的范先生,必须系统地了解他写下的文字才能走近他,才能和他交谈,所以需要"补课",而在阅读中,范先生文字的功力和才情,文字中的气息与思想,文字背后的阅历,都让我时有发现的惊喜。另一方面,在与范先生近距离的接触中,我对他个人的性情、性格有了更多直观的感受,他开放豁达,单纯爽朗,无拘无束之中又包含着敏锐、细致和分寸,他热情、睿智而健谈……交谈让我更为真切地感受到立体的、丰富的范先生所拥有的人格魅力。所以,于我而言,这一访谈的过程是一个学习和体验的过程。我常常忘记了本来的目的,我想范先生肯定也是这样,因为我们的话题往往散漫不已,流动不居。我们相对固定的谈话时间是从下午3点到5点,有时候我也会临时去找一本书,或者去帮他解决一下电脑上的某个小问题,或者是向他汇报范伯群工作室微信公众号的情况……都会坐下来喝杯茶,聊上半小时到一小时,这样的时候,我和范先生往往都更为放松。

交谈当然是尽情尽兴的,只是整理的时候要多费一些周章。我为自己确立的基本原则是,围绕范先生的学术道路、学术思想和学术成就来剪裁,涉及私人情感、家庭关系、人事关系、人物品评的,以其与学术活动关联的密切程度来决定详略和取舍;同时,也要让读者依然能从中感受到范先生作为一个血肉丰满的人的存在,而不只是看到他的学术造诣。至于成书在多大程度上达到了这一要求,只能交由读者去评判了。

本书中"他人看他"部分,访谈了中国作协书记处书记、作家出版社社长吴义勤先生,苏州大学文学院刘祥安教授,复旦大学新闻学院执行院长张涛甫教授,苏州大学文学院季进教授和范伯群先生的女儿范紫江博士。他们在无比繁忙中抽出时间接受我的采访,令我由衷感激。他们认真、积极和谦逊的态度折射着范先生言传身教的巨大影响力,他们生动、恳切的讲述无疑呼应和充实了主体部分的访谈,他们提供的丰富信息使我们能够更好地理解范先生。我要特别感谢范紫江和刘祥安。范先生去世后,范紫江向我提供了所有相关的照片和文献,还对部分文字和图片说明进行了审读,纠正了一些错误。刘祥安审读了文稿,他对文字特别较真,对叙事很敏锐,提出的意见精辟、到位,使我的文稿得到完善。

这本书稿的完成是我们团队共同努力的结果。团队高效、投入的工作状态无疑得益于负责人马中红教授强大的组织能力。马中红教授对整个书稿的文字、杜志红副教授对纪录片脚本及影像后期制作,都提出了宝贵的意见和建议。杜志红自己还承担着对董天华先生的采访、撰稿的任务,可以想见其辛苦超出常人多少!承担我的小组摄像与后期制作的王康和李昕非同学,是两个很能吃苦、值得信赖的小伙子;他们在与范先生的接触中也深受教益,这令我倍感欣慰。感谢研究生张艺和谢洵细致而耐心地承担了后勤保障和沟通联络工作。感谢杜丹老师,她在书中图片的完善方面给了我切实的帮助。还要感谢范伯群先生的再传弟子冯鸽教授和黄诚博士,两人综述范先生学术道路的文章都给我提供了扎实的资料。最后要特别感谢苏州大学出版社沈海牧总编辑、薛华强主任和编辑倪浩文为此书出版付出的心血。

2018年1月24日雪夜于苏州里河

主编　田晓明

田晓明，生于如皋，旅居苏州，心理学教授，先后供职苏州大学、苏州科技大学，现任苏州科技大学党委副书记、副校长。

副主编　马中红

马中红，江苏苏州人，苏州大学传播学教授，从事媒介文化、品牌传播研究。

副主编　陈　霖

陈霖，安徽宣城人，苏州大学新闻学教授，从事媒介文化与文学批评研究。

图书在版编目(CIP)数据

范伯群访谈录 / 陈霖著. —苏州：苏州大学出版社,2020.1
(东吴名家/田晓明主编. 人文学者系列)
ISBN 978-7-5672-2643-2

Ⅰ.①范… Ⅱ.①陈… Ⅲ.①范伯群(1931—2017)—访问记 Ⅳ.①K825.6

中国版本图书馆 CIP 数据核字(2018)第 289819 号

书　　名：	范伯群访谈录
著　　者：	陈　霖
责任编辑：	倪浩文
出版发行：	苏州大学出版社(Soochow University Press)
社　　址：	苏州市十梓街 1 号　邮编：215006
印　　刷：	苏州市深广印刷有限公司
网　　址：	www.sudapress.com
邮购热线：	0512-67480030
销售热线：	0512-67481020
开　　本：	787 mm×1 092 mm　1/16
印　　张：	17
字　　数：	294 千
版　　次：	2020 年 1 月第 1 版
印　　次：	2020 年 1 月第 1 次印刷
书　　号：	ISBN 978-7-5672-2643-2
定　　价：	96.00 元

若有印装错误,本社负责调换。服务热线：0512-67481020